FiNALEonline.de

FiNALEonline ist die digitale Ergänzung zu deinem Abiturband. Hier findest du eine Vielzahl an Angeboten, die dich bei deiner Prüfungsvorbereitung zusätzlich unterstützen.

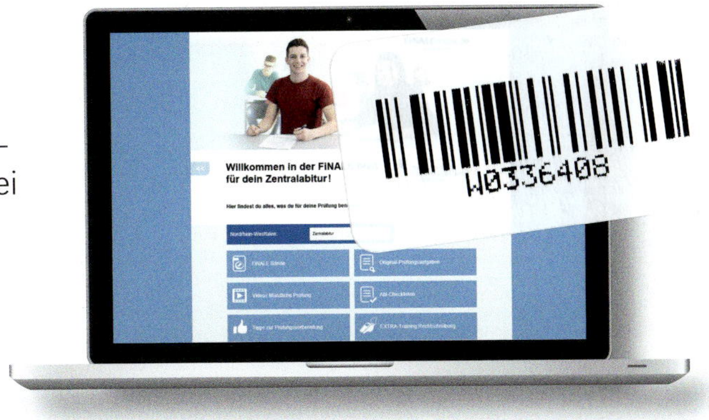

Das Plus für deine Vorbereitung:

- Original-Prüfungsaufgaben mit Lösungen (bitte Code von Seite 2 eingeben!)
- EXTRA-Training Rechtschreibung
  So kannst du einem möglichen Punktabzug bei deinen Abi-Klausuren vorbeugen.
- Videos zur mündlichen Prüfung
- Tipps zur stressfreien Prüfungsvorbereitung
- Abi-Checklisten mit allen prüfungsrelevanten Themen

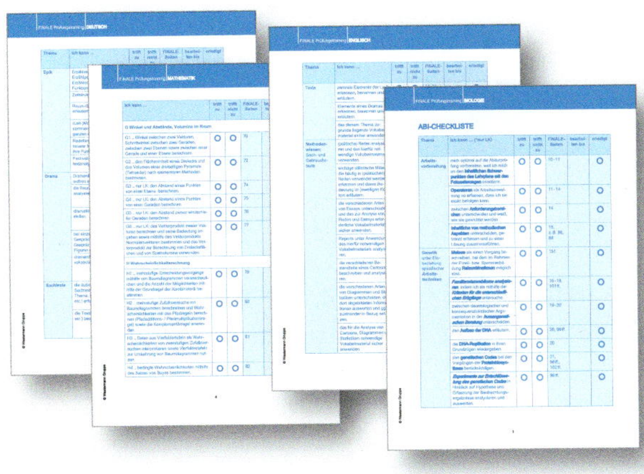

Abi-Checklisten

Sie helfen dir, den Überblick über den Prüfungsstoff zu behalten.

FiNALEonline.de

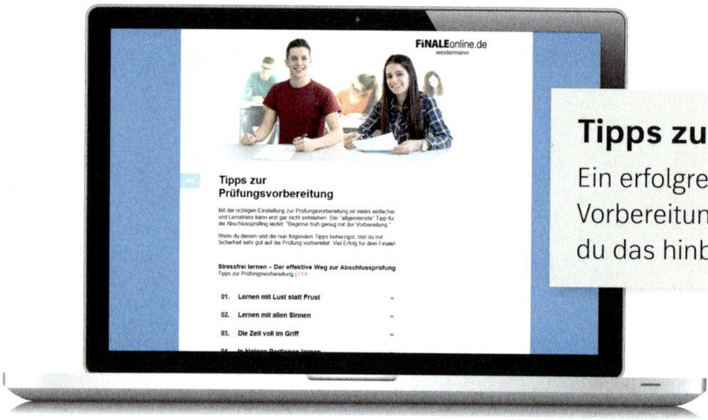

Tipps zur Prüfungsvorbereitung

Ein erfolgreiches Abitur erfordert eine gezielte Vorbereitung ohne unnötigen Lernstress. Wie du das hinbekommst, erfährst du hier!

Videos zur mündlichen Prüfung

Nur wenige Abiturienten wissen genau, wie sie abläuft, die „Mündliche“. Die Videos geben dir Einblick in den Ablauf der Prüfung und Tipps für die richtige Vorbereitung.

Die Kombination aus FiNALE-Buch und FiNALEonline bietet dir die optimale Vorbereitung für deine Prüfung und begleitet dich sicher zu einem erfolgreichen Abitur 2021!

www.finaleonline.de

westermann

FiNALE
Prüfungstraining

Baden-Württemberg

Abitur 2021
Deutsch

FiNALEonline.de

Liebe Abiturientin, lieber Abiturient,

sobald die Original-Prüfungsaufgaben zur Veröffentlichung freigegeben sind, können sie unter www.finaleonline.de zusammen mit ausführlichen Lösungen kostenlos heruntergeladen werden. Gib dazu einfach diesen Code ein:

DE6R4R2

Einfach mal reinschauen: www.finaleonline.de

Autoren: Gerhard Altmann, Angela Müller, Susanne Steinwachs, Ansgar Stich sowie Sabine Berkefeld, Marina Dahmen, Katrin Jacobs, Martin Kottkamp, Helmut Lindzus

westermann GRUPPE

Druck A[1]/Jahr 2020
Alle Drucke der Serie A sind im Unterricht parallel verwendbar.

Redaktion: omnibooks, Bielefeld
Kontakt: finale@westermanngruppe.de
Layout: Druckreif! Sandra Grünberg, Braunschweig
Illustrationen (Seite 50 f.): Hans-Jürgen Feldhaus, Münster
Umschlaggestaltung: Gingco.Net, Braunschweig
Umschlagfoto: Peter Wirtz, Dormagen
Druck und Bindung: westermann druck GmbH, Braunschweig

ISBN 978-3-7426-**2173**-3

Inhaltsverzeichnis

Original-Prüfungsaufgaben

Abiturprüfung 2018

Abiturprüfung 2019

Abiturprüfung 2020

Abitur 2020 unter www.finaleonline.de

Basiswissen

Literaturgeschichte im Überblick

Umgang mit Texten

Arbeiten mit *Finale*

Das Abitur in Baden-Württemberg hat in seiner zentralen Form neben dem bayerischen die längste Tradition in Deutschland. Seine Wurzeln gehen (natürlich in deutlich veränderter Form) bis auf das 19. Jahrhundert zurück; flächendeckend jedoch wurde es erst in den 1960er-Jahren in Baden-Württemberg wieder eingeführt.

Unter gewissenhafter Beachtung der sich in vielen Bereichen veränderten offiziellen Vorgaben für das Abitur 2021 im Fach Deutsch ist *Finale* speziell für Ihre Vorbereitung darauf konzipiert. So haben wir u. a. neue Beispielklausuren zu den **veränderten Aufgabenformaten** (→ S. 53 ff., S. 81 ff.) sowie ein ausführliches Kapitel zur neuen **mündlichen Prüfung** (→ S. 34 ff.) entwickelt.

Zur gezielten Vorbereitung auf das Abitur 2021 bietet *Finale*
- präzise und übersichtlich angeordnete Informationen zu den Vorgaben für das Abitur 2021 im Fach Deutsch,
- vielfältige Original- und Beispielaufgaben mit Textmaterial, Erwartungshorizont sowie ausformulierten Musterlösungen, die alle Aufgabenarten sowie die inhaltlich-methodischen Schwerpunkte aller Aufgabenformate berücksichtigen,
- eine detaillierte Abi-Checkliste zu diesem *Finale*-Titel, mit der Sie sich einen Überblick darüber verschaffen können, welche Seiten oder Kapitel Sie in *Finale* vorrangig bearbeiten möchten (die Abi-Checkliste finden Sie als Word-Datei und PDF zum Herunterladen unter www.finaleonline.de),
- umfangreiche und klar strukturierte Angebote zur systematischen Wiederholung und Vertiefung des erforderlichen Basiswissens und der grundlegenden Arbeitstechniken
- sowie als zusätzliche Onlineverlängerung zwei Original-Prüfungsaufgaben aus dem aktuellen Abiturjahrgang 2020 mit ausformulierten Beispiellösungen. Diese Original-Prüfungsaufgaben können Sie, sobald sie zur Veröffentlichung freigegeben sind, zusammen mit den Lösungen kostenlos im Internet herunterladen:
  www.finaleonline.de
  Code: DE6R4R2

Finale ist so angelegt, dass Sie sich individuell vorbereiten können. Je nach persönlichen Stärken und Schwächen in verschiedenen Lernbereichen, wie z. B. *Texte schreiben* oder *Umgang mit Texten,* kann die Arbeit mit den einzelnen Kapiteln und Teilkapiteln ausgewählt und in der Intensität nach eigenen Bedürfnissen dosiert werden. Das detaillierte Inhaltsverzeichnis, das umfassende Stichwortverzeichnis am Ende des Buches sowie zahlreiche → Querverweise erleichtern dabei die Orientierung in *Finale*.

Der systematische Aufbau und die komprimierte Form fördern eine effektive Abiturvorbereitung. *Finale* empfiehlt sich daher als sinnvolle Begleitung und Ergänzung des Fachunterrichts.

Wir wünschen Ihnen viel Erfolg!

Informationen und Tipps zur Prüfung

Hinweise zur schriftlichen Abiturprüfung 2021

Für die schriftliche Abiturprüfung 2021 im Fach Deutsch bilden die „Einheitlichen Prüfungsanforderungen in der Abiturprüfung" (EPA) vom 24.05.2002 den Rahmen. Die EPA unterscheidet drei grundlegende Erschließungsformen von Texten: das Untersuchen, das Erörtern und das Gestalten. Auf dieser Basis wurden für die schriftliche Abiturprüfung folgende Aufgabenformate mit jeweils zwei alternativen Aufgabenvarianten entwickelt:

Aufgabenformat I: **Erörterung literarischer Texte**
- A: Erörterung eines literarischen Textes
- B: Erörterung zweier literarischer Texte („Werke im Kontext")

Aufgabenformat II: **Interpretation literarischer Texte**
- A: Interpretation eines Kurzprosatextes
- B: Interpretation eines Gedichts *oder* vergleichende Interpretation zweier Gedichte

Aufgabenformat III: **Analyse und Erörterung pragmatischer Texte bzw. materialgestütztes Schreiben**
- A: Materialgestütztes Verfassen eines argumentierenden Textes (Kommentar)
- B: Analyse und Erörterung eines pragmatischen Textes (Schwerpunkt Analyse *oder* Schwerpunkt Erörterung)

Grundlage für den **Prüfungsinhalt** sind die verpflichtend zu behandelnden Inhalte des Bildungsplans für die Kursstufe des Gymnasiums in Baden-Württemberg, insbesondere auch Kenntnisse über methodische Zugriffe auf Texte (z. B. hinsichtlich unterschiedlicher Interpretationsmethoden sowie gattungs- und textsortenspezifischer Gestaltungsmittel) sowie die vom Kultusministerium festgelegten literarischen Schwerpunktthemen.

Für das Abitur 2021 wird die Behandlung folgender Schwerpunktthemen vorausgesetzt:

Pflichtlektüren	
Johann Wolfgang Goethe	Faust. Der Tragödie erster Teil (AF: I A)
E. T. A. Hoffmann	Der goldne Topf (AF: I B)
Hermann Hesse	Der Steppenwolf (AF: I B)
Hans-Ulrich Treichel	Der Verlorene (AF: I A)
Leitthema Lyrik	
Reisen – deutschsprachige Lyrik vom Sturm und Drang bis zur Gegenwart (AF: II B)	

Die erlaubten Hilfsmittel umfassen ein Wörterbuch der deutschen Rechtschreibung sowie die unkommentierten Textausgaben der Pflichtlektüren.

Die Aufgabenvarianten A und B werden jeweils alternativ gestellt, das heißt, jeder Satz Prüfungsaufgaben enthält in Aufgabe I, II und III entweder Variante A oder B. Der Prüfling wählt in der Abiturprüfung aus den **drei Aufgabenvorschlägen** einen zur Bearbeitung aus und vermerkt auf der Reinschrift, welche Aufgabe er bearbeitet hat. Die Bearbeitungszeit beträgt 315 Minuten (einschließlich Einlese- und Auswahlzeit bzw. Konzeptarbeit).

Im Anschluss an das Deckblatt folgen Thema bzw. thematischer Schwerpunkt, die Aufgaben, die Materialien und gegebenenfalls Anmerkungen (z. B. Worterklärungen oder Hinweise zum Autor).
Jede Aufgabenstellung sollte unter folgenden Aspekten genau überprüft werden:
- Auswertung der Aufgabenformulierung unter genauer Beachtung der Operatoren, die verwendet werden
- Bestimmung der Arbeitsschritte, die die Operatoren erfordern
- Erschließung der Gewichtung der Teilaufgaben aus der Aufgabenstellung
- Einteilung der eigenen Arbeitszeit

Detaillierte Hinweise, **Tipps und Checklisten** zum Verfassen von Erörterungen, Interpretationen und Kommentaren im Abitur finden Sie auf den Seiten 169–190.

Vor dem Niederschreiben der Reinschrift (auf dem weißen Papier) kann das Verfassen eines Konzepts (auf dem grünen Papier) vorgeschaltet werden. Das Konzept muss mit abgegeben werden, Grundlage für die Bewertung der Prüfungsarbeiten ist jedoch in der Regel die Reinschrift. Ist die Reinschrift nicht vollständig, so kann der Entwurf nur dann ohne Abzug von Notenpunkten herangezogen werden, wenn er zusammenhängend konzipiert ist und die Reinschrift etwa drei Viertel des erkennbar angestrebten Umfangs umfasst. Auch dann kann es allerdings wegen Mängeln bei der äußeren Form zu einem Abzug von Notenpunkten kommen.
Im Teilkapitel *Grundlegende Arbeitstechniken* (→ S. 14–33) erhalten Sie nützliche Entscheidungshilfen für die Aufgabenauswahl.

Die einzelnen Teilleistungen innerhalb der Klausuren werden folgenden drei **Anforderungsbereichen** (AFB) zugewiesen:

Anforderungsbereich	Teilleistungen
I	Reproduktionsleistungen
II	Organisations- und Transferleistungen
III	Problemlösung und Urteilsfindung

Abituraufgaben werden so gestellt, dass sie alle drei Anforderungsbereiche umfassen. Der Schwerpunkt der Bewertung liegt in der Regel auf dem Anforderungsbereich III. Beachten Sie deshalb, dass mit einer Klausur, in der nur Leistungen im Anforderungsbereich I erbracht werden, die Note „ausreichend“ nicht erreicht wird.

Liste der Operatoren

Als Operatoren (z. B. *beschreiben, analysieren, beurteilen* usw.) bezeichnet man Verben, die in den Aufgabenstellungen inhaltlich-methodische Arbeitsanweisungen geben. Gleichzeitig deuten die Operatoren an, welchem Anforderungsbereich die jeweilige Arbeitsanweisung zuzuordnen ist. Ist z. B. die Arbeitsanweisung „Beschreiben Sie …" dem Anforderungsbereich I (Reproduktionsleistungen) zuzuordnen, gehört „Analysieren Sie …" zum Anforderungsbereich II (Organisations- und Transferleistungen), während „Beurteilen Sie …" in den Anforderungsbereich III (Problemlösung und Urteilsfindung) eingegliedert ist. Die Zuordnung der erwarteten Leistung zu einem der Anforderungsbereiche erfolgt wesentlich durch die Aufgabenart und die Aufgabenstellung, ohne dass diese in jedem Fall ausschließlich auf einen Anforderungsbereich festgelegt werden könnte.
Die Operatoren konkretisieren sich im Rahmen der jeweiligen Aufgabenstellung. Sie sind von unterschiedlicher Komplexität (z. B.: *nennen – herausarbeiten – interpretieren*) und lassen sich nicht immer trennscharf den unterschiedlichen Anforderungsbereichen zuordnen. Kontrollieren Sie Ihr Wissen zu den Operatoren, indem Sie diesbezüglich die einzelnen Aufgabenstellungen im Kapitel *Beispiele für Prüfungsaufgaben* (→ S. 53 ff.) genau überprüfen.

Operator	**Definition**
	Anforderungsbereich I
beschreiben	genaue, eingehende, sachliche, auf Erklärung und Wertung verzichtende Darstellung von Personen, Situationen, Vorgängen usw.
bestimmen	etwas, z. B. Ursachen, Motive, Ziele, prägnant, akzentuiert und kriterienbezogen feststellen
darstellen/darlegen	Zusammenhänge, Probleme usw. unter einer bestimmten Fragestellung sachbezogen ausführen; Strukturen, Situationen usw. objektiv abbilden
formulieren	ein Ergebnis, einen Standpunkt, einen Eindruck usw. knapp, präzise, pointiert – zumeist mit eigenen Worten – zum Ausdruck bringen
skizzieren	ein Persönlichkeitsbild, eine Handlung usw. auf Grundlegendes begrenzt akzentuiert darstellen
zeigen/aufzeigen	Textinhalte und/oder Textformen sachbezogen, teils deskriptiv, teils analytisch darlegen, verdeutlichend herausstellen
zusammenfassen	sachbezogene, strukturierte, komprimierte, auf Wesentliches ausgerichtete Wiedergabe von Texten bzw. einzelner Textaspekte

Anforderungsbereich II	
analysieren/ untersuchen	Zerlegen eines Textganzen in Einzelheiten des Inhalts und der Form; strukturierendes, systematisches Erschließen und Darstellen der einzelnen Textaspekte bzw. Textelemente für sich und in ihrer Wechselbeziehung; bei literarischen Texten Grundlage des Interpretierens
begründen	Positionen, Auffassungen, Urteile usw. kausal bestimmen, argumentativ herleiten und stützen
charakterisieren	Sachverhalte, Vorgänge, Personen usw. in ihren spezifischen Eigenheiten pointiert darstellen; etwas unter leitenden Gesichtspunkten kennzeichnen, gewichtend Wesentliches hervorheben
einordnen	Einzelnes, z. B. Textauszüge, aspekt- und kriterienorientiert in einen Gesamtzusammenhang stellen
erklären	einen Sachverhalt in einen Begründungszusammenhang stellen; etwas kausal schlussfolgernd herleiten
erläutern	einen Sachverhalt veranschaulichen, verdeutlichen; etwas einsichtig machen
gliedern	ein vorgegebenes Ganzes unter bestimmten Aspekten strukturieren und systematisierend, in gleichordnender und/oder hierarchisierender Form, in seinen Teilen darstellen
herausarbeiten	Strukturen, Leitgedanken, Strategien usw., ggf. unter bestimmten Aspekten, aus einem Textganzen herauslösen und in textbezogener Vorgehensweise akzentuiert, auf Wesentliches konzentriert herausheben
klären	Verhaltensweisen, Positionen, Situationen usw. differenziert betrachten, ergründen, verdeutlichen; ggf. Lösungen erarbeiten
vergleichen	Gemeinsames und Unterschiedliches herausarbeiten und gegenüberstellen; gewichtend ein Ergebnis formulieren
Anforderungsbereich III	
beurteilen/bewerten	Textinhalte und Textgestaltungen, Sachverhalte, Aussagen, Maßnahmen, Lösungen usw. reflektieren, prüfen und in ein ästhetisches und/oder ethisches Wertesystem begründend einordnen
diskutieren	sich argumentativ mit einem Thema, einer Frage, einem Problem befassen; freiere, offenere Variante des methodisch und strukturell stärker festgelegten „Erörterns“

erörtern	sich mit einem Thema kritisch, differenziert und argumentativ befassen; in schlussfolgernder Abwägung des Für und Wider unter Berücksichtigung unterschiedlicher Perspektiven ein begründetes Urteil fällen; lineare oder dialektische Grundstruktur (Pro-Kontra-Argumentation); Operatoren des „Erörterns“: sich auseinandersetzen, Stellung nehmen, diskutieren, kommentieren, (über)prüfen, (be)werten, (be)urteilen
gestalten	Basisoperator des gestaltenden Interpretierens: ein Textprodukt (innerer Monolog, Tagebucheintrag, Brief usw.) orientiert am Vorlagetext und zugleich eigenständig-kreativ inhaltlich und sprachlich erarbeiten und formen
interpretieren	Basisoperator des Interpretationsaufsatzes: hermeneutisches, d. h. auf Erkennen und Verstehen gerichtetes Arbeiten am Text; erklärende und wertende Textauslegung; Untersuchung von Textinhalt und Textform und ihrer Wechselbeziehung mithilfe textanalytischer Mittel und Verfahren; Synthese analytisch gewonnener Ergebnisse
kommentieren	einen Sachverhalt kritisch erläutern und bewerten
prüfen	etwas, z. B. eine Argumentation, Auffassung, ein Ergebnis usw., auf seine Schlüssigkeit, Gültigkeit, Berechtigung hin kriterienorientiert betrachten und bewerten
sich auseinandersetzen	sich mit einem Thema kritisch, differenziert, argumentativ und urteilend befassen; lineare wie auch dialektische Struktur: offenes, sich verzweigendes, auf die Breite des thematischen Spektrums ausgerichtetes Erörtern, das Sachverhalte skizziert, Ursachen und Folgen reflektiert
Stellung nehmen	sich zu einer Fragestellung argumentativ, fazitorientiert und urteilend positionieren

Bewertungskriterien

Grundsätze für die Bewertung (Notenfindung)

Die Bewertung des Prüfungsaufsatzes erfolgt ganzheitlich, d.h., es erfolgt keine Addition von auf die einzelnen Anforderungsbereiche bezogenen Teilnoten, sondern die erbrachte Leistung wird in ihrer Gesamtheit gewürdigt. Dabei werden inhaltliche, sprachliche und formale Kriterien zugrunde gelegt. Neben inhaltlicher Richtigkeit und Vollständigkeit sind also auch die Darstellungsleistung sowie die methodische Leistung maßgeblich für die Gesamtbewertung.

Grundlegende Aspekte für die Bewertung sind:
- sachliche Richtigkeit
- Klarheit und Funktionalität des Aufbaus
- Folgerichtigkeit und Begründetheit der Aussagen
- Schlüssigkeit und Stringenz der Gedankenführung
- Eigenständigkeit und Differenziertheit der Darstellung
- Sicherheit im Umgang mit der Fachsprache und den fachspezifischen Methoden
- sprachliche Richtigkeit und Angemessenheit

Den Lehrkräften liegen zu den einzelnen Aufgaben Lösungsvorschläge vor, die jedoch keine verbindlichen Musterlösungen darstellen, sondern mögliche Ergebnisse aufzeigen sollen. Alternative Lösungsmöglichkeiten und eigene Schwerpunktsetzungen sind ausdrücklich zulässig, wenn sie der Aufgabenstellung entsprechen und sachlich richtig sind.

Tabelle der Notenpunkte für das Fach Deutsch

Notenpunkte	Note	Beschreibung
15 – 14 – 13	sehr gut	Die Leistung entspricht den Anforderungen in ganz besonderem Maße.
12 – 11 – 10	gut	Die Leistung entspricht in vollem Umfang den Anforderungen.
9 – 8 – 7	befriedigend	Die Leistung entspricht im Allgemeinen den Anforderungen.
6 – 5 – 4	ausreichend	Die Leistung weist zwar Mängel auf, entspricht im Ganzen aber noch den Anforderungen.
3 – 2 – 1	mangelhaft	Die Leistung entspricht den Anforderungen nicht, notwendige Grundkenntnisse sind jedoch vorhanden und die Mängel in absehbarer Zeit behebbar.
0	ungenügend	Die Leistung entspricht den Anforderungen nicht. Selbst Grundkenntnisse sind so lückenhaft, dass die Mängel in absehbarer Zeit nicht behebbar sind.

Tipps zur Arbeitsorganisation

Die hier zusammengestellten Tipps beziehen sich auf drei unterschiedliche Phasen der Vorbereitung auf das Abitur:
Phase 1: Gezieltes Lernen (Beginn: einige Monate vor der Prüfung)
Phase 2: Festigung und Wiederholung (Beginn: 3–4 Wochen vor der Prüfung)
Phase 3: Prüfung absolvieren (Beginn: am letzten Tag vor der Prüfung)

Phase 1: Gezieltes Lernen

- im Unterricht gut mitarbeiten und mitdenken, Texte lesen (!), Fragen stellen, Aufzeichnungen, Hausaufgaben und Klausuren systematisch sammeln, die Lektüren mit eigenen Anmerkungen versehen (z. B. Post-its)
- Abituraufgaben des Vorjahres sichten (im Internet, in der Schule)
- Konzentrierte Aufmerksamkeit im Unterricht ist die beste Vorbereitung! Mitschriften und Arbeitsblätter sollten Sie jetzt, sofern Sie dies nicht von Anbeginn der Kursstufe an getan haben, gewissenhaft und systematisch geordnet sammeln.
- Besorgen Sie sich über die oben gegebenen Informationen hinaus Hinweise über den Verlauf und die Aufgabenstellungen im letzten Abiturjahrgang (bei Lehrkräften, ehemaligen Schülerinnen und Schülern, im Internet unter www.finaleonline.de).
- Erstellen Sie sich einen Arbeits-/Lernplan (etwa ab Dezember). Laden Sie sich dazu auf www.finaleonline.de die Abi-Checkliste zu diesem Buch herunter. Mit dieser detaillierten Übersicht über die in *Finale* behandelten Inhalte können Sie schnell und präzise planen, welche Themen Sie zu welchem Zeitpunkt in den nächsten Monaten bearbeiten möchten.
- Lernen in Zusammenhängen erweist sich als besonders nachhaltig. Dies gelingt, wenn Vernetzungen zwischen den einzelnen im Unterricht behandelten Themen hergestellt werden. Das Arbeiten in Gruppen unterstützt diesen Prozess.

Phase 2: Festigung und Wiederholung

- Grundsätzlich sind Übungen in Kleingruppen sinnvoller als Einzelarbeit, kurzes, aber regelmäßiges Üben effizienter als Mammutwochenenden.
- Frischen Sie Lektüren aufgrund der eigenen Aufzeichnungen auf und wiederholen Sie die Aufgaben dazu (Operatoren beachten!), gegebenenfalls auch durch Schreibübungen. Hilfreich sind hierfür die eigenen Klausuren im Abgleich mit dem Erwartungshorizont.
- Vergewissern Sie sich der möglichen Aufgabenformate (→ S. 6) und wiederholen Sie die Liste der Operatoren (→ S. 8 ff.), damit Ihnen die an Sie gestellten Schreiberwartungen vertraut sind. Überprüfen Sie dahingehend die Kommentare in Ihren letzten Klausuren.
- Durch Schreibübungen sollten Sie Ihre Sicherheit in grundlegenden Arbeitstechniken (→ S. 14–33) festigen können. Offene Fragen sollten Sie rechtzeitig im Unterricht klären.

Sorgen Sie in den letzten Tagen unmittelbar vor dem ersten Prüfungstag trotz aller Anspannung für ausreichend Entspannung und Schlaf, damit Sie nicht schon erschöpft die Prüfungsphase beginnen.

Phase 3: Prüfung absolvieren

- Entlasten Sie den Tag möglichst weitgehend:
  - Stellen Sie gewissenhaft Ihre Arbeits- und Schreibutensilien zusammen, um Stress zu vermeiden.
  - Sie sollten sogar rechtzeitig überlegen, was Sie an diesem Tag anziehen wollen. Wählen Sie Kleidung aus, die bequem ist und in der Sie sich wohlfühlen.
- Nehmen Sie etwas zum Trinken und zum Essen mit.
- Gestalten Sie den Beginn des Prüfungstages so, dass ein rechtzeitiges Erscheinen ohne zeitlichen Stress sichergestellt ist.
- Prüfen Sie zu Beginn der Bearbeitungszeit sehr gründlich die Vorschläge und Aufgabenstellungen, bevor Sie eine endgültige Entscheidung treffen. Lassen Sie sich nicht vom ersten flüchtigen Eindruck lenken. Lesen Sie auch die gegebenen Texte!
- Erstellen Sie einen Schreibplan, der eine Mindmap oder Gliederung und einen Zeitplan für die Bearbeitung der Teilaufgaben enthält, damit Ihnen genügend Zeit für die Erledigung aller Arbeitsschritte bleibt (→ S. 14–33).
- Planen Sie am Ende der Klausur ausreichend Zeit (mindestens 15 Minuten) für die Kontrolle der inhaltlichen und sprachlichen Richtigkeit ein, da die Darstellungsleistung gesondert bewertet wird

Basiswissen

Grundlegende Arbeitstechniken

Arbeitsschritte zur Lösung von Abituraufgaben

Arbeitsschritte	**Handlungen**
Zeit einteilen und effektiv nutzen	– Auswahlzeit nutzen – Zeit einteilen für • die Texterschließung und die Bearbeitung der Aufgaben • das Schreiben und das Überarbeiten
Aufgaben lesen, verstehen und den Operatoren zuordnen	– die Aufgabenvorschläge gründlich lesen – den inhaltlichen und methodischen Schwerpunkt klären – das eigene (fachliche) Vorwissen vergegenwärtigen – die in der Aufgabe geforderten Operatoren und das damit einhergehende Vorgehen klären – sich für einen Vorschlag entscheiden
Text(e) mit Blick auf die Aufgabenstellung lesen, verstehen und analysieren	– Textsorte klären (Handelt es sich um einen literarischen oder einen Sachtext?) – den Text vollständig lesen (Worum geht es?) – die entsprechenden Lese- und Verstehensstrategien anwenden (→ S. 16 – 22) – das erzählte/dargestellte/erlebte Geschehen (literarischer Text) bzw. das Ausgesagte (Sachtext) für sich klären und mit eigenen Worten formulieren – Text analysieren und interpretieren
Klausur schreiben	– einen Schreibplan aufstellen, der die wesentlichen Aspekte enthält (Gliederung/Struktur) – Abarbeitung des Schreibplans (→ Texte schreiben, S. 23 ff.) – dabei mit Zitaten und Textbelegen arbeiten (→ S. 31 f.)
Klausur überarbeiten	– Text überarbeiten (→ S. 33) in Hinsicht auf • die inhaltlichen Vorgaben der Aufgabenstellung • die Logik der Gedankenführung • die Beachtung der vorgegebenen Textsorte bzw. des Textmusters sowie die thematische Entfaltung • die formale Richtigkeit von Sprache (Orthografie, Zeichensetzung, Syntax), die Treffsicherheit der Formulierungen sowie die sprachliche Angemessenheit • das Schreibziel und den Adressatenbezug (Mit welchem Ziel schreibe ich für wen?), die Leserführung

Aufgabenstellungen lesen, verstehen und auswählen

Bei der schriftlichen Abiturprüfung im Fach Deutsch muss von drei verschiedenen Aufgabenvorschlägen einer ausgewählt werden. Die Aufgabenvorschläge entsprechen den Aufgabenformaten I–III (→ S. 6).

Bei der Auswahl der Aufgabe können Sie sich an folgenden Fragen orientieren:
- Verstehe ich den Text bei einem ersten überfliegenden Lesen?
- Bezieht sich der Text auf ein Thema, das ich gut vorbereitet habe?
- Verstehe ich die Aufgabenstellung?
- Weiß ich, was die Operatoren, die in den Aufgabenstellungen erwähnt sind, für Handlungsanweisungen geben?

Sie wählen am besten den Vorschlag aus,
- dessen Textvorlage Sie insgesamt problemlos verstehen bzw. zu dem Sie schnell einen Zugang finden,
- zu dessen Thema Sie genügend Fachkenntnisse haben und das Sie in einen größeren Zusammenhang einordnen können und
- dessen Aufgabenstellung für Sie klar verständlich ist, sodass Sie sie bewältigen können.

Vorwissen aktivieren, Vorarbeiten durchführen

Im Rahmen der Vorüberlegungen empfiehlt es sich, bereits Bekanntes wachzurufen, denn die Aktivierung von Vorwissen hilft, sich in das Thema einzudenken und einen ersten Zugang zu finden: Was weiß ich bereits über das in dem Text angesprochene Thema?

Notieren Sie stichwortartig:
- Ihre Leseerwartung,
- Ihre ersten Leseeindrücke und Titelassoziationen,
- Ihre Beobachtungen zur (gattungsspezifischen) Gestaltung,
- Ihr Sachwissen über die Gattung, den Autor, die jeweiligen historischen und gesellschaftlichen Hintergründe sowie
- eventuelle Unklarheiten und weitere Fragen an den Text.

Texte erschließen

Lese- und Verstehensstrategien

Zunächst ist zu klären, ob es sich bei der Klausur um einen literarischen oder einen Sachtext handelt, der zu verarbeiten ist. In beiden Fällen sollten Sie den Text zunächst einmal vollständig lesen, um sich eine Orientierung über Inhalt und Struktur zu verschaffen: Worum geht es? bzw. Was wird erzählt (→ Epik, S. 152 ff.), dargestellt (→ Drama, S. 158 ff.) oder erlebt (→ Lyrik, S. 142 ff.)? Wie ist der Text aufgebaut (welches Textmuster)? Welcher Gattung gehört er an? Die ersten Leseeindrücke zu Inhalt, Verständnis und Machart und Ihrer Meinung bzw. Ihrem Vorwissen sollten Sie sich notieren.

In einem nächsten Arbeitsschritt wird der Text erarbeitend gelesen, das bedeutet eine mehrmalige Lektüre im Ganzen sowie eine gezielte Lektüre einzelner Textstellen. Hierzu gehört jetzt auch die Arbeit am Text mit Unterstreichungen und Anmerkungen am Rand.

Handelt es sich um einen **Sachtext**, ist folgendes Vorgehen sinnvoll:

Art des Lesens	Handlungen und Arbeitsschritte
antizipierendes Lesen	– Welche ersten Informationen haben Sie durch Titel, Untertitel/ Zwischenüberschrift, Layout und die Erstlektüre erhalten? (Bestimmung des Themas) – Über welches Vorwissen verfügen Sie hinsichtlich des Themas? ZIEL: Anforderungen und Erwartungen für sich klären
überfliegendes Lesen	– Welche Informationen geben die äußeren Textmerkmale in Hinblick auf Thema, Autor, Titel, Textsorte (Kritik, Kommentar, Essay, Rede), Quelle und die Intention? – Handelt es sich um einen informierenden oder um einen persuasiven Text? (Wo ist er für wen mit welcher Absicht veröffentlicht?) – Gibt es Hervorhebungen, Illustrationen ...? ZIEL: Funktion/Intention des Textes klären
klärendes Lesen	– Welche Begriffe bzw. welche Textpassagen müssen geklärt werden? Was habe ich verstanden, was (noch) nicht? – Was steht in den einzelnen Abschnitten, wie stehen sie zueinander? Wie ist die Argumentation? Hier geht es darum, Zentrales zu markieren und den Text, seiner Argumentation folgend, in eigenen Worten zusammenzufassen, zunächst in Halbsätzen oder Stichworten am Rand. Hilfreiche Strategien sind, Fragen an den Text zu stellen. Auch das Um- und Ausformulieren (= Erweitern) von Sätzen hilft dem eigenen Verstehen. ZIEL: den Text im Ganzen erfassen

klärendes Lesen	– Was ist (sind) die zentrale(n) Aussage(n) und wo steht (stehen) sie? – Wie ist der Text gedanklich aufgebaut? Wie ist seine Argumentationsstruktur? ZIEL: Klärung von Inhalt und Argumentationsstruktur
vertieftes, konzentriertes Lesen	– Welche sprachlichen Mittel verwendet der Autor, um seine Argumentation zu verdeutlichen und seine Aussageabsicht zu verwirklichen? ZIEL: Verknüpfung von Inhalt, Struktur und Machart (sprachlicher und formaler Textgestaltung)
reflektierendes, beurteilendes Lesen	– Inbezugsetzung des Textes zum eigenen Vorwissen, der eigenen Meinung, den eigenen Bildern oder Ansichten: Was wusste ich vorher, was hat der Text mir vermittelt bzw. wovon will er mich überzeugen? Persönliche Assoziationen werden so bewusst gemacht und ermöglichen eine Beurteilung der zentralen Textaussage(n). Manchmal hilft es, den Text dafür zu visualisieren (z. B. als Mindmap) und mit eigenen Worten zu reformulieren. – Abschluss: erneute und letzte Textlektüre, um zu prüfen, ob man alles richtig verstanden hat ZIEL: das eigene Verstehen prüfen, mit der eigenen Meinung vergleichen und beurteilen

Handelt es sich um einen **literarischen Text**, ist folgendes Vorgehen sinnvoll:

Art des Lesens	Handlungen und Arbeitsschritte
antizipierendes, erstes Lesen	– Welche ersten Informationen haben Sie durch die Erstlektüre erhalten? – Handelt es sich um einen epischen, lyrischen oder dramatischen Text? – Ist es ein Auszug aus einem längeren Text (Erzählung/Roman, Drama) oder ist der Text eigenständig (abgeschlossen)? – erste Eindrücke zum Verstehen notieren, erste Bestimmung des Themas – Über welches Vorwissen verfügen Sie hinsichtlich des Themas, Textes, Autors, der Entstehungszeit usw.? (Stichworte notieren) ZIEL: Sie müssen die Anforderungen und Erwartungen der Aufgabenstellung für sich klären.
klärendes Lesen, um dem Text die Informationen zu entnehmen	Lesen Sie den Text zunächst im Ganzen, danach fokussiert ausgewählte Textstellen und schließlich noch einmal fokussiert solche Textstellen, die beim ersten Lesen nicht (so genau) verstanden wurden.

klärendes Lesen, um dem Text die Informationen zu entnehmen	Zunächst ist das „Was" zu klären: Epik – Wer sind die Aktanten (Haupt- und Nebenfiguren)? – An welchem Ort / welchen Orten und zu welcher Zeit / welchen Zeiten findet das Erzählte statt? – Was wird erzählt? Was geschieht nacheinander? Wer macht was mit wem, mit welcher Folge und wann? Was ergibt sich daraus für wen, wie endet es? – Was sind die wesentlichen Textstellen? Lyrik – Gedicht lesen (leise, aber mit Betonung im Geiste) – Wer spricht im Gedicht und wie charakterisiert sich das lyrische Ich durch das Sprechen? Ist es weiblich oder männlich? – Spricht das lyrische Ich emotional beteiligt, engagiert-appellativ oder eher distanziert/sachlich-reflektierend? – Wovon spricht das lyrische Ich? Hier kann es hilfreich sein, die stark verdichtete Sprache zu erweitern, also den verwendeten Wörtern Wortfelder und eigene Assoziationen hinzuzuschreiben (textnahes Lesen). – Wechselt das lyrische Ich innerhalb der Strophen das Thema? Wie beziehen sich die Themen aufeinander? – Um welches Thema / welche Themen geht es vorwiegend (Natur, Großstadt, Liebe, Tod, ein gegenwärtiges Erleben, eine Geschichte [typisch für Balladen], Gedanken, philosophische Betrachtungen usw.)? – Wie steht das lyrische Ich zum Thema? Welche Stimmung (Freude, Traurigkeit, Interesse/Anteilnahme, politisch-gesellschaftliches Engagement usw.) vermittelt es? – Wen spricht das lyrische Ich an? Gibt es einen (direkten) Adressaten? Dramatik – Gibt es Regieanweisungen, die über Ort, Zeit usw. informieren? – Wer sind die beteiligten Haupt- und Nebenfiguren? – In welcher Beziehung stehen die Figuren zueinander? – Was weiß der Lesende über die Ereignisse und Ergebnisse der Vorgeschichte? Mit welchen Voraussetzungen (Intentionen, Haltungen) gehen die Figuren mit wem in die Gespräche? – Welches Geschehen wird dargestellt? – Was sind die Ergebnisse und Ereignisse des Dialogs/Monologs? – Werden Probleme (für wen in welcher Weise) aufgeworfen oder gelöst?

	– Kommt es zu einem Wendepunkt oder zu Lösungen? Werden Konflikte offenbar? Trägt die Szene am Ende zu einer Konfliktlösung bei oder endet sie offen? – Was sind die wesentlichen Redebeiträge? (Textstellen markieren)
vertieftes, konzentriertes Lesen	Hier geht es um die Anwendung des Wissens über die Textsorten und deren Gestaltungsmöglichkeiten – um das Aktivieren des Vorwissens also. Es ist das „Wie" zu klären, das immer mit dem Inhalt in Beziehung steht (diesen betont, verstärkt, unterstützt usw.). Epik: Wie ist der Text gemacht? (→ Epische Texte, S. 152 ff.) – Wird chronologisch (vorausdeutend) oder anachron (rückwendend) erzählt? – Wird analytisch (Ereignis folgt auf Ereignis) oder synthetisch (aus dem Moment heraus) erzählt? – Wie ist die Dauer des Erzählten? Zeitdeckend, gedehnt, gerafft, mit Zeitsprüngen, mit Pausen? – Werden sich wiederholende Ereignisse einmal oder mehrfach erzählt? – Wie mittelbar ist das Erzählte? Wird die gesprochene Rede direkt als wörtliche Rede / innerer Monolog / Bewusstseinsstrom oder vermittelt, also indirekt, präsentiert? – Wer erzählt aus welcher Sicht? Gibt es einen Erzähler, der mehr weiß/sagt als irgendeine Figur weiß/sagt und selbst am Geschehen gar nicht beteiligt ist? Kommentiert er vielleicht beim Erzählen („auktorial") oder ist er als Figur Teil des erzählten Geschehens und erlebt (in der 3. Person „personal", in der 1. Person „Ich-Erzähler") oder erzählt der Erzähler neutral, als ob er protokolliert, was er gerade wahrnimmt? – Welche Distanz hat der Erzähler zum Erzählten? Ist es eine deutliche räumliche und/oder zeitliche Distanz oder wird gleichzeitig erlebt und erzählt? – Welche Haltung hat der Erzähler zum Erzählten? Ist er unbeteiligt (distanziert, urteilend, überlegen) oder beteiligt (mitleidig, kritisch, ironisch)? – Gibt es einen (deutlichen) Adressaten, dem erzählt wird? – Mit welchen sprachlichen Mitteln arbeitet der Erzähler? Gibt es Modus- oder Tempuswechsel (und wo)? Welche Symbole, sprachlichen Bilder (Metaphern usw.) werden verwendet und was hat ihre Verwendung mit dem Inhalt zu tun? – Wie und wodurch werden die Figuren konzipiert (direkt, indirekt, durch Redeformen usw.), wie ihre Beziehungen gestaltet?

vertieftes, konzentriertes Lesen	Lyrik – Wie ist das Gedicht gemacht, was fällt formalsprachlich auf? (→ Lyrische Texte, S. 142 ff.) – Wie ist die Gedichtform, wie die Gliederung der Strophen? (→ Die wichtigsten Fachbegriffe zur Lyrik, S. 149 f.) – Wie sind Betonung/Metrum/Versfüße und Zeilensprünge gesetzt? – Wie werden Kadenzen und ggf. Reimform behandelt? – Welche sprachlichen Bilder (Metapher, Vergleich, Allegorie, Metonymie) werden verwendet, woher stammen sie? – Welche Sinne werden besonders angesprochen? (Wortfelduntersuchung zum Hören, Sehen, Schmecken bzw. Riechen, Fühlen) – Aus welchen Wortfeldern stammen die verwendeten Wörter? Tragen sie im Text Bedeutungen in sich oder über die eigentliche Bedeutung hinaus? Gibt es Neologismen? – Wie ist der Satzbau? Gibt es Ellipsen? – Welche (Interpunktions-)Zeichen werden verwendet? – Wie wird die Stimmung durch Verwendung von Lauten unterstützt (hell/dunkel/gleich klingende Laute)? Dramatik – Wie wird das Geschehen dem Zuschauer vermittelt? (→ Dramatische Texte, S. 158 ff.) – Regieanweisungen: Wie groß ist der Anteil an außersprachlicher Handlung (z. B. Gestik und Mimik der Figuren)? – Dialogverlauf: Wie groß sind die Redeanteile der Figuren? Dominiert eine Figur? Welche Figur ergreift die Initiative? Welche beendet das Gespräch? Kann man Gesprächsphasen unterscheiden? Welche Konflikte prägen das Gespräch (siehe oben) und wie wird das sprachlich deutlich? Gibt es einen Wendepunkt, der sprachlich zu markieren ist? – Welche Sprechakte bestimmen/dominieren den Dialogverlauf? Welche Absichten verfolgen diese? Lassen sich argumentative Strategien erkennen? Welchem Gesprächstyp könnte man die Szene zuordnen? – Welche sprachlich-stilistischen Mittel werden (von welcher Figur) verwendet? Auf welchem Sprachniveau entwickelt sich das Gespräch? Welche Wörter werden wiederholt, welche ausgelassen? Welche Bilder werden verwendet? Wird mit sprachlichen Mitteln des Kontrastes bzw. der Steigerung gearbeitet? Wie sind die Sätze in den Reden der Figuren gebaut?

reflektierendes, beurteilendes Lesen	Hier geht es darum, das Analysierte mit den ersten Eindrücken abzugleichen, sich darüber ein Verstehensmodell bzw. eine Hypothese zu vergegenwärtigen und dieses oder diese mit weiterem Wissen zu kontextuieren (Autor, Zeit, Intertextualität), um schließlich zu einem eigenen Verstehenskonzept zu kommen (= Interpretation) und dies ggf. (bei entsprechender Aufgabenstellung) vergleichend mit anderen Texten zu werten. – Welche Informationen, die nicht direkt genannt werden, aber indirekt deutlich werden (immanent sind), kann man zur Interpretation nutzen? – Welche Stoffe, Motive, bekannten/tradierten Handlungsmuster werden wie verwendet? – Welche Kenntnisse aus dem eigenen Vorwissen kann man nutzen, um die Interpretation zu stützen? Wichtig: Sie müssen sich in die Figuren und in deren erzählte, vermittelte, dargestellte Handlungs- und Denkweisen hineinversetzen und vermeiden, Ihre eigene Sicht über den Text zu legen, sog. „Hineininterpretieren“. Zudem müssen Ihre Aussagen am Text belegbar sein. – Beim Interpretieren müssen sie damit rechnen, dass der Text Sie mit ungewohnten Denk- und Verhaltensweisen konfrontiert (Alteritätserfahrung). Versuchen Sie, nicht sofort ins Urteilen zu kommen, sondern lassen Sie sich auf das Fremde ein, versetzen Sie sich in die Fiktion und lassen Sie dem Erleben des Neuen und vielleicht Ungewohnten Raum. – Analysieren Sie, ob und inwiefern das „Wie“ dem „Was“ dienlich ist.

Wie Sie anhand der Tabelle über Lese- und Verstehensstrategien gesehen haben, erfordert das Verstehen von literarischen Texten in jedem Fall drei Dinge: Wissen, Wollen und Können.

Was müssen Sie wissen?
- Literarische Texte sind grundsätzlich polyvalent (mehrdeutig) angelegt.
- Sie sind ästhetische Konstruktionen, die zunächst für sich stehen und damit außerhalb der eigenen Lebenswirklichkeit der Lesenden zu sehen sind.
- Sie lösen sehr häufig beim Lesen Irritationen aus, die es auszuhalten (vielleicht auch zu genießen?) gilt, was sowohl inhaltlich bedingt ist als auch durch die poetische Sprache erzeugt wird.
- Das Lesen und Verstehen der literarischen Texte ermöglicht Ihnen auf der Grundlage eigener (häufig auch moralischer) Urteilsfähigkeit eine Selbstreflexion.

- Schließlich erfordert das Verstehen von literarischen Texten von Ihnen eine ganze Reihe von Kenntnissen über den Umgang mit Texten (etwa Textsorten- und Genrewissen, Wissen über die Sprache und ihre Gestaltung, möglicherweise über den Autor und seine Zeit), also ein Sachwissen über gesellschaftliche und zeitgeschichtliche Zusammenhänge seiner Entstehung (= Kontexte), und schließlich häufig die Kenntnis anderer Texte, auf die im Text in irgendeiner Weise Bezug genommen wird (= Intertextualität).

Welche Haltung müssen Sie haben? Was müssen Sie wollen?
- Sie müssen sich zunächst auf die Fiktion überhaupt einlassen (wollen), das gilt auch für die historische oder kulturelle Distanz.
- Sie müssen bereit sein, sich auf fremde Perspektiven (etwa die der Figuren) einzulassen, sich in sie hineinzuversetzen.
- Sie müssen sich auf typische kulturelle Gefühlsmuster einlassen und diese erforschen wollen (z. B.: Was ist Liebe, Freundschaft, Naturerfahrung hier im Text und wie wird sie verarbeitet?)

Was müssen Sie können im Umgang mit literarischen Texten?
- Zunächst müssen Sie dem Text seine Informationen entnehmen: Was wird erzählt, dargestellt oder erlebt?
- Um den Handlungsverlauf bestimmen zu können, müssen Sie
  - die Figuren des Textes identifizieren (Was sind die Hauptfiguren, was Nebenfiguren, wo steht der Erzähler, das lyrische Ich?) und
  - Zeit und Ort, Konflikte (und möglicherweise ihre Vorgeschichte) sowie Lösungen erkennen.
- Sie müssen Mittel der sprachlichen Darstellung identifizieren, benennen und hinsichtlich ihrer Wirkung – auch im Vergleich zu anderen Texten – beschreiben können.
- Dafür dient die Identifizierung von Stoffen, Motiven und Handlungsmustern als Grundlage, die Sie für die Interpretation nutzen können.

Texte schreiben

Schreibstrategien verwenden

Bei fast allen Texten/Textmustern, die von Ihnen erwartet werden, ist das Produkt ein Fachtext, der Sachverhalte darstellt und erläutert, also nüchtern gehalten ist; eine Ausnahme stellt hier der Kommentar dar (→ S. 179 f.). Ihr Text ist grundsätzlich im Präsens zu verfassen (bei Textwiedergaben muss man bei Vorzeitigkeit auf das Perfekt ausweichen).
Die Verwendung des Konjunktiv I oder II (→ S. 80) kennzeichnet Textinhalte und Textstellen, die von fremden Autoren übernommen wurden. Alternativ kann man auch den Indikativ verwenden, muss aber deutlich kennzeichnen (etwa im Einleitungssatz), wer der Urheber der anschließenden Aussagen ist. Alle Texte/Textmuster sind in Einleitung, Hauptteil und Schluss zu gliedern.

Das Niederschreiben der Klausur kann durch die Berücksichtigung folgender Vorgehensweise organisiert werden:

1. Schritt	**Den Schreibprozess organisieren** Bevor Sie mit dem Schreiben beginnen, sollten Sie überlegen: – Wie viel Arbeitszeit steht mir (noch) zur Verfügung und wie verteile ich diese auf die Aufgaben? – Wie viel Zeit benötige ich für ein effizientes, abschließendes Korrekturlesen? ZIEL: Die genaue Zeitplanung vor dem Schreiben ermöglicht während des Formulierens ein konzentriertes Arbeiten – entsprechend der Schwerpunktsetzung – für alle Aufgaben sowie am Ende für das abschließende Korrekturlesen.
2. Schritt	**Den Schreibprozess vorbereiten** – Überprüfen von Aufgabenstellung und Operatoren – Vergegenwärtigen der zentralen Arbeitshypothesen zu den Aufgaben und den Themen, z. B. *In dem Text geht es um ... / Der Text handelt von ... / Der Autor vertritt die Position ...* (bei Sachtexten) ZIEL: Die intensive und konzentrierte Vorarbeit für das Verfassen der Klausur bildet die Basis für deren inhaltlichen Gehalt und logischen Aufbau. Diese Vorarbeit ist zeitintensiv, weil Sie hier (!) Probleme lösen.
3. Schritt	**Arbeitsergebnisse in eine Struktur bringen (= Gliederung)** Je nach Schreibaufgabe ist diese Struktur unterschiedlich. Allgemein aber gilt, dass auf jeden Fall eine plausible gedankliche Reihenfolge angelegt werden muss. Zu klärende Vorüberlegungen dazu sind: – Was ist für mich wichtig? Was will ich mitteilen?

	– Wer sind die Adressaten und was will ich bei Ihnen erreichen? (vgl. dazu auch die in den Aufgaben enthaltenen Schreibanlässe) – Wie baue ich meinen Text auf, damit eine Logik / ein roter Faden erkennbar ist? Dazu ist Folgendes nötig: • Zuordnung der Ergebnisse aus der Arbeit an den Texten und Aufgaben zu Oberthemen • Oberthemen weiter untergliedern, d. h. Inhalte/Thesen/Argumente in eine logische Abfolge (als lineare Gliederung oder Mindmap/Cluster) zu Unterthemen ordnen, dabei auch die eigenen Ideen zum Text einbringen und mögliche Abschlüsse (Fazit jeder Aufgabe) festhalten – Was steht am Anfang und wie endet mein Text? ZIEL: Durch eine solche Gliederung bleibt beim Schreiben der Kopf frei für Punkte, die Ihnen im eigentlichen Schreibprozess noch einfallen, da sie jederzeit (in der Gliederung oder später im Fließtext) ergänzt werden können. So vermeiden Sie es, sich später darüber zu ärgern, dass Sie die Hälfte vergessen haben oder noch so viel hätten schreiben können ...
4. Schritt	**Die Klausur schreiben** – Die Klausur wird nun aufgabenweise auf Basis der Planung ausformuliert (= geschrieben). Jeder Gliederungspunkt bestimmt einen Abschnitt und sollte nach Möglichkeit ohne Unterbrechung niedergeschrieben werden. – Beim Schreiben liegt die Aufmerksamkeit zwar immer auf dem Inhalt. Denken Sie dennoch beim Formulieren daran: • Wofür / Für wen schreibe ich und was will ich meinem Adressaten vermitteln? Wie mache ich meine Ergebnisse deutlich? • Welche Sprache / sprachlichen Mittel verwende ich dazu? Wie stelle ich die Verknüpfungen her? – Um die gedanklichen Zusammenhänge und Verknüpfungen im Text für die Lesenden zu verdeutlichen, bedarf es der gezielten Verwendung von sprachlichen Konnektoren: • Aussagen, Thesen und Argumente werden aneinandergereiht durch: *zunächst, darüber hinaus, ergänzend, ferner ...* • Die logische Verknüpfung erfolgt durch: *weil, obwohl, da, indem, dementsprechend, hier, dabei, in diesem Zusammenhang ...* • Verweise auf Einschränkungen, Gegenargumente kennzeichnet man z. B. durch: *andererseits, demgegenüber ist zu erkennen/bedenken, zwar ... aber, im Gegensatz dazu steht ...* • Schlussfolgerungen und Ergebnisse werden deutlich durch Signalformulierungen wie *zusammenfassend ist zu sagen / festzustellen ..., man kann daran / aus alledem erkennen/ersehen, dass ..., man kann also festhalten, dass ...*

4. Schritt	ZIEL: Ihre bisherige Textarbeit soll sich nun in Ihrem geschriebenen Text wiederfinden und dem/den Adressaten beweisen, wie genau und mit welchem Ergebnis Sie gearbeitet haben und über welche Schreibkompetenz (Darstellungsleistung) Sie verfügen. Sie sollten jetzt dieselben Kriterien der Bewertung, die auch Ihre Prüfer später anwenden, für Ihre eigene Korrekturen nutzen. Sie beziehen sich auf Sprachangemessenheit, Aufbau und Prozess: **Wortwahl** Ist die Wortwahl präzise und angemessen? Werden Füllwörter, Floskeln und Umgangssprache/Jugendsprache vermieden? Werden Fachtermini sachlich richtig bzw. treffend verwendet? **Satzbau** Ist der gewählte Satzbau der Aufgabe und dem Leser angemessen? Sowohl Bandwurmsätze als auch einfache, kurze Aussagesätze sind zu vermeiden. Die Satzteile müssen zusammenpassen und bei eingeschobenen Ergänzungen ist auf die grammatisch korrekte Weiterführung oder Beendigung des Satzes zu achten. **Textmuster** Wird ein der Aufgabe angemessenes Textmuster verwendet? **Textaufbau** Ist der Text sinnvoll aufgebaut? Ist eine innere/äußere Gliederung erkennbar? **Thematische Entfaltung** Geschieht die thematische Entfaltung in einer der Fragestellung angemessenen Art? Werden Belege verwendet? **Leserführung** Gibt es genügend textstrukturierende Mittel (als aktive Leserführung)? **Planen/Überarbeiten** Lässt der Text Planungs- und Überarbeitungsspuren erkennen?
5. Schritt	**Die Klausur überarbeiten** – Die Klausur wird gelesen und dabei überarbeitet im Hinblick auf • das verwendete Textmuster und dessen Merkmale, • den sachlogischen Aufbau (äußere und innere Gliederung), • die thematische Entfaltung und das Belegen (Zitate), • die schlüssige Verknüpfung der einzelnen Teile (Konnektoren) • und die Treffsicherheit und Angemessenheit in Wortwahl und Satzbau. – In einem zweiten Schritt folgt die Untersuchung hinsichtlich formalsprachlicher Richtigkeit auf • Rechtschreibung, Zeichensetzung, Grammatik sowie • korrekte Zitation. Hinweis: Auf diesen letzten Teil können Sie sich bereits in der Vorbereitung auf das Abitur einstellen. Schauen Sie sich Ihre alten Klausuren an und analysieren Sie typische Fehler: Welche Worte schreibe ich falsch, an welchen Stellen setze ich falsche oder gar keine Kommas? Welche Formulierungen, Ausdrücke und falschen Worte habe ich verwendet und wie könnte ich (im Nachhinein) besser, treffender, genauer oder weniger redundant formulieren ...?

Typische Schwierigkeiten beim Schreiben

Schwierigkeit	Tipps
Ich weiß nicht, wie ich anfangen soll.	– Schreiben Sie erst, wenn Sie die Textgrundlagen bearbeitet (und verstanden) haben. – Schreiben Sie dann das auf, worin Sie sich sicher sind. – Skizzieren Sie den Aufbau der Arbeit in einer Gliederung, Mindmap, einem Schaubild oder Diagramm.
Ich erzähle nur den Text nach, analysiere ihn nicht; oft verbinde ich einfach nur Zitate miteinander.	– Schreiben Sie erst, wenn Sie zuvor die Arbeitsschritte zum Texterschließen (→ S. 16 – 22) und zur Vorbereitung auf das Schreiben vollzogen haben. – Versuchen Sie, Zitate so knapp wie möglich zu halten und in Ihre eigenen Formulierungen einzubinden. – Finden Sie eigene Formulierungen und lösen Sie sich von dem Wortlaut der Textvorlage. Häufig sind eigene Formulierungen ausführlicher als die des Primärtextes. – Vergegenwärtigen Sie sich, inwiefern Sie über das im Primärtext Erzählte/Erlebte/Dargestellte oder Ausgesagte/Behauptete hinausgehen (eigene Beobachtungen).
Meine Klausuren werden häufig zu lang, ich werde kaum mit der Aufgabe fertig.	– Schreiben Sie erst, wenn Ihre Gliederung steht. – Entwerfen Sie das Konzept in wenigen Sätzen, die den Grundgedanken der Klausur/Aufgabe skelettartig und/oder in Form von Überschriften verdeutlichen. – Vermeiden Sie Redundanzen, indem Sie – ausgehend vom ersten Entwurf – möglichst gezielt Ihre Beobachtungen und Gedanken formulieren und ggf. belegen.
Ich weiß manchmal gar nicht, was ich zu einem Gliederungspunkt schreiben soll. Häufig fällt mir nur ein Satz ein.	– Vergegenwärtigen Sie sich, dass das, was Sie im Kopf haben, so formuliert werden muss, dass ein Außenstehender Ihre Gedanken verstehen kann (Adressatenbezug!): Für wen schreibe ich in welcher Weise und was will ich dem Lesenden vermitteln? – Unterstützen Sie Ihre Thesen/Beobachtungen/Aussagen mit Argumenten, Beispielen und Belegen.
Mir fällt es schwer, meine Gedanken zu einem logischen Aufbau zu verbinden.	– Überdenken Sie Ihre Gliederung: Was gehört zusammen und an welche Stelle? – Vergegenwärtigen Sie sich selbst die Logik der Zusammenhänge und verwenden Sie passende Konnektoren, z. B. *im Hinblick auf, im Gegensatz zu, anders als ...*
Ich weiß nicht, wie ich den Inhalt knapp zusammenfassen soll.	– Zentrale Fragen: Worum geht es? Was wird erzählt oder (für Sachtexte) erklärt? Was geschieht wo und wann? Was ergibt sich daraus für wen, wie endet es? – Analysieren und interpretieren Sie an dieser Stelle nicht, hier geht es nur um das Was!

Rhetorische Mittel einsetzen

Folgende rhetorische Figuren und Fachbegriffe können Ihnen als Hilfsmittel für die Textanalyse sehr von Nutzen sein:

Fachbegriff/ rhetorische Figur	Erklärung	Beispiel
Allegorie	Sinnbild für einen abstrakten Begriff	*Justitia* als Frau mit verbundenen Augen; Waage und Schwert als Sinnbild für *Gerechtigkeit*
Alliteration	Wiederkehr desselben Anlauts bei mehreren aufeinanderfolgenden Wörtern	Milch macht müde Männer munter.
Anakoluth	grammatisch fehlerhafte Satzkonstruktion, Satzbruch	Es ist zwar teurer und es ist klein.
Anapher	Wiederholung mindestens eines Wortes am Vers- oder Satzanfang	Es zu kämmen gegen den Strich / Es zu paaren widernatürlich / Es nackt zu scheren (M. L. Kaschnitz, *Ein Gedicht*)
Antithese	Gegenüberstellung gegensätzlicher Aussagen	Tages Arbeit; abends Gäste; / Saure Wochen, frohe Feste! (J. W. Goethe, *Der Schatzgräber*)
Aposiopese	bewusster Abbruch eines Satzes vor der entscheidenden Aussage	Mit diesen kleinen Händen hätt ich ihn –? (H. v. Kleist, *Penthesilea*)
Apostrophe	Form der Anrede: Abwendung vom Publikum, Hinwendung zu anderen Ansprechpartnern	Ihr Götter, steht mir bei!
Assonanz	Reim nur der Vokale, nicht der ganzen Silbe	Romanzen vom Rosenkranz (C. Brentano)
Asyndeton / asyndetische Reihung	Aneinanderreihung ohne beiordnende Konjunktion (Gegenteil → Polysyndeton)	Falschgeldprägen, Lichtausknipsen, Zähneputzen, Totschießen. (G. Grass, *Die Blechtrommel*)
Chiasmus	kreuzweise bzw. spiegelbildartige Stellung von Satzgliedern	Die Kunst ist lang! / Und kurz ist unser Leben. (J. W. Goethe, *Faust I*)

Chiffre	sprachliches Bild/Symbol, dessen Bedeutung nur aus dem Textzusammenhang hervorgeht, diesen aber erst verständlich macht/bestimmt	schwarze Milch der Frühe (P. Celan, *Todesfuge*)
Ellipse	unvollständiger Satz, Auslassungssatz	Wohin gehst du? *Nach Hause.* *Ende gut, alles gut.*
Enjambement (Zeilensprung)	Der Satz- und Sinnzusammenhang reicht über das Vers- oder Strophenende hinaus. Das Enjambement hebt vor allem Begriffe am Versende hervor.	Über allen Gipfeln / Ist Ruh ... (J. W. Goethe, *Ein gleiches / Wandrers Nachtlied*)
Enumeratio	Aufzählung	Alles rennt, rettet, flüchtet. (F. Schiller, *Die Glocke*)
Epipher	Wiederholung desselben Worts / derselben Wörter am Schluss parallel gesetzter Wortgruppen oder Sätze	Doch alle Lust will *Ewigkeit,* / will tiefe, tiefe *Ewigkeit!* (F. Nietzsche, *Also sprach Zarathustra*)
Euphemismus	Untertreibung, mildernder/beschönigender Ausdruck	*ein kleines Problem* (statt: *eine schwierige Situation*)
Hyperbel	Übertreibung	blitzschnell; himmelhoch; Schneckentempo
Inversion	Umstellung von Wörtern im Gegensatz zur üblichen Syntax	Einen Krimi lese ich gern.
Ironie	es wird das Gegenteil von dem gesagt, was gemeint ist	Ich freue mich sehr darüber, dass du heute wieder zu spät kommst.
Klimax	Höhepunkt, steigernde Reihung	Heute back' ich, morgen brau' ich, übermorgen hol' ich der Königin ihr Kind. (*Rumpelstilzchen*)
Litotes	stärkere Hervorhebung durch Verneinung oder Abschwächung des Gegenteils	*nicht hässlich* (statt: *schön*); *nicht übel* (statt: *gut*)
Metapher	Bedeutungsübertragung in der Beziehung der Ähnlichkeit, sprachliches Bild	Mauer des Schweigens; Licht der Wahrheit; *Durchbohrt* hat mich der Läst'rung *giftiger* Speer. (F. Schiller)

Metonymie	Ersetzung eines Wortes durch ein anderes, das mit ihm in logischer Verbindung steht	*Das Weiße Haus meldet …* (statt: *Der amerikanische Präsident …*)
Neologismus	Wortneuschöpfung	Berufsjugendlicher; Komasaufen
Onomatopoesie	Lautmalerei, sprachliche Nachahmung von Geräuschen durch ähnlich klingende Worte	grrrrmpft!; knistern und knastern
Oxymoron	Verbindung zweier sich widersprechender Begriffe	bittersüß; Hassliebe; stummer Schrei; beredtes Schweigen
Paradoxon	(scheinbarer) Widerspruch	Die Tragödie des Alters ist nicht alt zu sein, sondern jung. (O. Wilde)
Parallelismus	Wiederholung derselben Wortstellung bei nebeneinandergereihten Satzgliedern oder Sätzen	Heiß ist die Liebe, kalt ist der Schnee. Wie ist das Wetter, wie ist die See?
Parenthese	Einschub, Schaltsatz	Ich möchte dir – ich fasse mich kurz – von den Ereignissen erzählen.
Personifikation	Vermenschlichung von Tieren, Gegenständen oder abstrakten Begriffen	Väterchen Frost; die Sonne lacht
Pleonasmus	überflüssige Verbindung von Wörtern mit gleicher Bedeutung zur Verstärkung	schwarzer Rappe; weißer Schimmel
Polysyndeton	Reihung von beiordnenden Konjunktionen (Gegenteil → Asyndeton)	*Und* es wallet *und* siedet *und* brauset *und* zischt. (F. Schiller, *Der Taucher*)
Prämisse	Grundannahme, auf der weitere Überlegungen aufbauen	Ich glaube an den Menschen und das heißt, ich glaube an seine Vernunft! (B. Brecht, *Leben des Galilei*)
Refutatio	Vorwegnahme eines möglichen Einwands, der sogleich widerlegt wird	Sie werden sagen, dass …, aber …
rhetorische Frage	Frage, auf die keine Antwort erwartet wird oder deren Antwort bereits feststeht	Möchten Sie gerne Ferien?

Suggestivfrage	Frage, die eine bestimmte Auslegung durch den Zuhörer nahelegt	Könnte es vielleicht sein, dass Ihnen Hausarbeiten lästig sind?
Syllogismus	logische Denkfigur, bei der aus zwei Prämissen ein Schluss gezogen wird	Stimmbänder sind notwendig, um sprechen zu können. Fische haben keine Stimmbänder. Also können Fische nicht sprechen.
Symbol	ein konkretes Zeichen für ein bestimmtes Handeln oder einen bestimmten Gegenstand	*Kreuz* als Symbol des christlichen Glaubens; *Taube* als Symbol für Frieden
Synästhesie	Vermischung verschiedener Sinneseindrücke	heiße Musik; schreiende Farben
Synekdoche	Bezeichnung, die einen Teil für das Ganze setzt (Pars pro Toto) oder das Ganze durch einen Teil wiedergibt (Totum pro Parte)	Wir flehen um ein *wirtlich Dach* (für: *gastfreundliches Haus*) (F. Schiller)
Tautologie	Doppelaussage, oft synonym zu → Pleonasmus gebraucht	nackt und bloß; heiter und froh; einzig und allein; alter Greis
Trikolon	dreigliedriger Ausdruck	Und wiegen und tanzen und singen dich ein. (J. W. Goethe, *Erlkönig*)
Vergleich	bildhafter Hinweis auf einen anderen Bereich	Er ist schlau wie ein Fuchs.
Wiederholung	mehrfaches Auftreten identischer Wörter, Satzteile oder ganzer Sätze	Singet leise, leise, leise.
Wortspiel	geistreich-witzige Verwendung von Wörtern	Entrüstet Euch! (Wahlspruch der Friedensbewegung)

TIPP

Textwiedergaben sind grundsätzlich im Präsens zu verfassen (bei Vorzeitigkeit von Geschehen ist auf das Perfekt auszuweichen). Textinhalt und Textstellen, die vom Autor übernommen wurden, müssen stets gekennzeichnet werden, entweder durch den Gebrauch des Konjunktiv I (ggf. II) oder durch entsprechende Formulierungen (*nach Ansicht des Autors …; der Autor kritisiert, dass …* usw.).

Mit Zitaten und Textbelegen arbeiten

Zitate und Textbelege haben die Funktion, die eigenen Aussagen durch Verweise auf den Ausgangstext abzusichern und nachvollziehbar zu machen.

Regeln für die Arbeit mit wörtlichen Zitaten

- Eine Textstelle, d. h. eine Formulierung, ein Satz oder auch mehrere Sätze, wird wortwörtlich aus einer Vorlage übernommen (zusammen mit etwaigen Besonderheiten der Rechtschreibung und Zeichensetzung, z. B. bei Textvorlagen in alter Rechtschreibung).
- Zitate werden durch Anführungszeichen deutlich gemacht.
- Auslassungen in einem Zitat – unabhängig davon, ob es sich um ein einzelnes Wort, eine Formulierung oder mehrere Sätze handelt – werden durch eckige Klammern mit drei Punkten gekennzeichnet: […]. Ein Zitat darf nie derart gekürzt werden, dass die Aussage verfälscht wird.
- Zitate, die man in den eigenen Text einpasst, müssen in einigen Fällen inhaltlich (z. B. durch ein erklärendes Wort) oder grammatisch (z. B. durch eine Veränderung des Kasus) dem eigenen Satzbau angepasst werden. Die Eingriffe kennzeichnet man durch die Verwendung eckiger Klammern, z. B. *„Er wirft ihm [Danton] vor, dass […].“*
- Zitate in Zitaten kennzeichnet man mit einfachen Anführungszeichen, z. B. *„wenn Törless die besondere Wirklichkeit immer wieder mit dem Wort ‚es‘ zu fassen sucht.“*
- Zitate werden mit einem Hinweis auf den Fundort beendet. Dies geschieht in Form von Seiten-, Zeilen- oder Versangaben, z. B. *„Er [Törless] hatte jetzt einen ganz neuen Respekt vor der Mathematik“* (S. 75, Z. 3).

Regeln für die Arbeit mit sinngemäßen Zitaten

Gibt man die Gedanken eines anderen wieder, verwendet man
- eine einleitende Formulierung, z. B. *Nach Meinung von …*, bzw. einen entsprechenden Einleitungssatz, z. B. *Der Autor hebt hervor, dass …* Durch die einleitende Formulierung wird auch das eigene Textverständnis deutlich.
- indirekte Rede (Konjunktiv I), z. B. *Der Gebrauch von Anglizismen <u>habe</u> in Frankreich nicht in gleichem Ausmaß zugenommen.*

Sinngemäße Zitate werden wie wörtliche Zitate mit einem Verweis auf die Textstelle in Form von Seiten-, Zeilen- oder Versangaben (z. B. „vgl. S. 29, V. 12“) beendet.

Achtung: Bei besonderen Textformen wie dem Kommentar oder Essay werden Bezüge zu Materialien und Textvorlagen nur unter Nennung des Autors und ggf. des Titels, aber ohne Zeilenangabe angeführt.

Zitieren und Angeben von Textstellen

Ein offizielles Bewertungskriterium für die Beurteilung der Darstellungsleistung lautet: „Der Prüfling belegt Aussagen durch angemessenes und korrektes Zitieren." „Angemessenes Zitieren" bedeutet, dass nicht zu viel, aber auch nicht zu wenig zitiert wird und die ausgewählten Zitate funktional sind, also die eigenen Aussagen belegen. „Korrektes Zitieren" meint, dass die auf dieser Doppelseite aufgeführten, allgemeingültigen Regeln bei der formalen Gestaltung der Zitate beachtet werden.

TIPPS zum angemessenen Zitieren

- Jedes Zitat muss ausgewertet werden, d. h. die eigenen Aussagen absichern.
- Zitate sollten sparsam verwendet werden, also nicht, nur um überhaupt etwas zu zitieren, sondern sie müssen einen deutlichen Bezug zum eigenen Text herstellen. Vor allem erklärende, deutende bzw. beurteilende und bewertende Aussagen in den Anforderungsbereichen II und III (→ S. 7) erfordern eine gründliche Textarbeit.
- Zitate sollten nicht zu lang sein, sondern auf die wirklich notwendigen Textpassagen konzentriert werden. Das Abschreiben von längeren Textstellen stellt keine eigene Leistung dar und ist meistens funktionslos.
- Zitate sollten nicht wiederholen, was bereits mit eigenen Worten gesagt wurde. Also nicht: *Innerlich sehr erregt ruft Karl Moor, dass er der Hauptmann der Räuberbande sein will: „So wahr meine Seele lebt, ich bin euer Hauptmann!"*

Texte überarbeiten

Klausurtexte überarbeiten

Klausurtexte sollten im Hinblick auf inhaltliche und formale Anforderungen überarbeitet werden. Die Überarbeitung sollte in zwei Schritten erfolgen:

CHECKLISTE zur inhaltlichen Überarbeitung

- ✓ Habe ich die Vorgaben der Aufgabenstellung entsprechend berücksichtigt?
  - inhaltliche Vorgaben: Texte, Thema, weiterführende Schreibaufgabe
  - methodische Anweisungen: Operatoren (→ S. 8 ff.)
- ✓ Hat meine Arbeit einen roten Faden?
  - klare Gliederung
  - präzise Zuordnung der Ergebnisse zu den einzelnen Gliederungspunkten
  - keine Ausführungen, die nicht zum Thema gehören
- ✓ Ist meine Arbeit widerspruchsfrei?
  - sachliche Richtigkeit
  - schlüssige Argumentation
- ✓ Habe ich mein fachliches Vorwissen eingebracht und logisch mit den neu gewonnenen Untersuchungsergebnissen verknüpft?
  - allgemeine Kenntnisse zum Thema
  - (literarische) Fachkenntnisse zu Thema, Entstehungszeit, Vergleichstexte (ggf. Epoche, Autor)

CHECKLISTE zur formalen Überarbeitung

- ✓ Entspricht meine Arbeit der vorgegebenen Textsorte (Textanalyse, Textvergleich, Texterörterung, Stellungnahme usw.)?
  - Einleitung, Hauptteil, Schluss
  - Einteilung in Abschnitte, die aufeinander Bezug nehmen
  - logische Verknüpfungen zwischen den einzelnen Abschnitten durch verbindende Wörter oder Formulierungen
- ✓ Entspricht meine Arbeit den sprachlichen und formalen Erwartungen meiner Adressaten, für die ich schreibe?
  - präzise Wortwahl
  - Verwendung von Fachvokabular, Vermeidung von Umgangssprache
  - verständlicher, abwechslungsreicher Satzbau
  - korrektes Arbeiten mit Zitaten und Textbelegen
  - sprachliche Korrektheit (Grammatik, Rechtschreibung, Zeichensetzung)

Die Ausarbeitung einer persönlichen Checkliste zur Textüberarbeitung hilft Ihnen, den Blick gezielt auf Ihre individuellen Problemfelder zu lenken.

Mündliche Prüfung im Basisfach Deutsch

Das Wichtigste im Überblick

Allgemeines

Für die mündliche, dreistündige Abiturprüfung im Basisfach Deutsch gilt zunächst prinzipiell, dass sie auf dem Stoff der vier Kurshalbjahre beruht. Entsprechend müssen sich die Prüfungsaufgaben, die die Prüferinnen bzw. Prüfern Ihnen vorlegen, auf Inhalte dieser vier Halbjahre erstrecken. Hierzu zählen auch die behandelten Ganzschriften (also mindestens ein Drama und ein Prosawerk gemäß der Lektüreliste) und die Lyrik. Ferner dürfen die Prüfungsaufgaben weder Klausuren noch eine GFS (gleichwertige Feststellung von Schülerleitungen) doppeln. Zudem werden bei der Konzeption der Aufgaben die drei Anforderungsbereiche I – III (→ S. 7) berücksichtigt.

Als Prüfling sollten Sie vor allem bedenken, dass während Ihrer Prüfung Inhalte aus sämtlichen Halbjahren zur Sprache kommen können, auch wenn die eigentliche, schriftlich vorgelegte Aufgabe z. B. einen Gedichtvergleich enthält. Davon ausgehend, sollte die Prüferin bzw. der Prüfer auf weitere Kompetenzbereiche ausgreifen.

Die der mündlichen Prüfung zugrunde liegenden Kompetenzen sind:
- sich mit Texten und Medien auseinandersetzen (z. B. Inhalt und Form einer Kurzgeschichte analysieren)
- Sprache und Sprachgebrauch reflektieren (z. B. Phänomene des Sprachwandels und Kommunikationsmodelle)
- Sprechen und Zuhören (etwa das argumentative Vertreten eigener Standpunkte)
- Lesen (also Strategien und Techniken zur Erschließung von linearen und nichtlinearen Texten, wie z. B. Grafiken)

Lektüreliste: Epische Texte	Lektüreliste: DramatischeTexte
Joseph von Eichendorff: Das Marmorbild	Johann Wolfgang Goethe: Faust. Der Tragödie erster Teil
Thomas Mann: Mario und der Zauberer	Bertolt Brecht: Leben des Galilei
Robert Seethaler: Der Trafikant	Ingeborg Bachmann: Der gute Gott von Manhattan (Hörspiel)

Ablauf der Prüfung

Sie erhalten im Vorbereitungsraum eine Aufgabe, für deren Bearbeitung Sie 20 Minuten Zeit haben. Im Basisfach Deutsch tragen die Aufgaben folgende Merkmale:

- Sie enthalten stets einen Text im Umfang von in der Regel bis zu 500 Wörtern (z. B. einen Dramenauszug, ein Gedicht oder einen Sachtext wie einen Kommentar, aber auch eine Karikatur *plus* einen Text).
- Sie bestehen meist aus mehreren Teilaufgaben.
- Sie sollten die Ihnen aus dem Fachunterricht bekannten Operatoren des Bildungsplanes verwenden.

Eine unkommentierte Textausgabe der im Unterricht der Kurshalbjahre behandelten Lektüren liegt im Vorbereitungsraum für Sie bereit.

Die Prüfungsordnung schreibt vor, dass Sie mindestens ein Drittel der 20 Minuten umfassenden Prüfungszeit die Ihnen vorgelegte Aufgabe selbstständig lösen und Ihre Ergebnisse in einem zusammenhängenden Vortrag präsentieren, ehe im Kolloquium Fragen zu Ihrem Vortrag und darüber hinaus gestellt werden. Um diese Herausforderung zu meistern, sollten Sie folgende **Tipps** beachten:

- Gestalten Sie Ihren frei zu haltenden Kurzvortrag strukturiert und mithilfe von stichwortartigen, prägnanten Aufzeichnungen.
- Arrangieren Sie die Stichworte für Ihren Kurzvortrag übersichtlich auf einem Blatt Papier und verlieren Sie dabei nie die konkrete Aufgabenstellung aus den Augen.
- Drücken Sie sich bei Ihrem Vortrag – wie auch im anschließenden Kolloquium – präzise, verständlich, differenziert und angemessen fachsprachlich aus. Verzichten Sie auf umgangssprachliche oder floskelhafte Ausdrücke.
- Ordnen Sie Ihre Ergebnisse nach Möglichkeit in größere fachliche Zusammenhänge ein, z. B. ein von Ihnen zu analysierendes Mondgedicht in die entsprechende Tradition der Naturlyrik.
- Antworten Sie im Kolloquium präzise und konkret. Scheuen Sie sich nicht, etwas nachzufragen, falls Ihnen nicht klar ist, was von Ihnen verlangt wird.

Bewertung der Prüfungsleistung

Bei der Bewertung Ihrer Prüfungsleistung spielen folgende Kriterien eine zentrale Rolle:

- sprachliche Ausdrucksfähigkeit
- stilistische Gestaltung
- Klarheit des Aufbaus
- sprachliche Richtigkeit
- korrekte inhaltliche Darstellung und Argumentation

Es genügt also nicht, zu korrekten Ergebnissen zu gelangen. Sie müssen diese darüber hinaus angemessen, differenziert und mithilfe der gelernten Fachsprache zum Ausdruck bringen. Bei der Bewertung fällt der Anforderungsbereich II am stärksten ins Gewicht, also Organisations- und Transferleistungen wie das Analysieren eines Dramendialogs, das Charakterisieren der Protagonistin einer Parabel, der Vergleich von Motiven in zwei Gedichten oder das Erläutern eines Regiekonzepts.

Drei Prüfungsbeispiele

Thema 1: Erörterung

Aufgabenstellung

1. Arbeiten Sie die zentralen Thesen des Autors heraus.

2. Erörtern Sie – ausgehend von der Kolumne –, inwiefern Sprache geeignet ist, eine Gesellschaft zu verändern.

Stellen Sie Ihre Ergebnisse zu beiden Aufgaben in einem zusammenhängenden Kurzvortrag von zehn Minuten dar.

Materialgrundlage

Harald Martenstein: Über Sprachregelungen. Aus: ZEITMAGAZIN, NR. 14/2019, 27.03.2019. Online unter: https://www.zeit.de/zeit-magazin/2019/14/harald-martenstein-politische-korrektheit-gender-sprache (letzter Zugriff am 28.03.2020)

Über Sprachregelungen *Harald Martenstein*

Ein freundlicher Leser, Herr B., hat mich auf eine sprachliche Ungerechtigkeit hingewiesen. Wir sind ja gesamtgesellschaftlich gerade dabei, die deutsche Sprache auf Ungerechtigkeiten durchzuchecken und vielerorts das gendergerechte Sprech einzuführen. Herr B. verweist darauf, dass immer noch Menschen den Rülpser eines Säuglings als „Bäuerlein" bezeichnen und damit den hart arbeitenden Stand und schlecht bezahlten Stand der Landwirte in schwer erträglicher Weise herabsetzen. Auch ich habe dies oft genug getan, allerdings sagt man in unserer Gegend „Bäuerchen". Bei einem echten Bäuerchen kommt immer noch ein wenig Flüssigkeit hoch und ergießt sich auf den Schlabberlatz oder die elterliche Kleidung. Ist oder war dies auf dem flachen Land besonders verbreitet, ziehen deshalb so viele in die Stadt? Irgendwo muss der Ausdruck herkommen. Nachwachsende Bäuerinnen scheinen weniger oft zu rülpsen, sonst hieße es „Bäuerinnenchen". Frauen achten mehr auf sich.

Beim Nachdenken fiel mir auf, dass die gendergerechte Sprache sich mit dem Diminutiv generell schwertut. Es ist noch halbwegs machbar, einen Pinselmacher, dem man Gerechtigkeit tun möchte, zur „Pinselmacher*in" zu machen. Aber wie verfährt man mit einem besonders putzigen, süßen Pinselmacher, einem Pinselmacherchen? Bei dem Wort „Pinselmacher*inchen" gerät der Artikulationsapparat in Grenzbereiche.

Zur Herstellung von totaler Gerechtigkeit scheint mir das „De-le-System" am besten geeignet zu sein, zu finden auf delesystem.wordpress.com. Das De-le-System tilgt endlich alle Anspielungen auf das Geschlecht konsequent aus der Sprache. Statt „Lehrer" oder „Lehrerin" oder „Lehrer*in" nimmt man/frau das neue Wort „de Lehrere", im Plural „die Lehreren". Die Rollenzuschreibungen „Tochter" und „Sohn" werden durch das für beide geltende Wort „de Sochte" ersetzt, aus Onkel und Tante werden „de Tonke". Um zu zeigen, wie es funktioniert, hier der erste Satz aus Grimms Märchen *Das Rotkäppchen*. In der bisher noch üblichen Fassung beginnt es so: „Es war einmal ein kleines süßes Mädchen, das hatte jedermann lieb, der es nur ansah, am allerliebsten aber seine Großmutter." Antisexistisch klingt es so: „Es war einmal eine kleine süße Kind, den hatte jede lieb, de lich nur ansah, am allerliebsten aber leine Großelter."

Menschen geraten neuerdings auch deshalb in Schwierigkeiten, weil sie versehentlich auf Partys gehen, wo auch rechte oder politisch fragwürdige Personen anwesend sind. Letzteres widerfuhr etwa dem Moderator Reinhold Beckmann, der dem Geburtstag des rechten Journalisten Matthias Matussek beiwohnte, eines alten Freundes, und der dafür stark kritisiert wurde. Beckmann hat sich wortreich für seinen Fauxpas entschuldigt, zu Geburtstagen wird er jetzt sicher seltener eingeladen. Ein Makel bleibt trotzdem. Es kann ja sein, dass er sich bei der Party irgendwie angesteckt hat. Wie kann man sich schützen? Oft weiß man gar nicht, in welche Richtung alte Freunde sich politisch entwickelt haben, aus der Einladung geht es nicht immer hervor.

Im Mittelalter gab es den Bannfluch, so hat die Kirche das gelöst. Ich finde, dass im „Kampf gegen Rechts" nicht jede Schweinerei erlaubt ist, keine schwarzen Listen, keine Sprachvorschriften, keine Überwachung des Privatlebens. Diese These ist allerdings höchst angreifbar und wahrscheinlich auch schon ein Skandal.

Erörterung zu Harald Martenstein: „Über Sprachregelungen"

Lösungshinweise

Vorbemerkungen

Die vorliegende Aufgabe hat die Form einer textgebundenen Erörterung und besteht aus zwei Teilaufgaben: einer Analyse des Artikels von Harald Martenstein und einer darüber hinausführenden Erörterung einer Problemfrage, die sich wiederum auf den Bildungsplanstandard 3.5.2.2 *Funktion von Äußerungen* bezieht. Dort heißt es u. a. über Ihre Kompetenzen: „Sie reflektieren Sprachvarietäten als identitäts- wie gesellschaftsbildende Instanzen und können ihre Ausprägungen und Auswirkungen auch kritisch diskutieren. Sie sind in der Lage, sie in ihrer lebendigen Wandlungsfähigkeit zu beschreiben und als Ergebnis des Sprachwandels zu erläutern. Sie verstehen Sprache als prägendes Mittel menschlicher Welterschließung."

Teilaufgabe 1

Die erste Teilaufgabe erfordert von Ihnen, die zentralen Thesen des Autors herauszuarbeiten. Hierzu bietet es sich an, den Artikel Martensteins in Sinnabschnitte zu gliedern und Schlüsselbegriffe bzw. -gedanken zu markieren, da Sie so die zur Verfügung stehende Vorbereitungszeit effizient nutzen und den im Anschluss von Ihnen möglichst frei zu haltenden, aber durchaus mit Textverweisen zu versehenden Vortrag bereits vorstrukturieren. Zu Beginn des Vortrags nennen Sie den Autor, den Titel des Artikels sowie Erscheinungsort und -datum.

Das Thema von Martensteins stark ironisch gefärbtem Artikel sind jüngste Entwicklungen im Bemühen um eine geschlechtergerechte Sprache. Diese Bemühungen äußern sich z. B. durch die Verwendung des sogenannten Gendersternchens, mit dessen Hilfe Menschen mit anderen Geschlechtsidentitäten als weiblich oder männlich berücksichtigt werden sollen.

Martensteins zentrale These wird am Ende des Textes folgendermaßen formuliert:
- „Ich finde, dass im ‚Kampf gegen Rechts' nicht jede Schweinerei erlaubt ist, keine schwarzen Listen, keine Sprachvorschriften, keine Überwachung des Privatlebens." (Z. 78 ff.)
- Weiter oben ironisiert Martenstein, anhand des Beispiels „De-le-System", bereits Bemühungen um sprachliche Geschlechtergerechtigkeit mit der hyperbolischen Formulierung „Herstellung von totaler Gerechtigkeit" (Z. 36 f.).
- Ein zweites Beispiel, die Anwesenheit des Journalisten Beckmann bei der Geburtstagsfeier des als „rechts" geltenden Kollegen Matussek (vgl. Z. 62 ff.), dient Martenstein als Beleg für die seines Erachtens überzogenen Reaktionen auf vermeintlich kritikwürdiges Verhalten.

Zusammenfassend lässt sich sagen, dass Martenstein Forderungen kritisch gegenübersteht, die auf eine Reglementierung des Alltags durch z. B. Sprachvorschriften hinauslaufen (wie etwa Verbot bestimmter Formulierungen oder Gebot geschlechtsgerechter Formulierungen), selbst wenn der politische Zweck dies vielleicht nahelegt.

Teilaufgabe 2

Der Operator „erörtern" verlangt von Ihnen, Pro- und Kontraargumente („inwiefern") zu der Frage abzuwägen, ob Sprache geeignet ist, eine Gesellschaft zu verändern. Ausgehend von den im Deutschunterricht behandelten Sprachtheorien und Kommunikationsmodellen könnten Sie z. B. zunächst die grundlegenden Funktionen von Sprache klären, zu denen u. a. folgende zählen:
- Kommunikation
- Ausdruck von Befindlichkeiten
- Reflexion

Betrachtet man den Aspekt der Kommunikation genauer, so helfen die von Friedemann Schulz von Thun zu einem Modell zusammengefassten vier Seiten einer Nachricht weiter:
- Sachinhalt: Information zu einem bestimmten Sachverhalt
- Selbstoffenbarung: gewollte Selbstdarstellung oder unfreiwillige Selbstenthüllung
- Beziehungsaspekt: Auskunft darüber, wie der Sender einer Nachricht zu deren Empfänger steht
- Appellfunktion: Aufruf an den Empfänger einer Nachricht, etwas zu tun oder zu unterlassen

Die Erörterungsfrage nimmt Bezug auf Martensteins Kritik an überzogenen „Sprachvorschriften" (Z. 81), die aktuell etwa im Zusammenhang mit der Problematik der Political Correctness kontrovers diskutiert werden. Folgende Argumente ließen sich anführen:

Ist Sprache geeignet, eine Gesellschaft zu verändern?	
Proargumente	**Kontraargumente**
– Als Medium der Reflexion wird die Wahrnehmung der Wirklichkeit gemäß dem Prinzip des sprachlichen Relativismus (Benjamin Whorf) entscheidend durch das Sprachsystem der Sprecherinnen und Sprecher bestimmt. Will man also z. B. an der gesellschaftlich bedingten Ungleichheit der Geschlechter oder der Benachteiligung von Minderheiten etwas ändern, muss man auch die Sprache reformieren. Deshalb sind diskriminierende Bezeichnungen (z. B. „Zigeuner") ebenso zu ächten wie Begriffe mit ausschließender, sexistischer Wirkung (Mann/Frau, wenn dadurch andere Geschlechtsidentitäten verschwiegen werden). – Sprache darf nicht nur als Instrument der Mehrheit einer Gesellschaft dienen. Zu berücksichtigen sind auch die Anliegen von Minderheiten. Dies gelingt nur, wenn sich diese in der Alltagssprache niederschlagen, da in der Sprache stets auch Beziehungsaspekte zum Ausdruck gebracht werden. – Sprache unterliegt einem konstanten Wandel, der zwar meist von einer Art „unsichtbaren Hand", also nicht planmäßig, vorangetrieben wird, aber genutzt werden kann, um gesellschaftliche Veränderungen zu bewirken. Gerade in einer Zeit, in der vor allem in den sozialen Medien eine Sprachverrohung zu beobachten ist („Hassrede"), muss zwischenmenschliche Kommunikation die Werte einer freien, gerechten Gesellschaft reflektieren.	– Sprache gilt als ein hochkomplexes System, was beispielsweise durch die vier Seiten einer Nachricht (Schulz von Thun) veranschaulicht wird. Versucht man, mithilfe von Sprache eine Gesellschaft planmäßig zu ändern, wird dies erhebliche Missverständnisse (z. B. bei Menschen mit niedrigerem Bildungsniveau) und damit Widerstände (z. B. populistischer Bewegungen) hervorrufen, was die ursprünglich gute Intention der Änderungsbemühungen in ihr Gegenteil verwandeln könnte. – Eng damit verbunden ist das Problem, dass Bemühungen um politische Korrektheit in der Sprache vorwiegend ein Anliegen gesellschaftlicher, wissenschaftlich gebildeter Eliten darstellt, die sich damit von der sozialen Wirklichkeit der Mehrheit abkoppeln. Die Freiheit der Meinungsäußerungen könnte bedenklich eingeschränkt werden, wenn Eliten festlegen, auf welche Weise die Welterschließung stattfinden soll. – Versuche, durch Sprachregelungen eine Gesellschaft z. B. im Sinne von mehr Inklusion zu verbessern, lenken allzu leicht von tiefer liegenden sozialen Ursachen von Ungleichheit und Diskriminierung ab. Die Forderung einer diskriminierungsfreien Sprache wäre demnach eine Art Nebelkerze, die von schwieriger zu realisierenden Veränderungen abhält.

Am Ende Ihres Vortrags müssen Sie ein persönliches Fazit formulieren, das auch die Reihenfolge von Pro- und Kontraargumenten bestimmt: Die Argumente, die Sie teilen und die Sie stärker gewichten wollen, tragen Sie am besten unmittelbar vor dem Fazit vor.

In dem auf Ihren Vortrag folgenden Kolloquium könnten z. B. besondere sprachliche Aspekte der von Ihnen im Unterricht gelesenen Ganzschriften thematisiert werden, etwa der sprachliche Ausdruck der Geschlechterpolarität in Johann Wolfgang Goethes „Faust. Der Tragödie erster Teil“.

Thema 2: Gedichtvergleich

Aufgabenstellung

1. Interpretieren und vergleichen Sie die Gedichte. Beachten Sie dabei inhaltliche wie formale Aspekte.

2. Erläutern Sie das beiden Gedichten zugrunde liegende Naturverständnis.

Materialgrundlage

- Friedrich Gottlieb Klopstock: Die frühen Gräber. Aus: Ders.: Oden, Band 1, Leipzig: Göschen 1798, S. 222f.
- Georg Heym: Der Mond hat sich in gelben Rauch gehüllt. Aus: Ders.: Gedichte 1910–1912. Hrsg. v. Günter Dammann u. a. Tübingen: Niemeyer 1994, S. 664

M1 Die frühen Gräber (1764) *Friedrich G. Klopstock (1724–1803)*

Text in alter Rechtschreibung

Willkommen, o silberner Mond,
Schöner, stiller Gefährt der Nacht!
Du entfliehst? Eile nicht, bleib, Gedankenfreund!
Sehet, er bleibt, das Gewölk wallte nur hin.

Des Mayes Erwachen ist nur
Schöner noch, wie die Sommernacht,
Wenn ihm Thau, hell wie Licht, aus der Locke träuft,
Und zu dem Hügel herauf röthlich er kömt.

Ihr Edleren, ach es bewächst
Eure Maale schon ernstes Moos!
O wie war glücklich ich, als ich noch mit euch
Sahe sich röthen den Tag, schimmern die Nacht.

M2 Der Mond hat sich in gelben Rauch gehüllt (1911) *Georg Heym (1887–1912)*

Text in alter Rechtschreibung

Der Mond hat sich in gelben Rauch gehüllt.
Nun wandert er, der gelbe Schattenfürst
Auf bösem Pfad unlösbar, wie ein Kraut
Mit weißem Stengel plötzlich scheint er fahl.
Die Tiere drehn sich alle nach ihm um.
Die Blinden fangen seine Strahlen auf,
Absuchend mit weißem Auge den Himmel.

Er wandert jede Stunde eine Spanne,
Wie eine Spinne, die die Netze webt.
Er bläst die Schläfer aus den Betten auf.
Und weiße Blumen, Schläfer, Baum und Strauch
Und Erlen sind gebannt
Zu Schatten.

Vergleichende Interpretation der Gedichte „Die frühen Gräber" (Klopstock) und „Der Mond hat sich in gelben Rauch gehüllt" (Heym)

Lösungshinweise

Vorbemerkung

Bei einem Gedichtvergleich ist darauf zu achten, dass Sie als Resultat (hier: der Teilaufgabe 1) Gemeinsamkeiten und Unterschiede präsentieren. Sie können bei der Darlegung Ihrer Ergebnisse zunächst von einem Gesamtverständnis der Gedichte ausgehen und z. B. über Assoziationen zum oft übersehenen Titel der Gedichte in die detailliertere Analyse einsteigen.

Halten Sie die Ergebnisse Ihres Vergleichs tabellarisch fest und beziehen Sie die formalen Aspekte stets auf die inhaltliche Ebene. Sie können auch Irritationen und unverständliche Gesichtspunkte eines Gedichts ansprechen und dazu begründete interpretatorische Vermutungen äußern. Im Mittelpunkt des Vergleichs sollte die Interpretation zentraler Symbole, Chiffren und Metaphern stehen.

Teilaufgabe 1

	Klopstock: „Die frühen Gräber"	**Heym: „Der Mond hat sich in gelben Rauch gehüllt"**
formale Aspekte	– Ode: feierliche antike Form des Gedichts – reimloses Gedicht mit drei Strophen à vier Versen – daktylisches Metrum	– zwei Strophen mit sieben bzw. sechs Versen (Unglückszahl 13) – unregelmäßiger fünfhebiger Jambus
inhaltliche Aspekte	– Thema: Erinnerung an früh verstorbene Freunde und gemeinsam verbrachte Frühlingstage (vgl. V. 9 ff.) – Beschreibung von Natur bzw. Naturphänomenen (Strophen I und II) – Trauer über die bereits Verschiedenen, in enger Verknüpfung an Naturphänomene (Strophe III)	– Thema: Wanderung des Mondes als Symbol menschlicher Irrwege – Landschaft als Totenreich (Strophe I) – Lebewesen als Spielball des Erdtrabanten (Strophe II)

	Klopstock: „Die frühen Gräber“	Heym: „Der Mond hat sich in gelben Rauch gehüllt“
Sprache	– feierlich-elegischer Ton der Ode: z. B. Anrufung der „Edleren“ (V. 9) in Form eines Komparativs, Klagewort „ach“ (ebd.) – Interjektion (vgl. V. 11) zur Grundierung der melancholischen Stimmung – hypotaktischer Satzbau (vor allem in Strophe II)	– Umlautassonanzen (Strophe I) – dissonanter sch-Laut (vgl. V. 8 f.) – Anapher (vgl. V. 11 f.) zur Bekräftigung der beliebig wirkenden Aufzählung – Beschwörung einer angsterfüllten, bedrückenden Atmosphäre (vgl. V. 2 f., V. 9) – vorwiegend parataktischer Satzbau
zentrale Symbole und Metaphern	– eingängige Symbolik – Mond als guter Stern über nächtlichem Ambiente (vgl. V. 1 f.) und als „Gedankenfreund“ (V. 3), der, anders als die Verstorbenen, stets wiederkehrt – Zauber einer beseelten Natur (vgl. V. 5 f.) – Mensch als Teil eines natürlichen Zeichensystems, das die Vergangenheit mit der Gegenwart verknüpft (vgl. V. 11 f.) – Personifikationen: z. B. „ernstes Moos“ (V. 10) als Ausdruck des unaufhaltsamen Kreislaufs der Natur, dem auch der Mensch nicht entkommt – Kontrast hell – dunkel: „hell wie Licht“ (V. 7), „Nacht“ (V. 2)	– befremdende Symbolik – Mond als Symbol der Nachtseite des Menschen (vgl. V. 2 f.) und als eine Art hypnotisierender Kraft (vgl. V. 5 und V. 10) – Entfremdung des Menschen von seinem natürlichen Kontext (vgl. V. 10) – Blindheit als Ausdruck der Selbstentfremdung des Menschen in einer seelenlosen Zivilisation (vgl. V. 6 f.) – Farbe Gelb als Symbol des Neids – Personifikationen: z. B. „böse[r] Pfad“ (V. 3) – Vergleich mit Spinne als Todessymbol (vgl. V. 9) – Exemplahäufung (vgl. V. 11 – 13): Reduzierung von Lebewesen zu Schattengestalten
zeitliche Einordnung	Empfindsamkeit: – 1740 – ca. 1785 – Intensivierung der (schwärmerischen) Beziehung zwischen Subjekt und Umwelt – gemäßigte Leidenschaft als Ausdruck der Empathie	Expressionismus: – ca. 1905 – 1925 – Zweifel an den Werten der bürgerlichen Welt – Auflösung der Persönlichkeit und Gefühl der Ohnmacht – radikal veränderte Wahrnehmung der Wirklichkeit

	Klopstock: „Die frühen Gräber“	Heym: „Der Mond hat sich in gelben Rauch gehüllt“
Fazit	Gemeinsamkeiten: – Mond als zentrales Symbol in beiden Gedichten – Bedeutung der Natur als Reflexionsinstanz menschlicher Regungen und Gefühle Unterschiede: – erhaben-melancholischer Duktus bei Klopstock, düstere Metaphern der Fremdbestimmung bei Heym – Mond als Freund des Menschen und gütiges Medium der Erinnerung bei Klopstock, Mond als Feind und Verderber der lebendigen Natur bei Heym – Einbindung des Menschen in natürlichen Zyklus bei Klopstock, Bewegung des Mondes als lebensfeindliches Gestirn bei Heym	

Teilaufgabe 2

Die Herkunft aus unterschiedlichen Epochen spiegelt sich auch im konträren Naturverständnis beider Gedichte wider.

Naturverständnis in der Epoche der Empfindsamkeit (Klopstock):

- Natur als beseeltes Umfeld des Menschen, das sich nicht auf wissenschaftliche Gesetzmäßigkeiten reduzieren lässt
- ehrfurchtsvoll-subjektive Aneignung der Natur, in deren ewigen Kreislauf der Mensch eingebettet ist
- Betonung der Naturwüchsigkeit der Umwelt im Gegensatz zur Kultivierung durch den Menschen (z. B. in Form englischer Landschaftsgärten)

Naturverständnis in der Epoche des Expressionismus (Heym):

- Verunsicherung der Menschen in einem Zeitalter raschen Wandels in Politik und Gesellschaft (Industrialisierung, Wettrüsten der Großmächte)
- Infragestellung traditioneller Werte und Angst vor Ich-Verlust, der sich in einer als feindselig wahrgenommenen Natur spiegelt
- antiromantische Behandlung der düsteren Aspekte der Natur (z. B. Mond als Symbol des Unheils)

Im Kolloquium könnten Parallelen zu vergleichbaren Motiven in den von Ihnen im Unterricht behandelten Ganzschriften gezogen werden, z. B. zur Bedeutung der Naturaneignung und -unterwerfung durch die modernen Wissenschaften in Bertolt Brechts Theaterstück „Leben des Galilei“.

Thema 3: Bertolt Brecht: „Leben des Galilei" (1939)

Aufgabenstellung

1. Interpretieren Sie den vorliegenden Textauszug im Kontext der Handlung.

2. Erläutern Sie anhand des „Leben des Galilei" Brechts Konzept des epischen Theaters.

Materialgrundlage

Bertolt Brecht: Leben des Galilei. 8. Bild. Frankfurt a. M.: edition Suhrkamp 1977, S. 75 f.

Leben des Galilei (1939) *Bertolt Brecht (1898–1956)*

8. Bild: Ein Gespräch

Text in alter Rechtschreibung

DER KLEINE MÖNCH: [...] Erlauben Sie, daß ich von mir rede. Ich bin als Sohn von Bauern in der Campagna aufgewachsen. Es sind einfache Leute. Sie wissen alles über den Ölbaum, aber sonst recht wenig. Die Phasen der Venus beobachtend, kann ich nun meine Eltern vor mir sehen, wie sie mit meiner Schwester am Herd sitzen und ihre Käsespeise essen. Ich sehe die Balken über ihnen, die der Rauch von Jahrhunderten geschwärzt hat, und ich sehe genau ihre alten abgearbeiteten Hände und den kleinen Löffel darin. Es geht ihnen nicht gut, aber selbst in ihrem Unglück liegt eine gewisse Ordnung verborgen. Da sind diese verschiedenen Kreisläufe, von dem des Bodenaufwischens über den der Jahreszeiten im Ölfeld zu dem der Steuerzahlung. Es ist regelmäßig, was auf sie herabstößt an Unfällen. Der Rücken meines Vaters wird zusammengedrückt nicht auf einmal, sondern mit jedem Frühjahr im Ölfeld mehr, so wie auch die Geburten, die meine Mutter immer geschlechtsloser gemacht haben, in ganz bestimmten Abständen erfolgten. Sie schöpfen die Kraft, ihre Körbe schweißtriefend den steinigen Pfad hinaufzuschleppen, Kinder zu gebären, ja zu essen aus dem Gefühl der Stetigkeit und Notwendigkeit, das der Anblick des Bodens, der jedes Jahr von neuem grünenden Bäume, der kleinen Kirche und das Anhören der sonntäglichen Bibeltexte ihnen verleihen können. Es ist ihnen versichert worden, daß das Auge der Gottheit auf ihnen liegt, forschend, ja beinahe angstvoll; daß das ganze Welttheater um sie aufgebaut ist, damit sie, die Agierenden, in ihren großen oder kleinen Rollen sich bewähren können. Was würden meine Leute sagen, wenn sie von mir erführen, daß sie sich auf einem kleinen Steinklumpen befinden, der sich unaufhörlich drehend im leeren Raum um ein anderes Gestirn bewegt, einer unter sehr vielen, ein ziemlich unbedeutender! Wozu ist jetzt noch solche Geduld, solches Einverständnis in ihr Elend nötig oder gut? Wozu ist die Heilige Schrift noch gut, die alles erklärt und als notwendig begründet hat, den Schweiß, die Geduld, den Hunger, die Unterwerfung, und die jetzt voll von Irrtümern befunden wird? Nein, ich sehe ihre Blicke scheu werden, ich sehe sie die Löffel auf die Herdplatte senken, ich sehe, wie sie sich verraten und betrogen fühlen. Es liegt also kein Auge auf uns, sagen sie. Wir müssen nach uns selber sehen, ungelehrt, alt und verbraucht, wie wir sind? Niemand hat uns eine Rolle zugedacht außer dieser irdischen, jämmerlichen auf einem winzigen Gestirn, das ganz unselbständig ist, um das sich nichts dreht? Kein Sinn liegt in unserm Elend, Hunger ist eben Nichtgegessenhaben, keine Kraftprobe; Anstrengung ist eben Sichbücken und Schleppen, kein Verdienst. Verstehen Sie da, daß ich aus dem Dekret der Heiligen Kongregation ein edles mütterliches Mitleid, eine große Seelengüte herauslese? […]

Interpretation des Dramenauszugs aus „Leben des Galilei" (Bertolt Brecht)

Lösungshinweise

Vorbemerkung
Bei der Interpretation eines Dramenauszugs ist darauf zu achten, die Kommunikation der Figuren als Sprechakte zu begreifen. Es besteht demnach ein Unterschied zwischen z. B. dem Entgegnen, Erklären und Ermahnen. Zu beachten sind ferner nonverbales Verhalten der Figuren wie Mimik und Gestik, ihr Verhältnis zueinander (Unterordnung oder Dialog auf Augenhöhe), etwaige Kommunikationsstörungen sowie der Nebentext, z. B. Regieanweisungen.

Teilaufgabe 1

Hinführung zur vorliegenden Szene

Dem italienischen Astronomen Galileo Galilei gelingt Anfang des 17. Jahrhunderts mithilfe eines von ihm weiterentwickelten Fernrohrs die Entdeckung der Jupitermonde, die um den Planeten kreisen, und damit auch die Bestätigung der Behauptung von Nikolaus Kopernikus, dass nämlich die Sonne das Zentralgestirn unserer Galaxie ist, um das sich die Erde dreht. Da die römische Kurie um ihr Monopol der Weltdeutung und mithin ihre Macht über die Seelen der Gläubigen fürchtet, strengt sie einen Ketzerprozess gegen den zeitweise wohlgelittenen Forscher an. Auf einem prunkvollen Maskenball im Palast Kardinal Bellarmins (7. Bild) wird Galilei Zeuge der weltlichen Genüssen frönenden Kirchenfürsten, die ihren wahren Charakter hinter äußerer Frömmigkeit verbergen. Der kleine Mönch – kontrastiv zu den hohen Klerikern in Szene gesetzt – ist ebenfalls naturwissenschaftlich interessiert, neigt nun aber dazu, seinen Erkenntnisdrang den Dogmen der Kirche unterzuordnen. Im vorliegenden 8. Bild begründet er in Form einer Selbstoffenbarung Galilei gegenüber seinen Rückzieher.

Ort / Szenische Gestaltung / Gesprächssituation

- Gesprächssituation: auf Wunsch des kleinen Mönchs Gedankenaustausch mit Galilei im Palast des florentinischen Gesandten in Rom (im Jahr 1616)
- Gesprächsanlass: innerer Konflikt des Mönchs als Vertreter der Kirche und als Wissenschaftler, der als Mitglied der Forschungskommission des Vatikans die kopernikanische Wende anerkannt hatte
- vorangestellte Verse („Galilei las den Spruch […] wollt es wissen") als Motto und Vorgriff auf den Szenenverlauf

Inhalt / Argumentation des kleinen Mönchs

- zentrale Sorge: Seelenfrieden der einfachen Menschen, welcher durch die neue Lehre (heliozentrisches Weltbild) nachhaltig gestört würde („Wozu ist die Heilige Schrift noch gut [...] voll von Irrtümern befunden wird?“, Z. 47 – 51)
- Dogmen der Kirche als Kraftquelle der Menschen angesichts alltäglicher Mühen („ein edles mütterliches Mitleid, eine große Seelengüte“, Z. 66 f.)
- Sinnstiftung durch kirchliche Lehren angesichts des Sinnlosen (vgl. Z. 61 ff.)
- Veränderungen, die durch den Forscherdrang Galileis angestoßen werden, identifiziert der kleine Mönch als Gefahr für das Selbstbild der Menschen seiner Zeit, die „sich verraten und betrogen fühlen“ (Z. 54) würden durch ein radikal neues Weltbild, das alte Gewissheiten infrage stellt.

Sprache

- Fülle anschaulicher, plastischer Schilderungen aus dem bäuerlichen Alltag, der durch die Erkenntnisse Galileis existenziell in Mitleidenschaft gezogen würde
- mehrfacher Gebrauch des Verbs „sehen“ (Z. 7, 51, 56): der kleine Mönch im Gestus des Sehers, der die Konsequenzen der neuen Lehre für die einfachen Menschen skizziert („ich sehe ihre Blicke scheu werden“, Z. 51 f.)
- Topos des Theatrum Mundi: „das ganze Welttheater“ (Z. 36) als Instanz der Sinnstiftung und Kulisse, um die Mühen des Alltags zu drapieren
- rhetorische Fragen zur Vergegenwärtigung des aus Sicht des Mönchs Offensichtlichen (vgl. Z. 39 ff., 47 ff.)
- Negationen zur eindringlichen Schilderung der Konsequenzen des heliozentrischen Weltbilds für das Leben der „Bauern in der Campagna“ (Z. 3), die Pars pro Toto für die einfachen Menschen stehen: „kein Auge auf uns“ (Z. 55), „Anstrengung ist [...] kein Verdienst“ (Z. 63 ff.)

Deutung

Der kleine Mönch charakterisiert in der vorliegenden monologischen Passage die Welt als irdisches Jammertal, für das die Kirche und ihre Lehren, quasi als „Opium des Volkes“ (Karl Marx), die Funktion einer Trösterin und Sinnstifterin ausüben. Die Bauern der Campagna dienen ihm dabei als anschauliches Beispiel für die Lage des einfachen Volkes, das die Mühsal des Alltags nur dank der Vertröstungen auf ein gerechtes Jenseits erträgt. Sollte die Botschaft der Bibel durch die Erkenntnisse der neuen Naturwissenschaften, durch das Buch der Natur ihrer Glaubwürdigkeit beraubt werden, verlöre das Leben der Bauern Sinn und Halt, die überkommene Ordnung wäre aus den Fugen, und – was der Mönch nicht erwähnt – die Macht der Kirche würde bröckeln.
Folglich müsse die Wahrheit der Forscher hinter den Dogmen des Klerus zurückstecken. Über den unmittelbaren Kontext der Szene – die Bedrohung Galileis durch die Inquisition – hinaus verweist der Disput des kleinen Mönchs mit Galilei auf die Problematik der Verantwortung von Wissenschaftlern für die Resultate ihrer Forschung („[...] was ich weiß, muß ich weitersagen“, 8. Bild).

Teilaufgabe 2

Brechts Konzept des epischen Theaters ist eine Absage an die dramaturgischen Regeln des griechischen Philosophen Aristoteles. Stattdessen präzisiert Brecht seine Vorstellungen, die auf die Vernunft, nicht auf das Gefühl („Furcht und Mitleid") der Zuschauerinnen und Zuschauer zielen, u. a. wie folgt:

- erzählend (deshalb „episch")
- macht den Zuschauer zum Betrachter
- weckt seine Aktivität
- erzwingt von ihm Entscheidungen
- Zuschauer ist zu Erkenntnissen getrieben
- Zuschauer steht gegenüber
- Mensch ist Gegenstand der Untersuchung
- als Thema: der veränderliche und veränderte Mensch

Die Forderungen werden im Thesendrama „Leben des Galilei" teilweise verwirklicht:

- Titel der Bilder ordnen die Handlung erzählend ein und nehmen zentrale Elemente des folgenden Geschehens vorweg, sodass die Zuschauer bzw. Leser aktiv den Inhalt betrachten können, ohne auf Spannungsmomente zu warten, wie z. B. beim Titel des 7. Bildes: „Aber die Inquisition setzt die kopernikanische Lehre auf den Index (5. März 1616)".
- Epigramme am Beginn der Bilder bezwecken kommentierend eine Distanzierung, z. B.: „Galilei las den Spruch / Ein junger Mönch kam zu Besuch / War eines armen Bauern Kind / Wollt wissen, wie man Wissen find't. / Wollt es wissen, wollt es wissen." (vorangestellter Vers zum 8. Bild) Die viermalige Verwendung des Wortes „wissen" (als Substantiv und Verb) unterstreicht vorab den zentralen Inhalt der vorliegenden Szene: den Konflikt zwischen Glauben und Wissen/Vernunft.
- Instrumentell verwendete Bibelzitate des Kardinals Bellarmin dienen der spitzfindigen Rechtfertigung primär machtpolitischer Ansprüche der Kurie, z. B.: „Der Weise verbirget sein Wissen." (7. Bild)
- Reflexionsdialoge wie der zwischen dem kleinen Mönch und Galilei im 8. Bild sollen Zuschauer zur Erkenntnis drängen und verändern die Charaktere selbst: Der Mönch entsagt zunächst der modernen Wissenschaft, um am Ende des Gesprächs sein unvermindertes Interesse zu bekunden: „Diesen Satz verstehe ich nicht." (vorletzter Satz des 8. Bildes)

Andererseits enthält Brechts Schauspiel durchaus konventionelle dramaturgische Aspekte:

- Obwohl die Handlung den langen Zeitraum zwischen 1609 und 1642 umfasst und mithin die aristotelische Einheit der Zeit ignoriert, bilden die einzelnen Szenen einen nicht zu leugnenden schlüssigen Zusammenhang, der von den Zuschauern als solcher wahrgenommen wird.

- Bereits der Titel verweist auf eine „Heldengeschichte“, die Brecht eigentlich ablehnt. Auch wenn der Wissenschaftler Galilei seine Lehre trotz besseren Wissens widerruft (vgl. 13. Bild), besteht ein erhebliches Potenzial der Identifikation mit dem Opfer der Inquisition, was Brecht mithilfe von Verfremdungseffekten eigentlich vermeiden möchte.
- Das vorliegende 8. Bild könnte im Sinne des klassischen Pyramidenschemas als Szene kurz nach der Peripetie – dem Dekret des Heiligen Offiziums gegen die kopernikanische Lehre – identifiziert werden.

Im Kolloquium könnten Sie Parallelen zu vergleichbaren Figuren bzw. Motiven in den von Ihnen im Unterricht behandelten Ganzschriften oder Gedichten ziehen, etwa zum Erkenntnisdrang Fausts in Goethes Tragödie oder zum sich wandelnden Welt- und Menschenbild in der Naturlyrik.
Ferner lassen sich leicht Bezüge zu dem Thema „Sprachwandel und Spachkritik“ herstellen sowie zum Umgang mit sogenannten Fake News und alternativen Wahrheiten in sozialen Netzwerken, Nachrichtensendungen sowie den verschiedenen online verfügbaren Medien und Plattformen.

Möglicher Verlauf des Prüfungsgesprächs

Nachdem Sie den Prüfungsraum betreten und Platz genommen haben, werden Sie gebeten, Ihre Lösungen vorzutragen.

„Beginnen möchte ich mit der Interpretation beider Gedichte. Im zweiten Teil werde ich mich damit beschäftigen, welches Naturverständnis beiden Gedichten zugrunde liegt. Das Gedicht ‚Die frühen Gräber' von Friedrich Klopstock stammt aus der literarischen Epoche der Empfindsamkeit, Georg Heyms Gedicht ‚Der Mond hat sich in gelben Rauch gehüllt' ist hingegen der Epoche des Expressionismus zuzuordnen. Bei allen inhaltlichen und formalen Unterschieden, auf die ich im Folgenden genauer eingehen werde, ist beiden Gedichten gemeinsam, dass das Symbol des Mondes eine zentrale Rolle spielt."

„Betrachtet man die sprachliche Gestaltung beider Gedichte im Detail, so stechen folgende Unterschiede ins Auge:
Klopstocks Ode ist durch einen feierlichen und elegischen Ton gekennzeichnet. Man kann das etwa an der Anrufung der ‚Edleren' (vgl. V. 9) festmachen. Schon die hier recht ungewöhnliche Form des Komparativs macht – in Verbindung mit der Interjektion ‚ach' (im selben Vers) – sehr deutlich, dass das lyrische Ich den Verlust von Freunden beklagt, die vor der Zeit gestorben sind.

Heyms Gedicht wird von einer düsteren, geradezu lebensfeindlichen Atmosphäre geprägt. Sprachlich zum Ausdruck gebracht wird das u. a. durch die dissonant klingenden sch-Laute in der zweiten Strophe. Ich denke da an die Worte Stunde, Spanne, Spinne und Schäfer."

„Zusammenfassend lässt sich also sagen ... / Zum Abschluss meines Vergleichs möchte ich zentrale Gemeinsamkeiten und Unterschiede nochmals auf den Punkt bringen ... / Der Vergleich beider Gedichte hat folgende Gemeinsamkeiten und Unterschiede zum Vorschein gebracht ... / Resümierend könnte man den Vergleich beider Gedichte beschließen, indem man die wesentlichen Gemeinsamkeiten und Unterschiede folgendermaßen zusammenfasst ..."

Angenommen, die Prüfungskommission sieht bei der zweiten Aufgabe noch Klärungsbedarf, weil ihres Erachtens der Unterschied im Naturverständnis beider Gedichte nicht hinreichend herausgearbeitet geworden ist, könnten Sie antworten:
„Wie ich im ersten Teil meiner Antworten deutlich gemacht habe, verwenden sowohl Klopstock als auch Heym den Mond als zentrales Symbol in ihren Gedichten. Allerdings liegt diesem Symbol ein ganz andersgeartetes Naturverständnis zugrunde, was vor allem mit den unterschiedlichen Epochen zusammenhängt, in denen beide Gedichte verfasst worden sind."

Im Rahmen des Kolloquiums könnte die Prüfungskommission, sofern keine Fragen mehr zum Gedichtvergleich bestehen, den Blick weiten für die Bedeutung der Natur bzw. des Naturverständnisses in einer im Kursstufenunterricht behandelten Ganzschrift. Hierbei könnten Sie z. B. auf Brechts „Leben des Galilei" Bezug nehmen:

„Wir haben Bertolt Brechts Drama ‚Leben des Galilei' durchgenommen. Neben anderen Aspekten thematisiert Brecht darin nicht zuletzt die Bedeutung der modernen Naturwissenschaften, die mit Galileis Entdeckungen einen enormen Aufschwung genommen haben. Die revolutionäre Erkenntnis der Naturgesetze steht dabei in Konkurrenz zu den traditionellen Lehren der römischen Kirche, die sich deshalb vehement gegen Galileis Schriften wehrt. Allerdings könnte man auch kritisch fragen, ob die modernen Naturwissenschaften nicht wesentlich dafür verantwortlich sind, die schonungslose Ausbeutung der Natur voranzutreiben."

INFO Videos zur mündlichen Prüfung

Auf finaleonline.de finden Sie mehrere Videos zur Vorbereitung auf die mündliche Abiturprüfung. Die mündliche Prüfung ist bei vielen Abiturientinnen und Abiturienten ein angstbesetztes Thema.
Da ist es sicher hilfreich, in den Videos einige Tipps und Tricks für einen sicheren Auftritt zu bekommen und einem Prüfling während der Prüfung über die Schulter schauen zu können: https://finale.westermann.de/videos/muendliche-pruefung.

Nach Ende der Prüfung werden Sie gefragt, ob Sie die Note erfahren wollen. Wenn Sie dies bejahen, müssen Sie draußen warten. Sobald die Prüfungskommission ihre Beratungen abgeschlossen hat, werden Sie hereingebeten und erhalten die Bewertung Ihrer Leistung mitgeteilt.

Beispiele für Prüfungsaufgaben

Aufgabenformat I A: Erörterung eines literarischen Textes

Jörg Magenau: Schamjahre / Hans-Ulrich Treichel: Der Verlorene

Voraussetzungen gemäß Bildungsplan und „Schwerpunktthemenerlass für die schriftliche Abiturprüfung 2021"

Aufgabenstellung

1. Arbeiten Sie die wesentlichen Aussagen des Textes heraus.

2. Erörtern Sie, inwiefern Scham eine Rolle in der Erzählung von Hans-Ulrich Treichel spielt.

Bitte beachten Sie, dass der Schwerpunkt der Gewichtung auf Teilaufgabe 2 liegt.

Materialgrundlage

- Jörg Magenau: Schamjahre. taz. die tageszeitung, Berlin, vom 20.03.1998. Online unter: https://taz.de/!1353256/ (zuletzt aufgerufen am 28.04.2020)
- Hans-Ulrich Treichel: Der Verlorene. Frankfurt am Main: Suhrkamp [16]2019

Schamjahre *Jörg Magenau*

Text in alter Rechtschreibung

Die Kindheit, hat man sie erst einmal hinter sich gebracht, ist ein verlassener Ort voller Ängste und Sehnsüchte. „Ich kann davon träumen, wie ich einmal das Gehen lernte", schreibt Walter Benjamin in seiner „Berliner Kindheit", einem der berühmtesten Versuche, frühe Erinnerungen aus der „kühlen Gruft des Einst" hervorzuholen. „Doch das hilft mir nichts. Nun kann ich gehen, gehen lernen nicht mehr." Literatur, die sich dem Thema Kindheit stellt, muß das Kunststück fertigbringen, noch einmal „gehen zu lernen". Sie muß die Dinge einfach und zusammenhanglos betrachten und die Gebräuche und Regeln, die es damals einzuüben galt, wieder zu einem undurchsichtigen Rätsel machen: strenge, seltsame Welt, mit den mächtigen Portalfiguren Vater und Mutter und den vier Wänden der Familie als unüberschaubarem Horizont.

Wenn die Rückversetzung glückt, werden im rekonstruierten Mikrokosmos des kindlichen Erlebens zugleich die gesellschaftlichen Zwänge in einer Klarheit deutlich, die von keinem Verständnis getrübt ist. Vielleicht ist das ein Grund dafür, daß die wiedervereinigten Deutschen sich verstärkt ihre Kindheiten erzählen. Die gelungensten Beispiele dieses Genres – F. C. Delius' „Der Sonntag, an dem ich Weltmeister wurde" (1994) und Christoph Heins episodischer Roman „Von allem

Anfang an“ (1997) – zeigen, daß Kindheiten in Ost und West trotz aller Differenz der Lebenswelten doch vor allem eben Kindheiten waren: eine Zeit intensivster Eindrücke und Schutzlosigkeit, des Glücks und der Peinlichkeit.

Hans-Ulrich Treichels neue Erzählung „Der Verlorene“ ist Hein und Delius durchaus ebenbürtig. Aus der Perspektive einer ostwestfälischen Kindheit behandelt Treichel, seit einigen Jahren Professor am neugegründeten Literaturinstitut in Leipzig, die mentalen Grundlagen der frühen Bundesrepublik: Vertreibung, Flucht, Vergewaltigung, Verlust, Neuanfang, Schuld, Verdrängung, Wirtschaftswunder. Kein mühsamer Erinnerungsmarathon wird hier vorgeführt, keine Kollektivgeschichte gestemmt. Treichel erzählt bruchlos und spielerisch leicht, schreibt in der Vergangenheitsform und mit dezenter Selbstironie, aber doch unmittelbar aus dem kindlichen Erleben heraus. Der Schlüsselsatz, aus dem sich diese Haltung begreifen läßt, fällt während der Beerdigung des Vaters, der plötzlich an einem Herzinfarkt gestorben ist: „Ich dachte daran, daß ich wohl unter dem Tod des Vaters litt, aber nicht spürte, daß ich litt.“

Das nicht gespürte Leiden ist der Grundton dieser Kindheit am Ende der 50er-Jahre. Es ist eine seltsame emotionale Mischung aus geschärfter Sensibilität und wattiger Dumpfheit, die im Gefühl der Scham ihren allgegenwärtigen Ausdruck findet. Kindheit ist ja generell ein schamintensives Alter. Treichels Ich-Erzähler schämt sich seiner Kleidung. Er schämt sich des Essens und der Sonntagsausflüge mit den Eltern in den Teutoburger Wald. Er schämt sich so ausdauernd, daß ihm das Leben als eine einzige Schuld-und-Scham-Prozession erscheint, die auch beim gemeinschaftlichen, noch ungewohnten Fernsehen keineswegs endet: „Wenn wir vor dem Fernseher saßen, schämten wir uns, auch wenn ich nicht weiß, wofür wir uns schämten. Vielleicht war es gar nicht die Intimität im Fernseher, für die wir uns schämten, sondern die Intimität vor dem Fernseher. Vielleicht hatte es auch mit meinem Bruder Arnold zu tun.“

Dieser Bruder ging bei der Flucht der ostpreußischen Eltern vor „dem Russen“ im Januar 1945 verloren. Als das geschah, was die Mutter immer nur „das Schreckliche“ nennt und was der Erzähler nicht ganz ergründen kann, drückte sie ihr Kind, das damals ein Jahr alt war, einem Unbeteiligten in den Arm und fand es später nicht wieder.

[...]

Treichels Ausmessung bundesrepublikanischer Schuld- und Schamverhältnisse ist lakonisch-komisch und voller überraschender Wendungen. Die anschwellenden Wiederholungen lassen als Vorbild Thomas Bernhard erkennen. Der strenge Vater, der sich vom Lebensmittelhändler zum Großhändler hocharbeitet, ehe er am Herzinfarkt stirbt, und die an zunehmendem Kopfzittern leidende Mutter erscheinen als Repräsentanten der Epoche, die ihr Schuldgefühl im Wirtschaftswunder sublimiert.

Nebenbei gibt Treichel eine Psychologie der Lebensmittelhändler und die Diagnose einer berufsbedingten, der Vergänglichkeit von Gemüse geschuldeten Traurigkeit. Er entwirft eine Typologie entscheidungsunfähiger Kunden vor Wurstvitrinen und erklärt Schrecken und Nutzen von Schweinsköpfen. Der Umbau des elterlichen Hauses von einem verwinkelten Kindheitslabyrinth in ein funktionales, übersichtliches Gebäude wird zur Metapher der atemlosen Modernisierung, das Schaufester des Fotografen erscheint als Pranger des Dorfes und Schauplatz der Sterblichkeit. Treichels Erzählung ist voller Kostbarkeiten, präziser und witziger Bilder. So könnte es gewesen sein – ein Blick zurück ohne Zorn. [...]

Inhaltliche Teilleistungen

Bei der Bewertung gilt, dass das Ganze der erbrachten Leistung zu würdigen ist. Inhaltliche Aspekte sind ebenso zu berücksichtigen wie die Angemessenheit des Ausdrucks, die korrekte Anwendung der Fachsprache und sprachliche Richtigkeit. Vollständigkeit wird auch für eine sehr gute Bewertung nicht erwartet. Eine strukturierte und differenzierte Darstellung ist maßgeblich.

Beispiellösung: Teilaufgabe 1

Die Kindheit, von manchen liebevoll als die schönste Zeit des Lebens verklärt, von anderen als Belastung empfunden, hat doch für alle eines gemein: Sie ist prägend für das ganze weitere Leben und oftmals Motor zur persönlichen Auseinandersetzung mit den eigenen kindlichen Erfahrungen – im Guten wie im Schlechten.

Jörg Magenau bezeichnet die Phase der Kindheit in seiner Rezension mit dem sprechenden Titel „Schamjahre" aus der „Tageszeitung" vom 20.03.1998 antagonistisch als „verlassene[n] Ort voller Ängste und Sehnsüchte" (Z. 2 f.) und stellt in Anlehnung an Walter Benjamins Erinnerungen an dessen Berliner Kindheit die Forderung auf, dass Literatur zum Thema Kindheit das Kunststück fertigbringen müsse, „noch einmal ‚gehen zu lernen'" (Z. 12 f.). Dies erfordere eine einfache und zusammenhangslose Betrachtung, wodurch die damaligen Gebräuche und Regeln erneut zu einem undurchschaubaren Rätsel würden. Eine geglückte Rückversetzung bringe die gesellschaftlichen Zwänge „des kindlichen Erlebens" (Z. 24) ans Tageslicht, eine Zeit, die gleichermaßen von „intensivste[n] Eindrücke[n] und Schutzlosigkeit" (Z. 37 f.) wie von Glück und Peinlichkeit geprägt sei.

Passend dazu behandelt auch Hans-Ulrich Treichels Erzählung „Der Verlorene" neben Themen wie Vertreibung, Flucht, Vergewaltigung und Verlust – der Bruder des Ich-Erzählers ging den ostpreußischen Eltern bei der Flucht vor „‚dem Russen' im Januar 1945" (Z. 87 f.) verloren – auch Neuanfang und Wirtschaftswunder. Das verwinkelte Kindheitslabyrinth im elterlichen Haus wird nicht nur sprichwörtlich, sondern tatsächlich in ein funktionales Gebäude umgestaltet und damit zur Metapher einer atemlosen Modernisierung. Problematisiert werden des Weiteren Schuld und Verdrängung, wenn beispielsweise das Schaufester des Fotografen dem Protagonisten als Dorfpranger und „Schauplatz der Sterblichkeit" (Z. 122) erscheint, wobei dem Leser „mit dezenter Selbstironie" (Z. 54 f.) das kindliche Erleben dieser prägenden Phase nähergebracht wird. „Das nicht gespürte Leiden" (Z. 63) als zentrale Thematik manifestiere sich in einem Schamgefühl, das in diesem Lebensabschnitt zwar allgegenwärtig sei, bei Treichels Ich-Erzähler aber dermaßen ausdauernd zutage trete, dass es in einer „einzige[n] Schuld-und-Scham-Prozession" (Z. 75 f.) gipfele. Diese zeige sich beim Ich-Erzähler z. B. in seiner Kleidung, beim Essen, während der sonntäglichen Ausflüge, bei der Beerdigung des Vaters, aber auch beim familiären Fernsehschauen. Auf „lakonisch-komisch[e]" (Z. 98) Weise und „voller überraschender Wendungen" (Z. 98 f.) werden die Eltern dargestellt, die in ihrem klischeehaften Verhalten als strenger Übervater oder an der Situation leidende Mutter das Wirtschaftswunder repräsentieren, das ihnen dabei hilft, ihr Schuldgefühl zu betäuben. In witzigen Bildern erklärt der Autor beispielsweise „Schrecken und Nutzen von Schweinsköpfen" (Z. 115 f.) oder karikiert „entscheidungsunfähige[...] Kunden vor Wurstvitrinen" (Z. 113 f.).

Beispiellösung: Teilaufgabe 2

Die Erzählung „Der Verlorene" von Hans-Ulrich Treichel setzt sich mit einer beispielhaften Familie in den Fünfzigerjahren auseinander, die – beeinflusst durch Kriegserlebnisse – eine Traumatisierung erfährt. Durch blinde Tätigkeit lenken die von einer zwanghaften Suche nach ihrem im Krieg verloren gegangenen Sohn Arnold geprägten Eltern derart von ihren Gefühlen ab, dass dadurch ihr zweiter Sohn vernachlässigt wird. Infolgedessen wird das Familienleben von Themen wie Schuld, Schmerz und Scham beherrscht, die durch transgenerationale Traumaweitergabe auf den jüngeren Sohn übertragen werden.
Schamgefühle ergeben sich oftmals infolge eines Einbruchs in die Intimsphäre und erstrecken sich von einem Gefühl des Peinlichberührtseins bis hin zur Erniedrigung. Dabei muss ein Erleben von Scham nicht gleichzeitig mit Schuld gekoppelt sein, wird bei Treichel aber meist in einem Atemzug mit dieser genannt und ist dennoch davon zu unterscheiden.
So schämt sich die Mutter beispielsweise für die öffentliche Vergewaltigung, sieht aber ihre Schuld in ihrem damaligen Handeln, ihren Erstgeborenen auf der Flucht, als der Vater von einem Russen mit dem Gewehr bedroht wird, einer fremden Frau anvertraut zu haben, sodass dieser verloren geht.
Das zentrale Erlebnis, das von der Mutter wiederholt lapidar als „das Schreckliche" (S. 14, 15, 16) bezeichnet wird, weil sie es nicht anders zur Sprache bringen kann, und das der jüngste Sohn, der als Ich-Erzähler fungiert, nicht ganz zu ergründen vermag, kann als Auslöser für das Familientrauma angesehen werden. Gleichzeitig wird die beharrliche, von einer regelrechten Obsession gekennzeichnete Suche nach Arnold vor diesem Hintergrund als Versuch einer Sühne erklärbar. Da dieses zutiefst schamauslösende Trauma verdrängt wird und bis zum Ende unausgesprochen und damit unbearbeitet bleibt, wird es im Sinne der transgenerationalen Traumaweitergabe auf die Familie und vor allem auf den Sohn übertragen. Der Vater, seinerseits traumatisiert durch den Krieg und dadurch, dass er der Vergewaltigung beiwohnen musste, tut sein Übriges dazu. Diese Verdrängung äußert sich u. a. auch symbolisch im Umbau des Hauses und führt zur emotionalen Vernachlässigung ihres zweiten Sohnes und letzten Endes zu dessen psychosomatischen Krankheiten. Die Arbeit im und am Haus dient offensichtlich, wie der Ich-Erzähler feststellt, als Mittel der Verdrängung von Schuld und Scham („Je mehr sich die Mutter im Haus zu schaffen machte, umso weniger konnten die Scham und die Schuld sich ihrer bemächtigen. Und in Wahrheit tat die Mutter zumeist nichts anderes, als sich im Haus zu schaffen zu machen.", S. 32), deren unterschwellige Anwesenheit die bedrückende Atmosphäre in der Familie hervorruft. Deutlich wird dies durch den Schlüsselsatz des Ich-Erzählers, wenn er rückblickend feststellt, dass er „von Anfang an in einer von Schuld und Scham vergifteten Atmosphäre aufgewachsen war. Vom Tag meiner Geburt an herrschte ein Gefühl von Schuld und Scham in der Familie, ohne daß ich wußte, warum. Ich wußte nur, daß ich bei allem, was ich tat, eine gewisse Schuld und eine gewisse Scham verspürte." (S. 17)

Die Themen Schuld und Scham ziehen sich wie ein roter Faden durch den Roman. So erlebt der Ich-Erzähler von frühester Kindheit an zahlreiche frustrierende Familiensituationen. Selbst bei gewöhnlichen Verrichtungen wie dem Essen („ich schämte mich, weil ich aß", S. 17), Fahrradfahren oder Fernsehen verspürt der Protagonist eine für ihn nicht erklärbare „gewisse Schuld und eine gewisse Scham" (ebd.): „[E]s war mir gänzlich unerklärlich, warum ich, der ich doch nichts weiter als ein unschuldiges Kind war, mich wegen eines Stückes Fleisch oder einer Kartoffel schämen oder gar schuldig fühlen mußte. Ebenso unerklärlich war mir, warum ich mich schuldig fühlen mußte, wenn ich Radio hörte, Fahrrad fuhr, mit der Eltern einen Ausflug oder Spaziergang machte." (S. 18) Die ihm wenig vergnüglich erscheinenden Familienausflüge, die „wahre[n] Schuld- und Schamprozessionen" (S. 19), wie er sie nennt, „drückten mein Gewissen und lösten große Schamgefühle in mir aus" (S. 18), weshalb sie stets von psychosomatischen Leiden wie Gesichtskrämpfen, Tränen bis hin zum Erbrechen begleitet werden und zunehmend auf Ablehnung stoßen: „Gegen diese Ausflüge entwickelte ich mit der Zeit eine so große Abneigung, daß die Eltern mich nur noch unter Androhung von Strafe dazu bewegen konnten, sie zu begleiten." (S. 20) Die Tatsache, dass er die Sonntage, die er „allein im Haus verbringen [darf], [...] zu den schönsten Kindheitserinnerungen" (S. 23) zählt, spricht nicht für eine starke emotionale Bindung an seine Eltern oder ein glückliches Elternhaus. Auch bei der Mutter lassen sich psychosomatische Anzeichen in Form von gehäuft auftretenden Schwächeanfällen feststellen, ein Zeichen ihres unverarbeiteten Traumas, da sie mit der Scham aufgrund der Vergewaltigung nicht fertigwird.

Im Lichte seiner eigenen, peinlich berührten Gefühlswelt schildert der Ich-Erzähler das alltägliche Zusammenleben folgendermaßen: „Die bloße Zweisamkeit vor dem Fernseher trieben mir und der Mutter die Schamröte ins Gesicht. [...] Wenn wir vor dem Fernseher saßen, schämten wir uns, auch wenn ich nicht weiß, wofür wir uns schämten. Vielleicht war es gar nicht die Intimität im Fernseher, für die wir uns schämten, sondern die Intimität vor dem Fernseher. Vielleicht hatte es auch mit meinem Bruder Arnold zu tun. Wenn die Bedrückung zu groß wurde, schaltete die Mutter den Fernseher aus. Ohne ein Wort [...] verließ [sie] den Raum." (S. 31 f.)
Zusätzlich zur emotionalen Zurückweisung – die Mutter drückt ihn nie aus freien Stücken (vgl. S. 74) – wird der nicht vorhandene Bruder zunehmend übermächtiger, sodass dieser die ganze Aufmerksamkeit der Eltern, vor allem der Mutter, deren Blick selbst auf den Fotografien im Fotoalbum lediglich auf Arnold fixiert ist, absorbiert. So wird schnell klar, dass der Ich-Erzähler nur eine Nebenrolle in der Familie spielt und damit selbst zum laut Titel eigentlich „Verlorenen" wird. Arnold kommt – trotz physischer Abwesenheit – die zentrale Rolle zu: „Denn erst jetzt begann ich zu begreifen, daß Arnold, der untote Bruder, die Hauptrolle in der Familie spielte und mir die Nebenrolle zugewiesen hatte. Ich begriff auch, daß Arnold verantwortlich dafür war, daß ich von Anfang an in einer von Schuld und Scham vergifteten Atmosphäre aufgewachsen war." (S. 17) Welche vampirhafte Bedrohung der „untote Bruder" für den Ich-Erzähler darstellt, manifestiert sich in seinem expliziten Wunsch, dass Arnold auf der Flucht verhungert wäre. Am Ende wünscht er sich gar einen dritten Weltkrieg herbei, „[u]m ihn doch noch verhungern zu lassen" (S. 58). Darin spiegelt sich die Unzufriedenheit und Unzulänglichkeit seines eigenen Lebens, sodass er Arnold beneidet und gleichzeitig dämonisiert.

Die „mächtigen Portalfiguren Vater und Mutter" (Z. 18 f.), wie Magenau sie nennt, werden lediglich distanziert als „die Mutter" oder „der Vater" bezeichnet und wirken fremd und emotionslos auf den Sohn. Die Mutter bringt nur dann Emotionen zum Ausdruck, wenn sie Fotos von Arnold betrachtet (vgl. S. 10) oder sich an ihn erinnert fühlt (vgl. S. 13). Sie „redete wohl gelegentlich mit mir, doch meist lief das Gespräch auf den Bruder Arnold und damit auf Tränen oder Schweigen hinaus" (S. 12). Dem Vater wiederum „reichten kurze Befehle und Arbeitsanweisungen" (S. 12) zur Verständigung.
Damit zeigt sich die emotionale Distanz der Eltern zu ihrem Zweitgeborenen als weiteres Grundmotiv des Werkes. Die gestörte Kommunikation in der Familie kulminiert in der Sprachlosigkeit, die zum impliziten Topos wird. Selbst nach dem Tode des Vaters durch einen Herzinfarkt stellen sich bei dem kindlichen Ich-Erzähler ausschließlich Schamgefühle ein, wenn er es beispielsweise, trotz dass er „sein guter und trauriger Sohn sein" will (S. 138), nicht erwarten kann, endlich die schwarze Trauerbinde abzunehmen: „Ich schämte mich der schwarzen Binde, ich trug sie wie einen Makel" (S. 134).

Vom Äußeren des Ich-Erzählers erfährt der Leser lediglich, dass er sich als „zu dick geratene[n] pubertierende[n] Knabe[n]" (S. 139) sieht, der sich selbst immer unwohler fühlt, u. a. deshalb, weil die Eltern ihn ständig zum Essen zwingen. Trotz seines Ekels wird er beispielsweise dazu genötigt, Schweinekopf und Schweineblutsuppe und am Schlachttag sogar das verhasste Schweinehirn zu essen: „‚Schweineblut ist Lebenssaft', sagte der Vater, und wäre es nach ihm gegangen, dann wäre ich statt mit Milch mit Schweineblut aufgezogen worden." (S. 39 f.)
Völlig außer Acht gelassen wird das fortwährende Leid des Erzählers, zusätzlich verstärkt durch die komisch dargestellten körperlichen Untersuchungen: „Ich wäre gern ein wenig bedauert worden, aber niemand bedauerte mich." (S. 117) Denn als er sich den erbbiologischen Gutachten für seinen Bruder unterziehen muss, schämt er sich unablässig seines Körpers. Beim Betasten der „Schädelhöcker und Schädelerhebungen" (S. 115) auf seinem Kopf („Je länger der Professor tastete, desto mehr Höcker und Erhebungen hatte mein Kopf, und je länger er tastete, desto mehr schämte ich mich für diese Höcker und Erhebungen", ebd.) und nicht nur als die Laborantin seine „Speckfalte des Bauches" (S. 95) misst und seine Wangen vom Professor als „Fettauflagerung" (S. 143) bezeichnet werden, empfindet er ein permanentes Schamgefühl. Bereits beim Fotografen berichtet der Erzähler: „Schon die üblichen Aufnahmen hatte ich nur verkrampft über mich ergehen lassen, die nicht enden wollenden Hinterkopfaufnahmen aber waren eine Tortur, denn ich betrachtete meinen Hinterkopf in gewisser Weise als meinen schwächsten und unansehnlichsten Körperteil." (S. 67)
Diese omnipräsenten Schamgefühle führen wiederum zu einem andauernden Schwitzen (vgl. S. 115), hervorgerufen durch das Gefühl, dass stets seine physischen Schwachpunkte im Mittelpunkt stehen: „[W]ährend der Körperbauuntersuchung begann ich vor Scham und Verlegenheit zu glühen und zu schwitzen. [...] Und je mehr ich auf dem Kopf schwitzte, um so mehr schämte ich mich dafür [...]" (S. 115). Indem diese ohne Unterlass hervorgehoben werden, fühlt er sich nicht nur unfreiwillig entblößt, sondern kann sich auch nur noch als Summe seiner einzelnen Körpermerkmale identifizieren, was zu seiner Entindividualisierung führt. Während bei ihm die körperlichen Einzelheiten in den Fokus gerückt werden, wird sein Bruder hingegen stets als Gesamtbild wahrgenommen.

Repräsentativ hierfür sind auch die Fotos. Dies gilt zuerst für die aus dem elterlichen Fotoalbum, in dem er neben dem raumgreifenden Arnold nahezu nicht vorhanden zu sein scheint: „Arnold war ganz vorn im Photoalbum, noch vor den Hochzeitsbildern der Eltern und den Porträts der Großeltern, während ich weit hinten im Photoalbum war. Außerdem war Arnold auf einem ziemlich großen Photo abgebildet, während die Photos, auf denen ich abgebildet war, zumeist kleine, wenn nicht winzige Photos waren. [...] Während mein Bruder Arnold schon zu Säuglingszeiten nicht nur wie ein glücklicher, sondern auch wie ein bedeutender Mensch aussah, war ich auf den meisten Photos meiner Kindheit zumeist nur teilweise und manchmal auch so gut wie überhaupt nicht zu sehen." (S. 7 f.) Aber auch die öffentlich präsentierten Bilder beim Fotografen werden von ihm „immer als eine Art Pranger empfunden, der die Menschen vor aller Welt bloßstellte" (S. 65) und in dessen Schaukasten er auf keinen Fall selbst ausgestellt werden will: „Wenn ich in den Schaukasten mit den Photos blickte, dann begriff ich, daß die Menschen sterben mußten. Und nicht nur das: Oft sah ich sie jetzt schon als Tote, sie waren zu Tode frisiert, zu Tode gekleidet, zu Tode photographiert. Ich wollte nicht in den Schaukasten [...]" (S. 65).

So sind die Ereignisse, die aus der Erzählperspektive eines kindlichen erlebenden Ich-Erzählers zum Teil unbedarft-naiv dargestellt werden, mit schwerwiegenden seelischen Folgen verbunden, was das gleichzeitig retrospektiv erzählende Ich kundtut, das mit erwachsenem, scharfem Bewusstsein und resümierender Bitterkeit wahrnimmt und die Ursachen und Entwicklungen der Vorgänge um sich herum durchschaut und kommentiert. Folglich ist der Rückblick auf die Kindheit zwar von kindlichen Wahrnehmungen geprägt, diese werden allerdings simultan mit den Augen und dem Verständnis eines Erwachsenen wahrgenommen und begriffen. Die daraus resultierende Verschränkung von Gegenwarts- und Vergangenheits-Ich macht den Erzählprozess zu einer Mischung aus Erlebtem und Erzähltem, was nicht weiter verwunderlich ist, da in der autobiografisch durchwirkten Erzählung „Der Verlorene" Narration und die Lebensgeschichte des Autors Hans-Ulrich Treichel genauso untrennbar miteinander verwoben sind. In „Der Verlorene" verarbeitet Treichel seine persönliche Kindheit, die von einem ähnlichen Schicksal gekennzeichnet ist: Seine Eltern verlieren ihren erstgeborenen Sohn, Günther, auf der Flucht vor der Roten Armee aus Ostpreußen und geben ihre unerbittliche Suche, auch mithilfe des Suchdienstes des Deutschen Roten Kreuzes, bis zu ihrem Tod nie auf. Demnach könnte man zumindest beim Autor selbst von einer gelungenen therapeutischen, vielleicht gar kathartischen Wirkung sprechen: „In meinem Fall habe ich das Schreiben sehr oft als ein nachholendes Erinnern empfunden, als ein Erinnern an etwas, was ich gar nicht gewusst oder nur dumpf empfunden habe. [...] Nachholendes Erinnern, ausgelöst durch vorangehendes Schreiben. So kommt es mir mit meinem Roman ‚Der Verlorene' vor. Seit ich ihn geschrieben habe, glaube ich mehr über meine Kindheit und das Leben meiner Eltern zu wissen."[1]
Was das betrifft, könnte man von einer gelungenen Rückversetzung sprechen und das Kunststück, „noch einmal ‚gehen zu lernen'" (Z. 12 f.), als geglückt ansehen.

Anmerkungen

1 Aus: Hans-Ulrich Treichel: Nachholendes Erinnern. Neue Rundschau, 130. Jg., Heft 2, 2019. S. 201 – 226

Aufgabenformat I B: Erörterung zweier literarischer Texte („Werke im Kontext“)

E. T. A. Hoffmann: Der goldne Topf / Johann Wolfgang Goethe: Faust. Der Tragödie erster Teil

Voraussetzungen gemäß Bildungsplan und „Schwerpunktthemenerlass für die schriftliche Abiturprüfung 2021“

Aufgabenstellung

1 *„Der Zweifel ist das Wartezimmer der Erkenntnis.“*
(Sprichwort aus Indien)

Erörtern Sie anhand des indischen Sprichworts, inwiefern Anselmus und Heinrich Faust ausgehend von ihren Zweifeln einen neuen Lebensweg mit weiteren Erkenntnissen gewinnen. Betrachten Sie dabei die Bedeutung der „Helferfiguren“ Serpentina und Mephisto.

Inhaltliche Teilleistungen

Bei der Bewertung gilt, dass das Ganze der erbrachten Leistung zu würdigen ist. Inhaltliche Aspekte sind ebenso zu berücksichtigen wie die Angemessenheit des Ausdrucks, die korrekte Anwendung der Fachsprache und sprachliche Richtigkeit. Vollständigkeit wird auch für eine sehr gute Bewertung nicht erwartet. Eine strukturierte und differenzierte Darstellung ist maßgeblich.

Beispiellösung

Die Text-, Seiten- und Zeilenverweise beziehen sich auf: „E. T. A. Hoffmann: Der goldne Topf. Stuttgart: Reclam 2016“ sowie auf „Johann Wolfgang Goethe: Faust I. Stuttgart: Ernst Klett Verlag 1998, S. 94 ff. (Verse 3217 – 3293)“.

Der antike Philosoph Aristoteles stellt vor die rechte Erkenntnis den grundlegenden Zweifel. Hier kann der Zweifel als Zustand der Unentschlossenheit oder Unsicherheit in Bezug auf Entscheidungen und Handeln verstanden werden, wobei Zweifel als Dauerzustand auch zur Verzweiflung führen kann. Im Zeitalter der Aufklärung erfährt der Zweifel eine Aufwertung und gilt sogar als Voraussetzung für jeglichen Erkenntnisfortschritt. Der französische Denker René Descartes erhebt ihn gar zur philosophischen Methode, da er gemäß seinem Ausspruch „cogito ergo sum“ davon ausgeht, dass jeder Zweifel durch rationalistische Überlegungen entkräftet werden kann. Auch in der Gegenwart spielt der Zweifel eine wichtige Rolle im wissenschaftlichen, philosophischen und praktischen Denken, weil er allein das Denken in Bewegung hält. So ist ohne Zweifeln keine Erkenntnis möglich.
Passend dazu bezeichnet ein indisches Sprichwort den Zweifel als „Wartezimmer der Erkenntnis“, was impliziert, dass auch eine gewisse Bereitschaft zur Geduld vonnöten ist, um schließlich zur Erkenntnis zu gelangen.

E. T. A. Hoffmanns 1814 veröffentlichtes Kunstmärchen „Der goldne Topf" aus der Epoche der Romantik thematisiert die Entwicklung des Protagonisten Anselmus vom unbeholfenen Studenten, der an seiner eigenen Persönlichkeit zweifelt, hin zum Poeten, der schließlich Erlösung in der utopischen Welt Atlantis findet. Die Erzählung trägt in dem Untertitel „Ein Märchen aus der neuen Zeit" bereits den Hinweis auf die beiden Wirklichkeitsebenen, auf denen die verschiedenen Figuren agieren. Die reale Welt gerät ins Spannungsverhältnis zur märchenhaften Wunderwelt, die beide durch Frauenfiguren, der bürgerlichen Veronika und der magischen Serpentina, verkörpert werden. Zwischen diesen Welten und Frauen gleitet die Hauptfigur Anselmus hin und her – mit allen Konsequenzen und Problemen.
Bereits zu Beginn wird der tollpatschige Student Anselmus von einem Äpfelweib, in dessen Korb voll Äpfel er gerannt ist, mit dem Fluch „ins Kristall bald dein Fall – ins Kristall!" belegt (S. 5, Z. 20), was sich als Vorausdeutung später bewahrheitet. Bei seinem Holunderbuscherlebnis, er hört das Lispeln magischer Stimmen und erblickt drei gold-grüne Schlänglein, erfährt er zum ersten Mal „ein nie gekanntes Gefühl der höchsten Seligkeit und des tiefsten Schmerzes" (S. 10, Z. 21 f.) und verliebt sich in Serpentinas blaue Augen, die ihm dort in Schlangengestalt zum ersten Mal erscheint. Als Tochter des Archivarius Lindhorst unterstützt sie den Studenten bei seiner Arbeit, dem Kopieren wertvoller Manuskripte in Lindhorsts mystischer Bibliothek. Dort wird Anselmus schrittweise in die Magie eingeführt und kann sich gleichzeitig Serpentina annähern. Zunächst zweifelt er allerdings an seinen Wahrnehmungen und sucht rationale Erklärungen, wie den Abendwind oder das Feuerwerk, für die ihm unerklärlichen Erlebnisse bei der Gondelfahrt (vgl. zweite Vigilie).
In der realen Welt zeigt die bürgerliche Veronika Paulmann Interesse an Anselmus oder zumindest an der Aussicht auf den Status, als „Frau Hofrätin" (S. 39, Z. 1) an seiner Seite ihr Leben zu verbringen. Mit der Hilfe der Rauerin und schwarzer Magie versucht sie, ihn an sich zu binden, was ihr zunächst zu gelingen scheint, da Anselmus sich durch „eine fremde plötzlich auf ihn einbrechende Macht [...] unwiderstehlich hin[gezogen] zur vergessenen Veronika [fühlt]" (S. 73, Z. 21 ff.) und ihr sogar ein Heiratsversprechen gibt (vgl. S. 75, Z. 28 f.). Damit gerät Serpentina samt ihrer fantastischen Welt vorerst als Träumerei in den Hintergrund, was zur Folge hat, dass Anselmus bei seiner Arbeit einen Tintenklecks auf das Original fallen lässt, woraufhin er in eine Kristallflasche verbannt wird und sich so der Fluch des Äpfelweibs erfüllt.

Auch den gelehrten Wissenschaftler Heinrich Faust, Titelheld der gleichnamigen zweiteiligen Tragödie von Johann Wolfgang Goethe, die 1808 erschien, plagen von Beginn an Zweifel. Zutiefst unzufrieden mit sich und der Welt, weil er trotz seines Studiums zahlreicher Wissenschaften keine umfassende Erkenntnis erlangt hat und nicht weiß, „was die Welt / Im Innersten zusammenhält" (V. 382 f.), steht er kurz vor dem Suizid (vgl. „Nacht"). Auf den Nährboden dieser tiefen Depression fällt seine Begegnung mit dem Teufel Mephisto, der ihm in einer Wette verspricht, ihm einen Glücksmoment von Dauer verschaffen zu können (vgl. V. 1700), wofür Faust ihm im Gegenzug im Jenseits zu Diensten stehen würde (vgl. „Studierzimmer II"). Mit ihm an seiner Seite begibt sich der Gelehrte zunächst auf kleine und später auf große Fahrt. Stationen der Reise wie „Auerbachs Keller" und die „Walpurgisnacht" lassen ihn immerhin in neue, profane Lebenswelten eintauchen, bringen ihm aber nicht das erwünschte dauerhafte Glück. Ein Verjüngungstrank, den Mephisto ihm verabreicht, schafft zwar die Voraussetzungen dafür, dass er bei Margarete, einem bürgerlichen Mädchen, erfolgreich ist. Allerdings steht wieder nur die Befriedigung seiner sinnlichen Triebe im Vordergrund, die von ihr zunehmend empfundene Liebe teilt er nicht, obgleich sie viel für ihn opfert. Erst als sie sich aufgrund der Tötung des gemeinsamen Kindes im Kerker befindet, gesteht er sich seine Schuld an ihrem Schicksal ein und versucht, sie zu retten.

Was sich bei Anselmus als Schwanken zwischen zwei Welten – und damit verbunden zwischen zwei Frauen – darstellt, erweist sich bei Faust als Zwei-Seelen-Problematik. In seinem Ausspruch „Zwei Seelen wohnen, ach! in meiner Brust" (V. 1112) gegenüber Wagner lässt sich eine charakterliche Ähnlichkeit zwischen ihm und Anselmus ausmachen, nämlich die der zweigeteilten Persönlichkeit. Gemeinsam ist ihnen darüber hinaus der Zwiespalt, was nicht verwundert, ist doch der Zweifel etymologisch mit der Wortbedeutung zwiespältig verwandt. Ist der eine Teil Fausts dem weltlichen Leben zugewandt und will Erfüllung durch körperliche Bedürfnisse, führt ihn der andere zusehends davon weg und strebt nach geistigen Sphären und Idealen. Es ist sein unbedingter Erkenntnisdrang, der Faust in die Krise führt, weil er die Grenzen menschlicher Erkenntnisfähigkeit erfährt (vgl. V. 364). Um diese zu überwinden, schreckt er selbst vor Magie und Geisterwelt (vgl. V. 460 ff.) sowie teuflischer Unterstützung nicht zurück.
Auch Anselmus ist einem Gegensatz ausgesetzt: Der „tolle[...] Zwiespalt" „in seinem Innern" (S. 15, Z. 13 f.) ist der Riss zwischen der realen, beschränkten Alltagswelt mit ihren bürgerlichen Ansprüchen und der Welt der Fantasie und Poesie mit den mystischen Kräften, personifiziert durch die beiden Frauenfiguren Veronika und Serpentina. Nach der ersten Begegnung mit der anderen, „höheren Welt" (S. 63, Z. 8) in der Holunderbuschepisode manifestiert sich diese Gespaltenheit allerdings als Duplizität von prosaischer und poetischer Welt, von äußerer und innerer Realität, die Anselmus halbbewusst während der Elbfahrt (vgl. zweite Vigilie) wahrnimmt und in intensiver Weise erlebt: zum einen als Macht der Vernunft, verkörpert in den Bürgern, die die Sinnestäuschungen erkennen, auf der anderen Seite als eine starke emotionale Kraft in Form von Sehnsucht, Liebe, Verlangen, Entzücken. Seine innere Zerrissenheit zeigt sich in der wechselnden Zuwendung zu beiden. Auf der einen Seite steht in der bürgerlichen Welt die bodenständige und standesbewusste Veronika, die mit der egozentrischen Verfolgung ihrer Interessen strategisch auf ihren sozialen Aufstieg hinarbeitet. Auf der anderen die geheimnisvolle und magische Figur der Serpentina, die zu wirklicher Liebe fähig ist und Anselmus' Fantasie beflügelt.

Diese Identitätskrise, von der die Protagonisten anfänglich erschüttert sind, bildet zunächst das zentrale Thema. Das indische Sprichwort „Der Zweifel ist das Wartezimmer der Erkenntnis" sieht die Situation des Zweifelns quasi als notwendiges Vorstadium an, um Einsicht zu gewinnen. Dazu gehört das Fehlgehen genauso wie die vertiefte gedankliche Auseinandersetzung mit den Umständen, bevor es zur eigentlichen Erkenntnis kommen kann. Im Zuge dessen bieten die Helferfiguren unterschiedliche Unterstützung auf dem Weg.
Mephisto, die Gegenfigur, die sich aufmacht, Faust aus der Enge seiner Studierstube in die weite Welt hinauszuführen, ist zugleich Fausts Schatten, der dunkle Teil seiner Persönlichkeit, und tritt zunächst in Gestalt eines Pudels in Fausts Leben, und zwar mit dem Ziel, ihm einen Pakt vorzuschlagen. Er wolle ihm das volle Leben zeigen, bis Fausts Streben ein

Ende nimmt, und dafür im Gegenzug die Seele des Erdenbürgers erhalten. Mit den Worten „Werd' ich zum Augenblicke sagen: / Verweile doch! du bist so schön! / Dann magst du mich in Fesseln schlagen, / Dann will ich gern zugrunde gehen!" (V. 1699 – 1702) nimmt Faust diese Wette bereitwillig an in der Gewissheit, dass es Mephisto nicht gelingen wird, ihn „mit Genuss [zu] betrügen" (V. 1696).
Eine Schlüsselszene, die bereits im Titel den Rückzug in die Natur signalisiert, in der Fausts Selbstreflexion stattfindet, bildet die Szene „Wald und Höhle". Sie zeigt einen inneren Kampf infolge einer bis zur Dissoziation reichenden Ambivalenz. In Fausts Gespräch mit Mephisto sucht er sich, des Niedrigen und Gemeinen zu erwehren, das durch die Maske Mephistos stets von Neuem aus ihm selbst lebendig wird.
Fausts Monolog im ersten Teil der Szene, der an den Eingangsmonolog (V. 354 – 517) anknüpft und auf den Monolog vom „farbigen Abglanz" (V. 4679 – 4727) zu Beginn von „Faust II" vorausweist, stellt anschaulich seinen Gewissenskonflikt dar, der in dem Eingeständnis gipfelt, dass er Mephisto „nicht mehr / Entbehren kann" (V. 3243 f.), mehr noch, dass er verdammt ist, rastlos durch das Leben zu ziehen: „So tauml' ich von Begierde zu Genuss, / Und im Genuss verschmachte ich nach Begierde" (V. 3249 f.). In der chiastischen Verknüpfung zeigt sich die enge Zusammengehörigkeit der beiden ihm innewohnenden Seelen, seine Zerrissenheit sowie sein Schwanken zwischen den Gefühlsextremen.
Im darauf folgenden Dialog, der das anschließende Geschehen vorwegnimmt, entspinnt sich ein Gespräch über Fausts inkonsequentes Verhalten als Liebhaber, das seine inneren Kämpfe und moralischen Skrupel spiegelt und ihn durch Mephistos spöttische Bemerkungen schlussendlich dazu treibt, Gretchen erneut aufzusuchen, zu deren Rettung er allerdings zu spät kommt. So macht sich der ewig Getriebene schuldig, als „Unmensch ohne Zweck und Ruh" (V. 3348 f.) Gretchens bürgerliche Existenz zu zerstören. Auf diese Weise geht Faust letztlich den Weg der Zerstörung folgerichtig bis zum Ende – und handelt damit als ewig Unbefriedigter und entsprechend seinem Bündnis mit Mephisto, wohl ahnend, dass er auch bei Gretchen den vollends erfüllten Augenblick, den die Wette verlangt, nicht finden wird.

Eine Entsprechung für das im indischen Sprichwort genannte Wartezimmer findet man bei Hoffmann in der Episode der Verbannung in die Kristallflasche, die eine Regression ins bürgerliche Leben markiert, weil Anselmus sich wieder Veronika zuwendet. Seine (innere) Zerrissenheit zwischen der Liebe Serpentinas und Veronikas ist ursächlich dafür, dass Anselmus trotz Serpentinas Warnung, sich „vor der Alten in Acht" (S. 71, Z. 30 f.) zu nehmen und ihr selbst treu zu bleiben, sich erneut der bürgerlichen Welt widmet und damit einen Rückfall in seinem Entwicklungsprozess erleidet, hervorgerufen durch die von Veronika eingesetzte schwarze Magie (vgl. S. 74 f.). Seine Gefangenschaft empfindet er demzufolge als Strafe (vgl. S. 83, Z. 20 – 25), die ihn just in dem Moment ereilt, da er an Serpentina und damit der Liebe sowie am Glauben an das Fantastische zweifelt und den goldnen Topf bereits verloren glaubt.

Das Wechselspiel einerseits zwischen der realen und der fantastischen Welt sowie andererseits zwischen den beiden Frauen treibt Anselmus in die Verzweiflung und intensiviert seine Unsicherheit bezüglich seiner eigenen Wahrnehmungen.

Auf dem Höhepunkt seiner Verzweiflung angelangt, begreift Faust wiederum, dass er sich zur Natur hingezogen fühlt, und realisiert, was für ein übles Spiel Mephisto mit ihm treibt, denn dieser hat es geschafft, ihn „ein[zu]teufel[n]" (V. 3371), wofür er ihn verflucht. So begreift er Mephistos negativen Einfluss, der von egoistischen Motiven geprägt ist und ihm auf seinem eigenen Lebensweg nicht weiterhilft.
Anselmus indes gibt weder den Glauben an sich selbst noch an Serpentina komplett auf, auch wenn er dafür von den anderen für verrückt gehalten wird (vgl. S. 84, Z. 29 ff.). Aus Angst und Qual ruft er in seiner Verzweiflung wiederholt nach ihr: „O Serpentina – Serpentina, rette mich von dieser Höllenqual!" (S. 83, Z. 15 f.), was ihm bei ihrem Erscheinen Erleichterung verschafft und ihn freier atmen lässt (vgl. S. 83, Z. 20 und S. 85, Z. 8 f.). Im Gegensatz dazu halten die Kreuzschüler, ihrerseits ebenfalls in Kristallflaschen gefangen, Anselmus lediglich für wahnsinnig, da sie aufgrund der Beschränktheit ihrer Wahrnehmung seine Leiden nicht nachempfinden können, ihnen der Zugang zur fantastischen Welt verwehrt ist und sie hauptsächlich mit ihren irdischen Genüssen prahlen (vgl. S. 84, Z. 11 – 24). Sie sind in ihrem Philistertum unfähig, die serapiontische Leiter zu erklimmen. Das Tor zur magischen Welt bleibt ihnen verschlossen. Dabei kann die Flasche als Sinnbild für die Beengtheit des bürgerlichen, alltäglichen Lebens, als innere Erstarrung in seiner prosaischen Existenz verstanden werden.

Gefangen in der Situation und einstweilen unfähig, sich bewusst für eine der Existenzweisen zu entscheiden, bedarf Anselmus der behutsamen Hilfe von Serpentina, auf den richtigen Weg geführt und dazu befähigt zu werden, an dessen Ende die Sphäre der bürgerlichen zugunsten der fantastischen Welt zu verlassen, denn die als zunehmend bedrückend und einengend empfundenen Grenzen spürt er mittlerweile deutlich.
Der aufstrebende Poet, für den erst „von grässlicher Angst durchschnitten [...] jeder Nerv im Todeskampfe bluten[...]" muss (S. 83, Z. 2 f.), hat seine letzte Prüfung zu bestehen, bevor er durch die Liebe von seinen Leiden erlöst wird und er seinen Weg ins Reich der Fantasie beschreiten kann. Serpentinas säuselnde Stimme: „Anselmus! – glaube, liebe, hoffe!" (S. 85, Z. 4 f.) bildet den an den christlichen Tugenden orientierten Ausgang zu seiner Erhebung aus den Qualen dieser schmerzvollen Lage. Analog zur Szene „Wald und Höhle" fungiert dieser Zustand des Eingeschlossenseins als ein Ort der inneren Einkehr und Reflexion, durch die die Zweifel final überwunden werden und die Protagonisten mit sich selbst ins Reine kommen. Nach langem Kampf findet der Student deshalb zuletzt zu sich selbst und zu Serpentina zurück, die ihm „Freiheit und Leben in Glauben und Liebe" (S. 84, Z. 34 f.) in Aussicht stellt. Er ist nun bereit, sich dem Wunderbaren ganz hinzugeben, und hat mit der Philisterwelt ein für alle Mal abgeschlossen. Auf dieser Basis wird ihm schließlich zugestanden, den goldnen Topf im Reich Atlantis von Serpentina anzunehmen, was mit seiner Hingabe ans Magische und Wunderbare verbunden ist.

So dient der Zweifel durchaus als Motor, schwierige Situationen zu bestehen und neue Chancen zu ergreifen, um im Endeffekt zu vertiefter Erkenntnis zu gelangen. Voraussetzung dafür ist, dass Anselmus seinen Fehler, an der Liebe zu Serpentina und der magischen Welt gezweifelt zu haben, durchschaut und ferner einsieht, dass Serpentina allein der Schlüssel zur Freiheit und letzten Endes zur magischen Welt ist. Dies bahnt den neuen Lebensweg

an, an dessen Ausgang er erkennt, dass sich in der gewöhnlichen Natur das Wunderbare offenbart, das man nur sehen muss, damit er fortan mit Serpentina ein „Leben in der Poesie" (S. 102, Z. 4) führen kann.
Indem er die Erstarrung einer bürgerlichen Existenz zusehends als belastend empfindet, leitet er den ersten Schritt zu seiner Befreiung ein. Allerdings gelingt diese erst mit mystischer Unterstützung von außen.
Ansatzpunkt für den Entwicklungsprozess ist bei beiden Protagonisten eine innere Gespaltenheit, die sich bei Faust zunächst in seinen Grenzüberschreitungen im Rahmen der Erkenntnisproblematik äußert, bevor sie im Teufelspakt und in der Beziehung mit Margarete die humane und moralische Ordnung überwindet.
Bei seiner Entfaltung hin zum „Leben in der Poesie" (S. 102, Z. 4) durchläuft Anselmus verschiedene Stationen, die den Prozess markieren, in dem er zunehmend dem „gewöhnlichen Leben entrückt" (S. 73, Z. 10 f.) wird, bevor er nach seiner Bestrafung für seine Verirrung in die Vernunft (vgl. neunte Vigilie) durch Serpentinas Liebe zur „Erkenntnis des heiligen Einklangs aller Wesen" (S. 101, Z. 9 f.) in die wunderbare Welt geführt wird, deren Sprache er immer besser versteht.

Die grundlegende Gemeinsamkeit, der Zwiespalt, an dem die Protagonisten leiden, als Ursprung für den Interimsstatus des Zweifelns, der nach einer Lösung verlangt, wird jedoch in den beiden Werken unterschiedlich umgesetzt. Geht es bei Faust um einen konflikthaften Gegensatz zwischen triebhafter Körperlichkeit und dem geistigen Streben nach dem Idealen, dem die klassische Versöhnung zumindest im ersten Teil des Dramas versagt bleibt, gestaltet sich der Zwiespalt bei Anselmus vielmehr als Duplizität von Realität und Fantasie, als Zweipoligkeit der Wirklichkeit, welcher der junge, naive, aber weltoffene Student gegenübersteht. Da er von Anfang an für die Ansprache der Schlangen im Holunderbusch empfänglich ist, gelingt ihm das schrittweise Eintauchen in die fantastische Welt, in der er letztendlich Erlösung durch sein „kindliches poetisches Gemüt" (S. 70, Z. 33 f.) findet. Unter Verzicht auf seine reale Existenz schafft es Anselmus, die Entfremdung von der Natur aufzuheben, indem er die Welt der Vernunft bewusst hinter sich lässt und sich in seiner Berufung als Dichter der Fantasie und Poesie hingibt. So glückt ihm die Selbstfindung durch die Vereinigung der Welten.

Darin wird der grundsätzliche Unterschied in beiden Werken offenkundig. Faust, der ewig Suchende, will zu neuen Kontinenten aufbrechen, Grenzen überschreiten, verfällt jedoch aufgrund seiner Hybris dem Teufel. Bei seinem Streben nach Erkenntnis gibt es für ihn kein Verweilen, nirgends. Die Ewigkeit des Augenblicks („Verweile doch! du bist so schön!", V. 1700) kann er nicht genießen. Davon zeugen auch Mephistos Worte über Faust nach Abschluss der Wette: „Ihm hat das Schicksal einen Geist gegeben, / Der ungebändigt immer vorwärts dringt, / Und dessen übereiltes Streben / Der Erde Freuden überspringt. [...] Und hätt er sich auch nicht dem Teufel übergeben, / Er müsste doch zugrunde gehen!" (V. 1856 – 1867).
Ganz anders hingegen Anselmus: Er ist zum Poeten gereift und genießt mit Serpentina sein Liebesglück auf ihrem Rittergut in Atlantis (vgl. zwölfte Vigilie). In der „Erkenntnis des heiligen Einklangs aller Wesen" lebt er „in höchster Seligkeit immerdar" (S. 101, Z. 9 ff.).

Mit der Überwindung des Dualismus von Realismus und Fantasie gelingt ihm die Wiederherstellung der Harmonie mit der Natur durch die liebende Erkenntnis (Glaube, Liebe, Hoffnung) in Atlantis, der Sphäre der Poesie, einer Macht, die das feindlich Getrennte und von seinem göttlichen Ursprung Abgefallene wieder vereint. Bei Hoffmann scheint mit Anselmus' Entschwinden in eine andere, „höhere[...] Welt" (S. 63, Z. 8) die Poesie zu triumphieren.

Insofern besitzt das indische Sprichwort eine hohe Gültigkeit für ihn. Nicht so für Faust. Seine existenzielle Tragik beruht geradezu auf seiner wesenhaften Polarität, die nicht einmal Margarete zu durchbrechen vermag. Sein ruheloses Streben führt zur Abkehr von ihr, die er auch durch seinen Rettungsversuch im Kerker in letzter Konsequenz nicht mehr befreien kann. Sie fungiert lediglich als Objekt auf dem Weg seiner Exploration, das ihm keine dauerhafte Erfüllung gibt und zu keiner tieferen Erkenntnis führt.
Demnach bleibt Faust ein unbeirrt Strebender, entsprechend dem Wort des Herrn aus dem „Prolog im Himmel": „Es irrt der Mensch, solang er strebt." (V. 317) Somit muss für Faust eine abschließende Erkenntnis vorerst verneint werden, weil er es nicht schafft, sich wie Anselmus auf zwischenmenschlicher Ebene zu entwickeln, zur Ruhe zu kommen und sesshaft zu werden.
Zugutehalten kann man ihm allenfalls seine Reue über vergangene Taten und seine partielle Einsicht, sich an Gretchen schuldig gemacht zu haben, die in seinem Ausruf gipfelt: „O wär ich nie geboren!" (V. 4596), was Margarete freilich nichts mehr nützt.
Eine weitere Teilerkenntnis könnte darin gesehen werden, dass Faust erneut die Bestätigung erhalten hat, dass es nicht ausreicht, nur einen Teil der Seele zu befriedigen, um glücklich zu werden. Sein Verlangen nach ganzheitlicher Erkenntnis und allumfassendem Wissen ist nach wie vor nicht gestillt. Eine harmonische Aussöhnung der beiden Parteien erreicht er jedenfalls im ersten Teil des Dramas noch nicht.

Anders zu bewerten ist die Duplizität der Welterfahrung bei Hoffmann, die er im serapiontischen Prinzip über die Welt- und Kunstanschauung formuliert. Seinem zutiefst romantischen Anspruch, dass das Märchenhafte und Sonderbare in den Alltag eindringt, die alltägliche Wirklichkeit poetisiert werden soll, wird er dadurch gerecht, dass sich das Kunst- bzw. Wirklichkeitsmärchen genau durch dieses Oszillieren zwischen Alltäglichem und Wunderbarem auszeichnet. Die Fantasie bzw. das Fantastische bricht in die spießbürgerliche Welt ein. Für die Handlung strukturbildend ist hierbei ebenjene Duplizität der bürgerlichen Philisterwelt und der wunderbaren Märchenwelt Atlantis, die in der Symbiose von Einbildungskraft und visueller Wahrnehmung konsequent verfolgt wird.
Serpentina und Mephisto sind zwar beide Begleiter auf einem neuen Lebensweg der Protagonisten, allerdings verfolgen sie diametral unterschiedliche Zielrichtungen. Während sich Faust auf das Böse in Gestalt des Teufels einlässt, tendiert Anselmus zum Guten.
Hilft Serpentina dem Studenten zunächst bei seinen Abschriften und schließlich dabei, nach und nach ins Reich des Fantastischen vorzudringen, indem sie ihn für sich gewinnt, um in das wunderbare Atlantis zu übersiedeln, so hat Mephisto im Gegensatz dazu von Grund auf eigennützige und negative Absichten. Bei ihm steht der Sieg im Rahmen der Wette im Vordergrund, egal, welche menschlichen Schicksale er auf dem Weg dorthin zerstören muss („Du, Hölle, mußtest dieses Opfer haben!", V. 3361). Folglich sind Fausts Erkenntnisse,

die er aus der Begleitung Mephistos erlangt, vor allem negativer Art. Er weiß nun, was er nicht möchte und wie er nicht an sein Ziel gelangt. Anselmus hingegen hat – trotz herber Rückschläge, die er erlebt, wenn er durch Veronika wieder in die reale Welt zurückverwiesen wird – seine „schnöde[n] Zweifel“ (S. 83, Z. 23) überwunden und ist durch positive Erkenntnisse zu seiner Bestimmung gelangt, nämlich ein glückliches Leben in Atlantis zu führen.
Demnach erfüllen die Weggefährten jeweils andere Funktionen. Serpentina dient dadurch als Wegweiser, dass sie es schafft, den Studenten in ihren Bann zu ziehen und an ihre magische Welt zu binden. Dagegen reift der Gelehrte während der Weltfahrt nicht zur vollen Erkenntnis, da ihm der in seinem eigenen Sinne agierende Mephisto ausschließlich Einsichten ex negativo verschafft.

Aufgabenformat II A: Interpretation eines Kurzprosatextes

Heiner Müller: Das Eiserne Kreuz

Voraussetzungen gemäß Bildungsplan und „Schwerpunktthemenerlass für die schriftliche Abiturprüfung 2021"

Aufgabenstellung

1 Interpretieren Sie den Text.

Materialgrundlage

Heiner Müller: Das Eiserne Kreuz. Aus: Ders.: Die Prosa, Werke 2. Hrsg. v. Frank Hornigk. Frankfurt a. M.: Suhrkamp Verlag 1999, S. 72 ff.

Das Eiserne Kreuz (1956) *Heiner Müller (1929–1995)*

Text in alter Rechtschreibung

Im April 1945 beschloß in Stargard in Mecklenburg ein Papierhändler, seine Frau, seine vierzehnjährige Tochter und sich selbst zu erschießen. Er hatte durch Kunden von Hitlers Hochzeit und Selbstmord gehört.

Im ersten Weltkrieg Reserveoffizier, besaß er noch einen Revolver, auch zehn Schuß Munition.

Als seine Frau mit dem Abendessen aus der Küche kam, stand er am Tisch und reinigte die Waffe.

Er trug das Eiserne Kreuz am Rockaufschlag, wie sonst nur an Festtagen.

Der Führer habe den Freitod gewählt, erklärte er auf ihre Frage, und er halte ihm die Treue. Ob sie, seine Ehefrau, bereit sei, ihm auch hierin zu folgen. Bei der Tochter zweifle er nicht, dass sie einen ehrenvollen Tod durch die Hand ihres Vaters einem ehrlosen Leben vorziehe.

Er rief sie. Sie enttäuschte ihn nicht.

Ohne die Antwort der Frau abzuwarten, forderte er beide auf, ihre Mäntel anzuziehen, da er, um Aufsehen zu vermeiden, sie an einen geeigneten Ort außerhalb der Stadt führen werde. Sie gehorchten. Er lud dann den Revolver, ließ sich von der Tochter in den Mantel helfen, schloß die Wohnung ab und warf den Schlüssel durch die Briefkastenöffnung.

Es regnete, als sie durch die verdunkelten Straßen aus der Stadt gingen, der Mann voraus, ohne sich nach den Frauen umzusehen, die ihm mit Abstand folgten. Er hörte ihre Schritte auf dem Asphalt. Nachdem er die Straße verlassen und den Fußweg zum Buchenwald eingeschlagen hatte, wandte er sich über die Schulter zurück und trieb zur Eile. Bei dem über der baumlosen Ebene stärker aufkommenden Nachtwind, auf dem regennassen Boden, machten ihre Schritte kein Geräusch.

Er schrie ihnen zu, sie sollten vorangehen. Ihnen folgend, wußte er nicht: hatte er Angst, sie könnten ihm davonlaufen, oder wünschte er, selbst davonzulaufen. Es dauerte nicht lange, und sie waren weit voraus. Als er sie nicht mehr sehen konnte, war ihm klar, daß er zuviel Angst hatte, um einfach wegzulaufen, und er wünschte sehr, sie täten es. Er blieb stehen und ließ sein Wasser. Den Revolver trug er in der Hosentasche, er spürte ihn kalt durch den dünnen Stoff. Als er schneller ging, um die Frauen einzuholen, schlug die Waffe bei jedem Schritt an sein Bein. Er ging langsamer. Aber als er in die Tasche griff, um den Revolver wegzuwerfen, sah er seine Frau und die Tochter. Sie standen mitten auf dem Weg und warteten auf ihn.

Er hatte es im Wald machen wollen, aber die Gefahr, daß die Schüsse gehört wurden, war hier nicht größer.

Als er den Revolver in die Hand nahm und entsicherte, fiel die Frau ihm um den Hals, schluchzend. Sie war schwer, und er hatte Mühe, sie abzuschütteln. Er trat auf die Tochter zu, die ihn starr ansah, hielt ihr den Revolver an die Schläfe und drückte mit geschlossenen Augen ab. Er hatte gehofft, der Schuß würde nicht losgehen, aber er hörte ihn und sah, wie das Mädchen schwankte und fiel.

Die Frau zitterte und schrie. Er mußte sie festhalten. Erst nach dem dritten Schuß wurde sie still.

Er war allein.

Da war niemand, der ihm befahl, die Mündung des Revolvers an die eigene Schläfe zu setzen. Die Toten sahen ihn nicht, niemand sah ihn.

Er steckte den Revolver ein und beugte sich über seine Tochter. Dann fing er an zu laufen. Er lief den Weg zurück bis zur Straße und noch ein Stück die Straße entlang, aber nicht auf die Stadt zu, sondern westwärts. Dann ließ er sich am Straßenrand nieder, den Rücken an einen Baum gelehnt, und überdachte seine Lage, schwer atmend. Er fand, sie war nicht ohne Hoffnung.

Er mußte nur weiterlaufen, immer nach Westen, und die nächsten Ortschaften meiden. Irgendwo konnte er dann untertauchen, in einer größeren Stadt am besten, unter fremdem Namen, ein unbekannter Flüchtling, durchschnittlich und arbeitsam.

Er warf den Revolver in den Straßengraben und stand auf. Im Gehen fiel ihm ein, daß er vergessen hatte, das Eiserne Kreuz wegzuwerfen. Er tat es.

Inhaltliche Teilleistungen

Bei der Bewertung gilt, dass das Ganze der erbrachten Leistung zu würdigen ist. Inhaltliche Aspekte sind ebenso zu berücksichtigen wie die Angemessenheit des Ausdrucks, die korrekte Anwendung der Fachsprache und sprachliche Richtigkeit. Vollständigkeit wird auch für eine sehr gute Bewertung nicht erwartet. Eine strukturierte und differenzierte Darstellung ist maßgeblich.

Beispiellösung

Einleitung

Am 30. April 1945 nahm sich Adolf Hitler in seinem Berliner „Führerbunker“ das Leben. Zehntausende Deutsche folgten ihm in jenen Wochen freiwillig in den Tod. Das Vorrücken der Roten Armee löste in den frontnahen Regionen Panik aus. Die Gräuelpropaganda der Nationalsozialisten hatte jahrelang die „Volksgenossen“ mit Zerrbildern von den slawischen „Untermenschen“ versorgt. Und das Wissen um die Verbrechen der Wehrmacht, die zudem auf ihrem Rückzug aus dem Osten verbrannte Erde hinterließ, tat ein Übriges, um zahllose Deutsche in der Endphase des Zweiten Weltkriegs ins Bodenlose zu stürzen. Mit seiner elf Jahre nach Kriegsende erschienenen Kurzgeschichte „Das Eiserne Kreuz“ nimmt der Schriftsteller und Dramatiker Heiner Müller Bezug auf diese Ereignisse. Müller lebte in der DDR, obwohl seine Eltern Anfang der Fünfzigerjahre in den Westen ausgewandert waren und er selbst immer wieder mit der Staatsführung in Konflikt geriet. Sein Werk befasst sich ein ums andere Mal mit den Abgründen der deutschen Geschichte, so auch die Erzählung „Das Eiserne Kreuz“.

Hauptteil

Ein Papierhändler aus Mecklenburg fasst in den letzten Tagen des Zweiten Weltkriegs den Entschluss, ein letztes Mal dem „Führer“ treu zu folgen und seine Familie in einem erweiterten Selbstmord auszulöschen. Drapiert mit dem titelgebenden Eisernen Kreuz, das 1813 vom preußischen König für besondere Tapferkeit in den Befreiungskriegen gestiftet wurde, marschiert der Familienvater mit seiner Frau und seiner vierzehnjährigen Tochter in einen nahe gelegenen Wald. Nachdem er die beiden erschossen hat, sieht er jedoch von einem Suizid ab und macht sich stattdessen auf den Weg in die Anonymität eines unbelasteten Neuanfangs.

Eher untypisch für eine Kurzgeschichte, beginnt das „Eiserne Kreuz“ mit einer exakten Orts- und Zeitangabe, charakteristisch für eine Kurzgeschichte ist indes, dass die Handlung ohne Umschweife einsetzt: Der auktoriale Erzähler berichtet von dem Mordplan des Papierhändlers, der sich festlich herausgeputzt hat (vgl. Z. 13 f.), um dem von Hitler präfigurierten Selbstmord nachzueifern. So, wie der Diktator mit seiner Frau in den Tod ging, will der – auch dies eine Parallele zu Hitler – mit dem Eisernen Kreuz dekorierte Veteran des Ersten Weltkriegs gemeinsam mit seiner Familie aus dem Leben scheiden. Auffällig sind zwei Begriffe, die für das Verständnis der Kurzgeschichte erhebliche Bedeutung gewinnen: Treue und Ehre (vgl. Z. 17 und 20). Die SS verknüpfte beide Begriffe zu ihrem Wahlspruch: „Meine Ehre heißt Treue.“ In ihm kommt die bedingungslose Gefolgschaft Hitler gegenüber zum Ausdruck. Wenn der mecklenburgische Papierhändler trotz des nahen Kriegsendes seine engsten Angehörigen auf diese Losung einschwört, stellt er eine menschenverachtende Ideologie über die Bande der Natur. Die parataktisch-stakkatoartig geschilderten Ereignisse – „Er rief sie. Sie enttäuschte ihn nicht.“ (Z. 22) – klingen im Übrigen wie das NS-Credo „Führer befiehl, wie folgen dir“. Als Paterfamilias verlangt der Papierhändler widerspruchslosen Gehorsam, den er nach zwölf Jahren weltanschaulicher Indoktrination und vor dem Hintergrund eines traditionellen Rollenverständnisses auch bekommt: „Sie gehorchten.“ (Z. 27 f.)

Ehe der Todesmarsch beginnt, wirft der ordnungsliebende Papierhändler die Hausschlüssel in den Briefkasten (vgl. Z. 30 f.) und bricht damit bewusst die Brücken hinter sich ab. Eine Rückkehr wird es nicht geben. Damit verhält er sich abermals wie die nationalsozialistische Führung, die durch ihre Kriegsverbrechen das Volk an sich kettete und mit der Parole „Sieg oder Untergang“ die Alternativlosigkeit ihres Fanatismus treffend auf den Punkt brachte. Die düstere Szenerie (vgl. Z. 32 f.) spiegelt die seelischen Verheerungen wider, die ein mörderisches Regime und ein pervertiertes kleinbürgerliches Ehrverständnis in Menschen

anrichten. Da der Papierhändler nicht am Gehorsam seiner Frau und Tochter zweifeln muss, marschiert er – wie in militärischer Formation – vorneweg und blickt zunächst auch nicht zurück. Der Abstand zwischen ihm und seinen „Untergebenen" symbolisiert einerseits die Distanz zwischen dem, der befiehlt, und jenen, die gehorchen, andererseits den menschlichen Abgrund, der sich öffnet, wenn ein Vater das Schicksal seiner Familie auf diese Weise besiegelt hat. Erst als „er die Straße verlassen" (Z. 37) hat, schaut er zurück und treibt Frau und Tochter an. Die „baumlose[...] Ebene" (Z. 41) konkretisiert die innere Leere, die Sinnlosigkeit eines Daseins, das in ein ideologisch motiviertes Nichts mündet. Dass in der unwirtlichen Gegend allmählich die Schritte der Todgeweihten verhallen (vgl. Z. 40), zeigt das langsame Verlöschen einer Familie, die sich immer weiter von ihrem Haus und mithin von ihrem Platz im Leben, ihrer Existenz, entfernt.
Dass der Marsch ausgerechnet in einen Buchenwald führen soll, ist eine kaum verhüllte Anspielung auf das nationalsozialistische Konzentrationslager vor den Toren Weimars. Während in Buchenwald Menschen im Namen einer totalitären Weltanschauung und im Dienste der deutschen Rüstungsindustrie zu Tode gemartert wurden, markierte Weimar mit dem Musenhof im späten 18. Jahrhundert einen Höhepunkt der deutschen Kultur- und Literaturgeschichte. Weimar und Buchenwald stehen daher stellvertretend für Glanz und Elend der deutschen Geschichte. Mit Buchenwald hat es freilich eine besondere Bewandtnis, die der DDR-Autor Müller sicher nicht zufällig in die Erzählung einflicht: Das Lager auf dem Ettersberg wurde 1945 von der sowjetischen Besatzungsmacht praktisch nahtlos in Eigenregie weitergeführt, um Funktionäre des NS-Regimes zu internieren. Auch in dieser Zeit starben Unschuldige hinter Stacheldraht. Die Kontinuität der Gewalt unter dem Vorwand einer humanistischen Gesinnung spiegelt genau jene historischen Verwerfungen des 20. Jahrhunderts wider, die Müllers schriftstellerische Tätigkeit inspirierten.

In der Erzählung wird nun eine Zäsur gesetzt: Es hat den Anschein, als beschlichen den bis dahin kühl entschlossenen Exekutor Selbstzweifel. Zunächst befiehlt er nämlich seiner Frau und Tochter schreiend, sie sollen ihn überholen, dann wird er von widerstreitenden Gefühlen heimgesucht, die man als bebende Stimme eines korrumpierten Gewissens deuten kann. Plötzlich blendet der Erzähler die Innenperspektive des Protagonisten ein: Dessen Angst, die Frauen könnten fliehen, hält sich offenbar die Waage mit dem Drang, selbst das Weite zu suchen. Nur wenige Augenblicke von der Mordtat entfernt, zögert der Protagonist: „Er blieb stehen und ließ sein Wasser." (Z. 52 f.) Die Banalität dieser Übersprungshandlung, die ihm Zeit gewinnt, bildet einen nachgerade grotesken Kontrast zu der existenziellen Entscheidung, mit der er konfrontiert ist: Sein Revolver, den er „kalt durch den dünnen Stoff" (Z. 54 f.) spürt, erinnert den Vater an seinen ursprünglichen Plan, vor dem er nun weglaufen will. Mit „jedem Schritt" (Z. 57) strebt er unweigerlich dem Verbrechen zu. Deshalb drosselt er das Tempo und macht bereits Anstalten, sich der Waffe zu entledigen. Doch wie in einer antiken Tragödie scheint ihn ein Fluch in die Katastrophe zu treiben, denn just in dem Moment, als er den Revolver wegwerfen will, „sah er seine Frau und die Tochter" (Z. 59 f.). Und das bedeutet für ihn, dass er seinen Plan durchziehen muss, ansonsten verlöre er seine Ehre, welche das zweifelhafte Fundament dieses mörderischen Endspiels ist. Im Angesicht eines vermeintlichen „Führer"-

Befehls Schwäche zu zeigen, wäre in der morbiden Logik der nationalsozialistischen Moral gleichbedeutend mit einem unverzeihlichen Gesichtsverlust, mit einem Verrat. Da die Frau und die Tochter ihrem todbringenden Treuegelübde Tribut zu zollen bereit sind, darf der Vater erst recht nicht davon abweichen. Um zu vermeiden, dass er nochmals ins Wanken gerät, beschließt der Protagonist daher, bereits vor Erreichen des Waldes zur Tat zu schreiten (vgl. Z. 62 f.).

Im Folgenden spielen sich erschütternde Szenen ab. Das nachgestellte Partizip „schluchzend" (Z. 67) hebt in einer an stilistischem Dekor sonst armen Erzählung den tragischen Höhepunkt der Handlung hervor. Die Mutter wirft sich schützend vor ihre Tochter. Dieser Akt des Widerstands gegen eine menschenverachtende Gesinnung kommt freilich zu spät. Starr vor Schreck muss die Tochter ihrem Vater und Mörder ins Gesicht blicken, der selbst die Augen schließt, als er ihr eine Kugel durch die Schläfe jagt (vgl. Z. 70 f.). Dass er dabei vergebens hofft, „der Schuß würde nicht losgehen" (Z. 72 f.), zeigt ebenfalls, wie groß selbst für einen ideologischen Fanatiker der Schritt zwischen Wort und Tat noch ist. Nichtsdestotrotz exekutiert der Vater sein einziges Kind und seine Ehefrau, wofür er jedoch drei Anläufe benötigt. Das Verstummen der Frau leitet über zum Alleinsein des Mannes. Eigentlich wäre er selbst nun an der Reihe, um dem „Führer" in den Tod zu folgen. Doch die Geschichte gelangt hier an einen Wendepunkt. Denn da es niemanden gibt, „der [dem Protagonisten] befahl, die Mündung des Revolvers an die eigene Schläfe zu setzen" (Z. 79 ff.), ändert der Exekutor seinen Plan. Zu fragen wäre in diesem Kontext, wer ihm eigentlich zuvor den Befehl erteilt hat, Frau und Tochter zu liquidieren. Die Berufung auf die Treue Hitler gegenüber war dafür offenbar Legitimation genug. Warum aber sollte diese nun brüchig werden? Der Protagonist selbst war es ja, der den Entschluss gefasst hatte, seine Familie in einem erweiterten Selbstmord auszulöschen. Weshalb vollstreckt er nun das eigene Urteil nicht vollständig? Ist es Feigheit vor der Konsequenz des eigenen Denkens?
Die lapidare Art, mit der der Erzähler auf diese Fragen reagiert, ist an Sarkasmus kaum zu überbieten: Er gibt nämlich überhaupt keine Antwort und lässt den Leser mit der Ungeheuerlichkeit der Morde gänzlich allein. Wie in Zeiten des Krieges werden auch diese Morde nicht geahndet, es wird so weitergemacht, als sei nichts gewesen. Dies mutet auf den ersten Blick geradezu obszön an. Doch bedenkt man, wie es dem nationalsozialistischen Regime selbst nach der Wende im Krieg noch gelang, mithilfe bombastischer Spektakel den Führerkult und den Glauben an die Volksgemeinschaft aufzupolieren, dann erhellt dies, weshalb der Papierhändler frei von Konsequenzen und Schuldgefühlen den Ort der Tat und die Tat selbst hinter sich lässt.
Er inszeniert den Todesmarsch als Symbol seiner unverbrüchlichen Treue gegenüber dem Diktator. Das Eiserne Kreuz soll die edle Gesinnung des früheren Soldaten verbürgen. Dahin ist alle Treue jedoch in dem Moment, als der Protagonist seine Familie und somit seine Vergangenheit aus dem Weg geräumt hat. Die Fassade eines missbrauchten Ehrbegriffs hat ausgedient. Mit dem Desaster des Regimes stürzt auch dessen Hierarchie und Befehlskette ein, an deren Ende der mecklenburgische Papierhändler stand. Wie um sich des Erfolgs seiner persönlichen Vergangenheitsbewältigung zu versichern, „beugte [er] sich über seine Tochter" (Z. 83 f.), ehe er den Rückweg antritt. Da es

jedoch kein Zurück in das alte Leben geben kann und soll, wendet er sich „westwärts“ (Z. 88), flieht also vor der herannahenden Front.
Allerdings gönnt er sich eine kurze Verschnaufpause, um seine Situation zu reflektieren, und das Resultat seiner Überlegungen klingt recht zynisch: „Er fand, sie [seine Lage] war nicht ohne Hoffnung.“ (Z. 91 f.) Nur das Chaos am Ende eines mit brutaler Gewalt geführten Kriegs kann Anlass zu der Hoffnung geben, unbehelligt in ein neues Leben zu entkommen. Der Papierhändler profitiert demnach ausgerechnet vom Untergang jenes Regimes, in dessen Namen er seine Familie auszulöschen vorgab. Ein neuer Plan eröffnet ihm indes eine Perspektive für die Zeit nach dem Krieg: „Er mußte nur weiterlaufen, immer nach Westen“ (Z. 93 f.), um dort als „unbekannter Flüchtling, durchschnittlich und arbeitsam“ (Z. 97 ff.) und unter dem Deckmantel einer neuen Identität zu leben. Das Adverb „nur“ ist ein Hinweis auf den Erfolg dieser Strategie im Nachkriegsdeutschland, in dem selbst Massenmörder untertauchen und eine von den Schatten der Vergangenheit unberührte bürgerliche Existenz aufbauen konnten, da das Interesse an der juristischen Aufarbeitung der NS-Verbrechen im Umfeld des Kalten Kriegs rasch erlahmte und erst im Laufe der Sechzigerjahre mühsam wiederbelebt werden konnte.

Schluss

Der Papierhändler, ein Meister aus Deutschland, muss schließlich nur noch zwei Requisiten seiner Vergangenheit wegwerfen: seinen Revolver und das Eiserne Kreuz (vgl. Z. 100 ff.). Jetzt ist er frei. Die häufige, bisweilen anaphorische Verwendung des Personalpronomens er kann ebenfalls als Indiz für die Karriere zahlreicher Anhänger und Mitläufer des Regimes nach 1945 gedeutet werden. Und dass der Protagonist das titelgebende Eiserne Kreuz kurzerhand im Straßengraben entsorgt, entlarvt das hohle Pathos eines Ehrbegriffs, hinter dem sich schlimmste Schandtaten verbergen lassen. Als Mann der Tat (vgl. letzter Satz Z. 101 ff.), der nicht viele Worte verliert – weshalb die Kurzgeschichte auch ohne direkte Rede auskommt –, huldigt der Papierhändler einem amoralischen Pragmatismus, der sich ideologischer Versatzstücke bedient, die allein seinem Vorteil dienen. Dem radikalem Egoismus des Familienvaters, der buchstäblich über Leichen geht, um seine eigene Haut zu retten, entspricht der Umgang mit der NS-Vergangenheit im Nachkriegsdeutschland. Heiner Müller legt seinen Finger in diese Wunde. Auch in der DDR, die sich als historisch einzig wahrhafte Widerlegung des Faschismus auf deutschem Boden inszenierte, war der Umgang mit Günstlingen des nationalsozialistischen Terrors mitnichten frei von Ungereimtheiten. Das Eiserne Kreuz als Symbol der Tapferkeit und des Heldenmuts wird von Müller letztlich als Ausdruck eines fragwürdigen Wertesystems einer Fundamentalkritik unterzogen. Müllers Leiden an der deutschen Geschichte findet in dem militärischen Ehrenzeichen das anschauliche Sinnbild einer Verirrung, welches – anders als dessen christliches Vorbild – keine Erlösung verheißt.

Aufgabenformat II B: Interpretation eines Gedichts *oder* vergleichende Interpretation zweier Gedichte

Reisen – deutschsprachige Lyrik vom Sturm und Drang bis zur Gegenwart

Joseph von Eichendorff / Friedrich Nietzsche

Voraussetzungen gemäß Bildungsplan und „Schwerpunktthemenerlass für die schriftliche Abiturprüfung 2021"

Aufgabenstellung

1. Interpretieren Sie den Text.

Materialgrundlage

- Joseph von Eichendorff: Sehnsucht. Aus: Ders.: Werke in 4 Bänden. Band 1: Gedichte. Hrsg. von Wolfdietrich Rasch. München: Carl Hanser Verlag 1981
- Friedrich Nietzsche: Vereinsamt. Aus: Ders.: Gedichte. Hrsg. von Mathias Mayer (Reclams Universal-Bibliothek). Stuttgart: 2010

M1 Sehnsucht (1834) *Joseph von Eichendorff (1788 – 1857)*

Text in alter Rechtschreibung

Es schienen so golden die Sterne,
Am Fenster ich einsam stand
Und hörte aus weiter Ferne
Ein Posthorn im stillen Land.
Das Herz mir im Leib entbrennte,
Da hab' ich mir heimlich gedacht:
Ach, wer da mitreisen könnte
In der prächtigen Sommernacht!

Zwei junge Gesellen gingen
Vorüber am Bergeshang,
Ich hörte im Wandern sie singen
Die stille Gegend entlang:
Von schwindelnden Felsenschlüften,
Wo die Wälder rauschen so sacht,
Von Quellen, die von den Klüften
Sich stürzen in die Waldesnacht.

Sie sangen von Marmorbildern,
Von Gärten, die überm Gestein
In dämmernden Lauben verwildern,
Palästen im Mondenschein,
Wo die Mädchen am Fenster lauschen,
Wann der Lauten Klang erwacht
Und die Brunnen verschlafen rauschen
In der prächtigen Sommernacht. –

M2 **Vereinsamt (1887)** *Friedrich Nietzsche (1844–1900)*

Text in alter Rechtschreibung

Die Krähen schrein
Und ziehen schwirren Flugs zur Stadt:
Bald wird es schnein. –
Wohl dem, der jetzt noch Heimat hat!

Nun stehst du starr,
Schaust rückwärts, ach! wie lange schon!
Was bist Du Narr
Vor Winters in die Welt entflohn?

Die Welt – ein Tor
Zu tausend Wüsten stumm und kalt!
Wer das verlor,
Was du verlorst, macht nirgends halt.

Nun stehst du bleich,
Zur Winter-Wanderschaft verflucht,
Dem Rauche gleich,
Der stets nach kältern Himmeln sucht.

Flieg, Vogel, schnarr
Dein Lied im Wüstenvogel-Ton! –
Versteck, du Narr,
Dein blutend Herz in Eis und Hohn!

Die Krähen schrein
Und ziehen schwirren Flugs zur Stadt:
Bald wird es schnein. –
Weh dem, der keine Heimat hat.

Inhaltliche Teilleistungen

Bei der Bewertung gilt, dass das Ganze der erbrachten Leistung zu würdigen ist. Inhaltliche Aspekte sind ebenso zu berücksichtigen wie die Angemessenheit des Ausdrucks, die korrekte Anwendung der Fachsprache und sprachliche Richtigkeit. Vollständigkeit wird auch für eine sehr gute Bewertung nicht erwartet. Eine strukturierte und differenzierte Darstellung ist maßgeblich.

Beispiellösung

Einleitung

Der schlesische Schriftsteller Joseph von Eichendorff (1788 – 1857) war einer der bedeutendsten Autoren der deutschen Romantik, der neben Prosawerken wie der Novelle „Aus dem Leben eines Taugenichts" eine Vielzahl von Gedichten verfasst hat. Friedrich Nietzsche (1844 – 1900) war zunächst als klassischer Philologe tätig, wurde dann aber vor allem als wort- und wirkmächtiger Philosoph bekannt und verfasste zudem Gedichte. Die vorliegenden Gedichte bedienen sich der Metapher des Reisens, um unterschiedliche Facetten des Lebens lyrisch zu problematisieren.

Beschreibung und Interpretation von „Sehnsucht" (M1)

Joseph von Eichendorffs Gedicht „Sehnsucht" erschien im Jahr 1834 und vereinigt zentrale Motive der spätromantischen Lyrik. In drei Strophen mit je acht regelmäßig gebauten Versen wird eine nächtliche Gedankenreise heraufbeschworen, in der die Sehnsucht des lyrischen Ichs nach Weltenwonne zum Ausdruck kommt. Das Scharnier zwischen der häuslichen Sphäre des lyrischen Ichs und der von diesem erträumten Welt bildet das „Fenster" (V. 2), aus dem es versonnen in eine sternenbeglänzte Nacht blickt. Der Dualismus zwischen innen und außen wird indes nicht allein räumlich – „aus weiter Ferne" (V. 3) –, sondern auch akustisch beglaubigt: Das lyrische Ich nimmt ein „Posthorn" (V. 4) wahr, das sanft die nächtliche Stille durchbricht. Das für Eichendorffs Lyrik typische Symbol der Sehnsucht beschleunigt den Herzschlag des lyrischen Ichs (vgl. V. 5), denn es wirkt offenbar wie ein Signal des Aufbruchs. „Ach, wer da mitreisen könnte" (V. 7): Der elegische Ton, angestimmt durch die Interjektion „Ach", wird durch die Verwendung des Konjunktiv II im Sinne des Irrealis zusätzlich intensiviert. Die Sehnsucht nach der Ferne, die durch die Verlockungen einer „prächtigen Sommernacht" (V. 8) befeuert wird, kollidiert demnach mit einer Situation, welche das lyrische Ich in seiner gegenwärtigen Lage fixiert. Der durchgehende Kreuzreim sowie der regelmäßige Wechsel weiblicher und männlicher Kadenzen verschränken die beiden Sphären auf elegante Weise auch formal. Der besondere Stellenwert der Nacht in der romantischen Dichtkunst wird von Eichendorff hervorgehoben, indem er jede der drei Strophen auf die Silbe „-nacht" enden lässt. In der Dunkelheit verstummt die lärmende Hektik des Tages und die Fantasie des sehnsüchtigen Menschen hebt an zum experimentellen Flug durch eine andere, bessere Welt. Das Fenster kann daher auch als eine Art Zauberspiegel gedeutet werden, der die Gegenwart des lyrischen Ichs mit dessen erträumter Zukunft in Beziehung setzt.

Das lyrische Ich imaginiert im Folgenden „[z]wei junge Gesellen" (V. 9), die sich, anders als es selbst, bereits auf den Weg gemacht haben und anfangs eine sprichwörtlich wildromantische Landschaft durchwandern. Was dem lyrischen Ich an Geselligkeit abgeht, verwirklichen die beiden

Männer beispielsweise im gemeinsamen Singen (vgl. V. 11), ein ebenfalls zutiefst romantischer Gedanke: Das geflügelte Wort „Wo man singt, da lass' dich ruhig nieder, böse Menschen haben keine Lieder" wurde nicht zufällig im Zeitalter der Romantik formuliert. Bei Eichendorff kontrastiert der Gesang der Gesellen wie bereits das Posthorn der ersten Strophe mit einer „stille[n] Gegend" (V. 12). Der Doppelpunkt am Ende dieses Verses teilt das Gedicht im Übrigen in zwei Hälften. Was nun folgt, ist die Schilderung einer Reise, die zunächst durch eine zerklüftete, geheimnisvolle Felsenlandschaft führt, welche wiederum durch typisch romantische Versatzstücke gekennzeichnet wird: Rauschende Wälder (vgl. V. 14) und „Quellen" (V. 15), die sich durch das Gestein bahnen und „in die Waldesnacht" (V. 16) stürzen, bergen das Unbekannte, Wilde, vielleicht auch Unbewusste, nach dem sich das lyrische Ich am Fenster sehnt.
Die dritte Strophe steht ebenfalls im Zeichen des Gesangs. Dies zeigt sich formal bereits darin, dass die gesamte Strophe syntaktisch am Prädikat „sangen" (V. 17) hängt. Was sich indes ändert, ist die Szenerie, in die sich das lyrische Ich hineinträumt. Die wandernden Gesellen haben die wild-bizarre Felsenkulisse hinter sich gelassen und erreichen nun eine gediegene Kulturlandschaft, die stark an das Sehnsuchtsland der deutschen Klassik und Romantik erinnert, nämlich Italien. Dafür spräche auch die Route, die auf dem Weg gen Süden durch die erhabenen Gebirgszüge der Alpen führt. Von „Marmorbildern" (V. 17) ist die Rede, welche das altehrwürdige Flair antiken Ebenmaßes heraufbeschwören, während die „Gärten" (V. 18) paradiesische Gefilde andeuten. Doch selbst im sonnendurchfluteten Süden bleibt das Sehnsuchtspanorama unterbelichtet (vgl. V. 19), was den Schwebezustand des lyrischen Ichs zwischen Wirklichkeit und Traumwelt symbolisieren könnte. Darauf verweist zudem der „Mondenschein" (V. 20), da der Erdtrabant in der Lyrik wie im Volksglauben für das Unheimliche und Verlockende steht. Der „Lauten Klang" (V. 22) führt nicht nur das zentrale akustische Motiv des Gedichts fort, den Ruf hinaus in die Welt, sondern erinnert obendrein an die Mittelalterbegeisterung der deutschen Romantik, die sich in die Epoche vor der konfessionellen Spaltung und dem Rationalismus der Aufklärung zurückträumte. Die „am Fenster" (V. 21) lauschenden Mädchen könnten dabei die Konstellation des Minnesangs versinnbildlichen. Den Reigen der Symbole beschließen indes die „Brunnen", die „verschlafen rauschen" (V. 23) und so das in ihrer Tiefe schlummernde Geheimnis der Trosteinsamkeit und des Unbewussten, Erträumten zumindest für Augenblicke preiszugeben scheinen. Eichendorffs Gedicht endet mit demselben Vers wie die erste Strophe: „In der prächtigen Sommernacht" begann der sehnsuchtsvolle Traum des lyrischen Ichs, dort bricht er auch ab. Der Gedankenstrich deutet freilich darauf hin, dass der Dualismus zwischen der Isolation des Träumenden am Fenster und der imaginierten Welt jenseits davon noch keineswegs befriedigend aufgelöst ist. Es war eben nur ein Traum.

Das lyrische Ich berichtet im Tempus der Vergangenheit von einer nächtlichen Situation am offenen Fenster, um sich im Präsens dann in Gedanken der Sehnsucht zu verlieren. Wie eine Erzählung wirkt die Reise der beiden Gesellen, an deren Fersen sich der Träumende heftet und die auf Schusters Rappen in den Süden gelangen, in die Traumlandschaft vieler deutscher Dichter. Die Harmonie von Natur und Kultur sowie die heitere Stimmung bezaubern das lyrische Ich, ohne jedoch in eine Erfüllung des nächtlichen Sehnens zu münden.

Beschreibung und Interpretation von „Vereinsamt" (M2)

Friedrich Nietzsches Gedicht „Vereinsamt" erschien im Jahr 1887, zwei Jahre bevor der Philosoph in geistiger Umnachtung versank. Die sechs Strophen bestehen aus zwei viersilbigen Kurzzeilen, die mit zwei achtsilbigen Langzeilen alternieren und dabei einen Kreuzreim bilden. Diese formale Ausgeglichenheit kontrastiert denkbar scharf mit der im Titel bereits angedeuteten Erschütterung des lyrischen Ichs, das offensichtlich eine existenzielle Krise durchlebt. Zum Auftakt beschreien „Krähen" (V. 1) das düstere Schicksal des lyrischen Ichs. Auch wenn den Vögeln sowohl in der germanischen Sagenwelt als auch in der Bibel mitunter wichtige Aufgaben übertragen werden, die sie dank ihrer Intuition auszuüben in der Lage sind, gelten sie in der Lyrik gemeinhin als Unheilsboten. Dass die Krähen in Nietzsches Gedicht „schwirren Flugs zur Stadt" (V. 2) ziehen, weist onomatopoetisch zugespitzt auf eine Situation der Gefährdung hin. Der angekündigte Schneefall (vgl. V. 3) und die zahlreichen, über das gesamte Gedicht verstreuten Gedankenstriche intonieren einen elegischen Grundton. Die „Heimat" (V. 4) als Zufluchtsort erscheint schon hier unerreichbar fern.
Zu Beginn der zweiten Strophe tritt das lyrische Ich in eine Art Selbstgespräch ein, das Ausdruck einer Selbstentfremdung ist: „Nun stehst du starr" (V. 5). Die Interjektion „ach!" (V. 6) teilt das Lamento, demzufolge das Du rückwärtsblickt, und zwar schon eine ganze Weile. Es wird sogar als „Narr" (V. 7) verhöhnt, der vor Einbruch des Winters ausgerechnet „in die Welt" (V. 8) geflüchtet sei. Die Welt ist demnach ein feindseliger Ort, der eben keine geeignete Zuflucht vor den Unbilden des Lebens bietet. Der Blick zurück könnte einem verlorenen Paradies gelten, das aber nicht mehr zurückzugewinnen ist. Das Du hat freilich auch in der Welt keine Zukunft. Die Frage, mit der die zweite Strophe abschließt, ist deshalb rhetorischer Natur.

Hyperbolisch gesteigert wird die missliche Lage des Du, wenn im Folgenden die Welt als „Tor / Zu tausend Wüsten" (V. 9 f.) apostrophiert wird, die „stumm und kalt" (V. 10) seien. Kryptisch versucht das lyrische Ich, den Grund der persönlichen Misere anzudeuten: „Wer das verlor, / Was du verlorst, macht nirgends halt" (V. 11 f.). Die Rastlosigkeit des Du spiegelt also seine Ratlosigkeit wider. Diese Konstellation erinnert an die mythische Figur des Ahasver, der einst Jesus am Kreuz verspottet haben soll und darum zu ewiger Wanderschaft verdammt ist, bzw. an die Sage vom fliegenden Holländer, der heillos auf den Weltmeeren umherirrt und nur durch die unbedingte Liebe einer Frau erlöst werden könnte. Liebloser als das Ambiente in Nietzsches Gedicht kann eine Lebenswelt indes nicht sein.
Die vierte Strophe spinnt diesen Gedanken konsequent fort und knüpft gleichzeitig an den Beginn der zweiten Strophe an. Nun wird dem Du attestiert, „bleich" (V. 13) auszusehen angesichts des Fluchs der „Winter-Wanderschaft" (V. 14). Doch damit nicht genug: Das Du muss sich den Vergleich mit „Rauch[...]" (V. 15) gefallen lassen, „[d]er stets nach kältern Himmeln sucht" (V. 16). Rauch ist das flüchtige Produkt eines Verbrennungsprozesses, das physikalisch die Kälte braucht, um zu verdampfen. Das Du wird mithin als bereits zu Lebzeiten hinfällig gebrandmarkt. Die winterliche Szenerie steht für eine Seelenlandschaft, aus der jeder Lebensfunke gewichen ist. Im Ton der Anklage wird dem Du bedeutet, dass es für den nicht näher konkretisierten Verlust (vgl. V. 11 f.) büßt.
Die fünfte Strophe lenkt den Blick zurück auf die Krähe des Anfangs: Ein Vogel wird aufgefordert, sein „Lied im Wüstenvogel-Ton" (V. 18) zu schnarren. Das lautmalerisch

prägnante Verb „schnarren" verweist auf den disharmonischen Klang des Lieds, das seinerseits wiederum die „tausend Wüsten" (V. 10) der dritten Strophe zitiert. Raum und Klang bilden eine lebensfeindliche Installation. Und auch das Du muss in Analogie zum Vogel eine Aufforderung gewärtigen: „Versteck, du Narr, / Dein blutend Herz in Eis und Hohn!" (V. 19 f.) Abermals – wie bereits in der zweiten Strophe – wird das Du als Narr angesprochen. Nietzsche webt so ein dichtes Netz an Motiven, welches das Gedicht überzieht. Die eigenartige Fügung „Eis und Hohn" verbindet die landschaftliche mit der menschlichen Kälte. Dem Du ist gewiss nicht geholfen mit der herrischen Ermahnung, seinen zehrenden Schmerz auf diese Weise zu behandeln und damit letztlich noch zu steigern. Der Weg hinaus in die Welt – vielleicht auf der Suche nach Wahrheit im Unbekannten – erweist sich als steinig, womöglich als Irrweg.
Dafür spricht, dass das Gedicht am Ende keinerlei Ausweg bietet. Vielmehr verlief die Reise augenscheinlich im Kreise, denn die sechste Strophe ist identisch mit der ersten, nur der letzte Vers lautet nun noch eindringlicher: „Weh dem, der keine Heimat hat." (V. 24) Die noch einigermaßen beruhigend wirkende Formulierung „Wohl dem" (V. 4) mutiert zur Interjektion „Weh", die der Bestürzung darüber Ausdruck verleiht, dass dem unbehausten, alleingelassenen Du keine Hoffnung mehr zuteilwird. Die Wüste, die wohl eine innere, seelische ist, wird nicht mehr zu blühen beginnen.

Vergleich der beiden Gedichte

Vergleicht man die Gedichte Eichendorffs und Nietzsches, fallen sowohl Gemeinsamkeiten als auch Unterschiede auf. Beide Werke thematisieren die Sehnsucht des Menschen nach einer anderen Welt. Bei Eichendorff träumt sich das lyrische Ich hinaus in eine ebenso geheimnisvolle wie harmonisch gefügte Welt, die zwar mit Unbekanntem aufwartet, das aber auch genau den Reiz ausmacht, den das lyrische Ich offenkundig beim Blick hinaus auf den Nachthimmel herbeiwünscht. Über die Sehnsucht des lyrischen Ichs bei Nietzsche, über das, was es antrieb, „in die Welt" (V. 8) zu fliehen, kann man nur spekulieren. Aber mutmaßlich handelte es sich um eine neue Art der Erkenntnis, nachdem die alte Erkenntnis – vielleicht der Glaube? – keine Befriedigung mehr gewähren konnte. Ein zweiter Aspekt ist der Kontrast zwischen innen und außen. An dieser Schnittstelle wächst just jene Sehnsucht, die den Blick in die Ferne schweifen lässt. Hinzu kommen in beiden Gedichten sehr einprägsame Landschaftsbilder, welche die Stimmungslage des lyrischen Ichs widerspiegeln. Und die Landschaften werden deshalb mit Bedeutung aufgeladen, weil sich in ihnen die Wanderschaft vollzieht, die das gedankliche Zentrum beider Gedichte markiert.

Die Gestaltung der Landschaften heben zugleich jedoch die wesentlichen Unterschiede zwischen den beiden Gedichten hervor. Während ein schneidendes Vokabular der Kälte und Ödnis Nietzsches Gedicht prägt, blüht bei Eichendorff auf dem Weg der Gesellen zu Italiens holden Auen die Landschaft regelrecht auf. Bei aller Traumseligkeit des lyrischen Ichs in „Sehnsucht" richtet sich der Blick doch prinzipiell nach vorne und damit auf eine Reise, die Erneuerung verheißt. Ganz anders im Gedicht „Vereinsamt": Der Aufbruch entpuppte sich als gravierender Fehler, der in den Verlust der Heimat und in die Isolation mündet. Dem Du wird noch beinahe hämisch sein Schicksal als eigenes Verschulden vorgehalten. Was dem lyrischen Ich bei Eichendorff ein herbeigesehnter Aufbruch ist, lässt sich bei Nietzsche als fluchbeladene Flucht zur Unzeit kennzeichnen. Das romantische Gedicht „Sehnsucht" ist zwar durchaus nicht ohne Ambivalenzen, schließlich gibt es keine Indizien dafür, dass der Traum des lyrischen Ichs in Erfüllung geht. Gleichwohl überwiegt die Hoffnung, dass das Wünschen womöglich helfen könnte, und es entsteht ein Leseeindruck, dass in der Sehnsucht an sich ein kleiner Trost stecken könnte. Beides steht im krassen Widerspruch zu Nietzsches Auseinandersetzung mit Sinnfragen der menschlichen Existenz. Was auch immer das lyrische Du im Prozess seiner folgenschweren Selbstentfremdung verloren hat – es lässt sich nicht ersetzen, das vereinsamte Individuum ist halt- und rastlos.

TIPP zur indirekten Rede

Zur Kennzeichnung der Übernahme dessen, was ein anderer wörtlich gesagt hat, verwendet man die indirekte Rede: *Der Verfasser der Rezension stellt heraus, dass ihm der Film nicht gefalle, weil er von der literarischen Vorlage zu weit entfernt sei.*
Die indirekte Rede wird mit Formen des Konjunktivs I (Präsensstamm oder Infinitiv) gebildet: *er komme, sie gehe.*
Wenn dabei eine Übereinstimmung mit der Indikativform vorliegt, werden Formen des Konjunktivs II (Präteritumstamm) verwendet: *er käme, sie ginge.*
Sollte es dabei immer noch zu Übereinstimmungen mit den Indikativformen kommen, ist auf die Umschreibung mit der Ersatzform „würde" auszuweichen: *er würde fragen.*

Beachten Sie aber: Eine häufige Verwendung der Umschreibung mit „würde" ist zwar grammatisch nicht falsch, gilt aber als stilistisch unschön und kann zu Abwertungen im Bereich der Darstellungsleistung bzw. des Stils führen.

Aufgabenformat III A: Materialgestütztes Verfassen eines argumentierenden Textes (Kommentar)

Verliert das Lesen im Zeitalter digitaler Medien an Bedeutung?

Voraussetzungen gemäß Bildungsplan und „Schwerpunktthemenerlass für die schriftliche Abiturprüfung 2021"

Aufgabenstellung

1. Immer wieder ist vom „Ende der Schriftkultur" die Rede (vgl. M2, Z. 21). Deshalb plant Ihre regionale Tageszeitung eine Wochenendbeilage zur Frage: „Verliert das Lesen im Zeitalter digitaler Medien an Bedeutung?" Darin sollen auch Beiträge junger Leser veröffentlicht werden.

Verfassen Sie einen Kommentar, in dem Sie sich zu dieser Frage positionieren. Nutzen Sie dazu die folgenden Materialien und beziehen Sie eigene Erfahrungen und eigenes Wissen ein! Wählen Sie eine geeignete Überschrift.

Ihr Kommentar soll 800 – 900 Wörter umfassen.

Materialgrundlage

- Schwarwel: Buch. Online unter http://de.toonpool.com/cartoons/Buch_93264 (zuletzt aufgerufen am 25.03.2020)
- Markus Günther: Nur noch Analphabeten. Aus: Frankfurter Allgemeine Sonntagszeitung vom 25.05.2014, S. 2. © Alle Rechte vorbehalten. Frankfurter Allgemeine Zeitung GmbH, Frankfurt. Zur Verfügung gestellt vom Frankfurter Allgemeine Archiv
- Reinhard Otter: Lesen hat Zukunft. Reader's Digest, Verlag Das Beste GmbH.
- Konrad Paul Liessmann: Geisterstunde. Die Praxis der Unbildung. Aus: Frankfurter Allgemeine Zeitung vom 24.09.2014. © Alle Rechte vorbehalten. Frankfurter Allgemeine Zeitung GmbH, Frankfurt. Zur Verfügung gestellt vom Frankfurter Allgemeine Archiv
- Klaus Ceynowa: Der Text ist tot. Es lebe das Wissen! Aus: Hohe Luft, Philosophie-Zeitschrift 1 (2014), S. 52 – 57, HOHE LUFT Verlag UG
- GfK Austria: Assoziationen zum Lesen. Online unter http://www.planunganalyse.de/news/vermischtes/pages/protected/Lesen-Information-und-Vergnuegen_4450.html (zuletzt aufgerufen am 25.03.2020)
- Boersenblatt.net: Bücher, Bücher! Allensbacher Markt- und Werbeträgeranalyse, 05.07.2013. Online unter http://www.boersenblatt.net/628917 (zuletzt aufgerufen am 25.03.2020)

Hinweise

- Zitate (→ S. 31 f.) aus den Materialien werden dem Kommentarstil entsprechend ohne Zeilenangabe nur unter Nennung des Autors und ggf. des Titels angeführt.

- Bei den folgenden Materialien wurde die Orthografie der jeweiligen Textquellen beibehalten.

M1 Buch (2010) *Schwarwel (*1968)*

Schwarwel (eigentlich Thomas Meitsch) ist Grafiker, Illustrator, Comiczeichner, Karikaturist und Regisseur.

M2 Nur noch Analphabeten (2014) *Markus Günther (*1965)*

Der Journalist Markus Günther ist Autor bei der Frankfurter Allgemeinen Sonntagszeitung.

Über die Zukunft von Buch und Zeitung wird seit Jahr und Tag debattiert. Nur eine simple Frage wird erstaunlicherweise nie gestellt: Kann der Mensch der Zukunft überhaupt noch lesen? Die Antwort lautet: nein. Nicht das Papier wird überflüssig, sondern die alphabetisierte Gesellschaft schlechthin. Die Welt von morgen wird kaum noch Menschen brauchen, die lesen und schreiben können. […] Die revolutionäre Veränderung nimmt gerade erst richtig Fahrt auf. Die entfesselten Kräfte der vernetzten und audiovisuell organisierten Welt lassen keinen Stein auf dem anderen. Die fast vollständige Alphabetisierung der Gesellschaft war ein kurzlebiges Phänomen – auch wenn das heute noch so schwer vorstellbar ist wie anno 1900 eine Welt, in der Autos die Pferdekutsche überflüssig machen.

Dass das Ende der Schriftkultur so schwer vorstellbar ist, liegt daran, dass die geschriebene Sprache allgegenwärtig ist. Nie zuvor ist – dank Smartphone, E-Mail und SMS – so viel geschrieben worden. Keine Arbeit, keine Ausbildung, kein Leben als Mensch unter Menschen kommt ohne Schriftkultur aus. Doch bei genauerem Hinsehen hat die Erosion schon begonnen. Wer heute einen Einkaufszettel, eine E-Mail oder Textnachricht schreiben will, kann das auch mündlich tun. Die Programme, die jedes Smartphone bietet, nehmen Diktate ganz passabel auf. Und es versteht sich von selbst, dass der Empfänger die Nachrichten nicht lesen muss. Er kann eine Taste drücken und sie sich von einer sehr sympathischen Stimme, wahlweise Mann oder Frau, vorlesen lassen. Das alles funktioniert noch nicht reibungslos, das stimmt. Noch ist das schnelle Tippen einfacher. Es ist eben eine Technologie in den Kinderschuhen. Doch sie wird bald erwachsen sein. Dann kann die exzessive Alltagskommunikation zuverlässig durch Sprechen und Hören erledigt werden.

[...] An vielen Stellen, an denen früher eine Gebrauchsanweisung in Bibelumfang studiert werden musste, ersetzt heute ein Kurzvideo die Erklärungen. Und das Video führt zu besseren Ergebnissen, wie man nicht nur in der Flugzeugindustrie festgestellt hat, wo die Wartung und Reparatur für die Mechaniker immer häufiger audiovisuell auf mobilen Bildschirmen dargestellt wird.

Auch in vielen anderen Branchen ist die audiovisuelle Kommunikation auf dem Vormarsch. Dabei muss man nicht nur an die praktischen Tätigkeiten im produzierenden Gewerbe oder im Dienstleistungssektor denken. Piktogramme, Blink- und Piepsignale zeigen dem Pommes-frites-Brater im Schnellrestaurant genau, was er zu tun hat. Aber auch ein guter 90-Minuten-Lehrfilm über die Bauchspeicheldrüse trägt mehr zur medizinischen Ausbildung bei als ein dreitägiges Studium des entsprechenden Lehrbuches. Audiovisuelle und interaktive Didaktik sind der Textlektüre in vielen Bereichen überlegen. Auch das wird die Schriftkultur weiter zurückdrängen. [...]

M3 **Lesen hat Zukunft (2013)** *Reinhard Otter (*1969)*

Reinhard Otter schreibt als freier Journalist Gastbeiträge für verschiedene Medien. Der Auszug entstammt einem Artikel zum 60-jährigen Bestehen der Zeitschrift Reader's Digest.

[...] Heute lesen wir tagtäglich, meist, um uns zu informieren: in Zeitungen, Zeitschriften und Fachbüchern, aber auch auf Straßenschildern, in Bedienungsanleitungen oder einfach den Busfahrplan. „Es wird generell immer mehr gelesen", bestätigt Professor Klaus Schönbach von der Universität Friedrichshafen. Auch das Internet, so der Kommunikationswissenschaftler, sei ja oft ein echtes Lesemedium. Zu jedem Medium gehört eine spezielle Art zu lesen. Romane etwa lesen wir kontinuierlich von vorn bis hinten, um der Handlung folgen zu können. In einer Bedienungsanleitung dagegen suchen wir meist gezielt nach Informationen, wie wir bestimmte Funktionen eines Gerätes nutzen können. Und Zeitungen sind so aufgebaut, dass Leser die wichtigsten Punkte erfassen, selbst wenn sie nur Überschriften und Vorspänne lesen. Dagegen beschäftigen wir uns mit wissenschaftlichen Texten meist intensiv: Forscher und Studenten arbeiten sie durch, streichen wichtige Passagen an. Im Internet hingegen lesen wir nur selten eine Seite komplett, sondern picken wichtige Informationen heraus. „Hat man einen weiterführenden Verweis zum Thema gefunden, klickt man ihn an und liest auf der nächsten Seite weiter", beschreibt Bodo Franzmann, von 1997 bis Anfang 2008 Leseforscher der Stiftung Lesen, die Technik. [...]

M4 Geisterstunde. Die Praxis der Unbildung (2014)

*Konrad Paul Liessmann (*1953)*

Konrad Paul Liessmann ist ein österreichischer Philosoph und Essayist. In seiner Streitschrift „Geisterstunde. Die Praxis der Unbildung" setzt er sich kritisch mit dem Wandel des Bildungswesens auseinander.

[...] Der Eingang in das Reich der Literatur aber hatte seinen Preis: Erfordert war eine Disziplinierung der Sinne und des Körpers, wie sie kein anderes Medium dem Menschen abverlangte. Im Gegensatz zur Sprache, zum Hören und zum Sehen ist uns das Entziffern und Arrangieren von Buchstaben nicht von Natur gegeben. Lesen und Schreiben sind mehr als eine menschheitsgeschichtlich betrachtet sehr spät erfundene Kulturtechnik – sie sind eine Form der Weltaneignung und Welterzeugung, die in bestimmter Weise die Negation der unmittelbaren Selbst- und Welterfahrung zur Voraussetzung hat. Wer liest oder schreibt, dem muss im Wortsinn Hören und Sehen erst einmal vergehen. Der Sinn von Schule lag einmal darin, diese Negation erfahrbar zu machen und einzuüben. [...] Wer nicht ständig liest, verlernt das Lesen wieder; wer Sprache und Texte nur unter pragmatischen Gesichtspunkten sieht, wird nur dann lesen, wenn es gar nicht anders geht; wer für die Schicksale, Geschichten, Tragödien und Komödien der Literatur keinen Enthusiasmus entwickeln kann, wird Lesen letztlich als Zumutung empfinden [...].

M5 Der Text ist tot. Es lebe das Wissen! (2014) *Klaus Ceynowa (*1959)*

Klaus Ceynowa ist Generaldirektor der Bayerischen Staatsbibliothek.

Offensichtlich lesen die Nutzer online nicht im traditionellen Sinn, aber es gibt Anzeichen, dass neue Formen des Lesens entstehen – etwa indem Nutzer horizontal durch Titel, Inhaltsverzeichnisse und Zusammenfassungen browsen, um schnelle Erfolge zu erzielen. [...]

Wenn ein wissenschaftlicher Beitrag mit Forschungsdaten und virtuellen Experimenten verlinkt wird, wenn aus einem Rezeptbuch ein virtueller Kochkurs und aus einem Roman ein nicht linearer, vom Rezipienten manipulierbarer Fiktionsraum wird, verschwindet tendenziell die Dominanz des Textes und mit ihm die traditionelle Figur des Lesers, der Zeile für Zeile und Seite für Seite einem Argumentationsgang oder einer „Geschichte" folgt. [...]

Die Figur des sich konzentriert am Text abarbeitenden Lesers wird damit sukzessive abgelöst durch die Figur des sich in vernetzten Wissensräumen agil bewegenden Entdeckers. In seiner Welt fehlt das Monolithische abgeschlossener, textuell tradierter Wissensbestände. An ihre Stelle tritt die Anschlussfähigkeit vielfältiger „Knoten" in einem Netz, das niemals reißt.

Eine Kultur ohne Text mag schwer vorstellbar erscheinen, aber eine Kultur, in der der Text nicht mehr im Zentrum unseres Wissens steht, sondern nur ein Element in einem multimedial entgrenzten Informationsfluss bildet, ist im Digitalen bereits Wirklichkeit. Und je mehr diese Wirklichkeit der Ort unseres Denkens, unseres Gestaltens, unserer Kreativität wird, umso mehr wird sich die Frage aufdrängen: Ist unsere Präferenz für den Text vielleicht nicht nur eine historische Episode? [...]

M6 Assoziationen zum Lesen (2011) *GfK Austria*

Eine Telefonumfrage der österreichischen Gesellschaft zur Konsumforschung ermittelte 2011 Lesegewohnheiten und -motivation unter 500 Befragten, die nach Zufallsprinzip ausgewählt wurden.

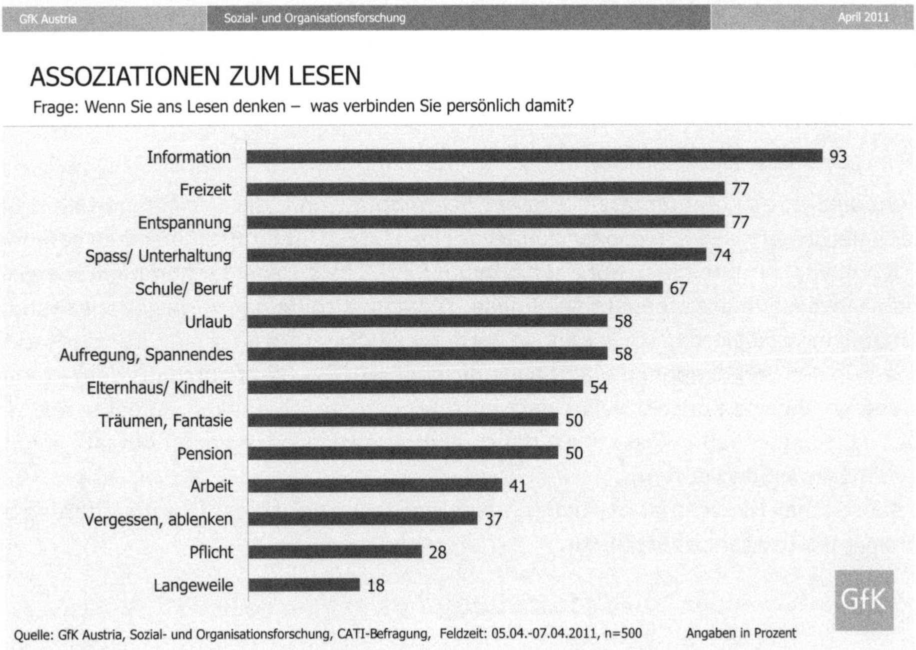

M7 Allensbacher Markt- und Werbeträgeranalyse 2013

Das Institut für Demoskopie Allensbach gibt in der Neuauflage seiner Allensbacher Werbeträgeranalyse (AWA) Einblick in das Medienverhalten der Deutschen; die Ergebnisse basieren auf mehr als 25.000 Interviews.

- Rund 50 Millionen Deutsche sind an Büchern interessiert (49,98 Mio.) – das entspricht [...] 71,1 Prozent der Einwohner. [...]
- Dass sie täglich Bücher lesen, sagen 11,7 Millionen Deutsche über sich (AWA 2012: 11,59 Mio.). Mehrmals pro Woche liest die größte Gruppe: 14,96 Millionen (AWA 2012: 14,48 Mio.).

- Längere Texte lesen die meisten nach wie vor auf Papier (47,03 Mio.) – für 15,24 Millionen Deutsche macht allerdings Print oder digital in diesem Punkt keinen großen Unterschied mehr. Sie sagen, das eine sei ihnen bei längeren Texten genauso recht wie das andere. Dass sie lieber am Bildschirm lesen würden (als auf Papier), sagen gut vier Millionen (4,15 Mio.).
- Zur aktuellen Entwicklung am Markt (laut Branchen Monitor Buch) passt, dass im Kontext der AWA-Interviews diesmal offenbar mehr Leute angegeben haben, dass sie Bücher kaufen. Die Frage „Haben Sie in den vergangenen 12 Monaten ein Buch / Bücher gekauft?“ beantworteten diesmal 41,59 Millionen Deutsche mit Ja – im Jahr zuvor taten dies 40,99 Millionen.
- Im Kontrast dazu: E-Books kauften in den letzten zwölf Monaten 4,22 Millionen [...].
- Das Hörbuch verliert an Zulauf: Hier stehen 5,17 Millionen (AWA 2013) gegen 5,43 Millionen Käufer (AWA 2012). [...]

Schrittweise Anleitung zur Erstellung einer Klausurlösung

Grundsätzliches

Grundlage Ihres Kommentars sollte ein Schreibplan sein, der der eigenen Kontrolle dient. Bei diesem ist wichtig, dass zunächst eine klare Struktur des Aufsatzes gefunden wird (→ Beispielschreibplan auf der nächsten Seite), da gerade der Kommentar logisch und nachvollziehbar aufgebaut sein muss. Zusätzlich sollte das vorgegebene Material klar ausgewertet werden. Dies kann in Form kurzer Exzerpte oder mithilfe von Markierungen in den vorgegebenen Materialien geschehen. Dies dient durchaus dem eigenen Interesse, da sich üblicherweise viele gute Argumente, Gedanken, Aspekte aus den Materialien erschließen lassen, die dann „hemmungslos“ im eigenen Aufsatz genutzt werden können und dürfen.
In stilistischer Hinsicht ist es wichtig, dass der Text trotz seiner Untergliederung als homogenes Textganzes erscheint.

1. Schritt: Lesen der Aufgabenstellung und der Materialien

2. Schritt: Sammlung erster Ideen und Assoziationen

Direkt nach dem ersten Lesen der Materialien entstehen oft gute und originelle Ideen, insbesondere für einzelne Formulierungen, die sofort notiert werden sollten, bevor sie aus dem Gedächtnis entschwinden. Im vorliegenden Beispiel sind das z. B. die Formulierungen, aus denen die Zwischenüberschriften entstanden sind und die zudem innerhalb des Lösungstextes auftauchen.

3. Schritt: Formulierung einer Arbeitshypothese

Worauf soll mein Kommentar hinauslaufen? Welches Ziel steuere ich argumentativ an? Das sollten Sie nicht nur in Ihrem Kopf festlegen, sondern schriftlich festhalten. Es hilft, einen konsequenten roten Faden einzuhalten, wenn Sie diesen ganz konkret, beispielsweise auf Konzeptpapier, vor Augen haben. Notfalls können Sie im Lauf der Arbeit am

Kommentar davon abweichen, aber Sie werden klarer argumentieren, wenn Sie das Ziel nicht nur im Sinn, sondern aufgeschrieben vor sich haben. Bei diesem Beispiel könnte es die Formulierung sein: „Cool bleiben! Das Abendland ist noch nicht verloren in Sachen ‚Lesen'."

4. Schritt: Auswertung der Materialien

Tatsächlich bieten die Materialien genügend Futter für den Kommentar. Sie sollten also der Reihe nach ausgewertet werden. Dies geschieht effizient durch Unterstreichungen, dennoch können Sie pro Material ein oder zwei besonders nützliche, vielleicht auch erst einmal überraschende Inhalte in Stichpunkt- oder Ganzsatzform herausschreiben, z. B.:

M1: Buch! die drei Affen, zudem: Ausreden, Vorurteile, Bequemlichkeit
M2: Schrift! Es ist nie so viel geschrieben worden wie heute. Aber: Die Tendenz geht zum Audiovisuellen! Statt einer Gebrauchsanweisung in „Bibelumfang" gibt's heute das Erklärvideo auf YouTube.
M3: Lesen! Wir lesen immer noch, z. B. Zeitungen, kontinuierlich und gelenkt durch Überschriften und Vorspänne. Internet ist auch ein echtes Lesemedium, der Lesefluss funktioniert aber gerne häppchenweise und sprunghafter.
M4: Lesen und Schreiben! Anstrengung, Schule, Übung; entweder Enthusiasmus entwickeln oder als Zumutung abtun
M5: Neues Lesen! Quer, durch Texte browsen, sich bewegen, Anschlussfähigkeit von Knoten
M6: Lesen! Überwiegend positive Assoziationen: Information, Freizeit, Entspannung, Unterhaltung
M7: Buch! weiterhin hohe Bedeutung des Buches (ähnlich zu M 6); neben E-Books und Hörbücher lesen immer noch viele gerne auf Papier

Sie müssen nicht alles aus den Materialien verwenden, sie dienen Ihrer Unterstützung. Das Anfertigen eines journalistischen Textes auf Basis der abgedruckten Materialien bedeutet nicht, dass Sie eine vollständige Analyse aller sieben hier aufgebotenen Materialien unterbringen müssen. Nutzen Sie ihn als Steinbruch! Außerdem sind Sie in der Aufgabenstellung ja zur Nutzung eigener Erfahrungen und eigenen Wissens dezidiert aufgefordert. Also machen Sie das auch!

5. Schritt: Anfertigung einer Gliederung bzw. eines Schreibplans

Beispielschreibplan

Annullierter Abgesang – Leute lesen! (← Gesamtüberschrift)

1 Ende des Lesens und Schreibens – Ende des Abendlandes?!
Die Einleitung führt möglichst motivierend zum Thema hin.

2 Totgesagte leben länger
Das erste Kapitel des Hauptteils umschreibt die Problemstellung.

3 Häuptling Schlechte Augen und Krummer Rücken
Dieses eher argumentative Kapitel konstatiert eine Zunahme des Lesens, die konträr zur allgemeinen und zunächst angerissenen Vermutung steht, Lesen sei auf dem Rückzug.

4 Ich weiß, dass ich nichts weiß, aber ich weiß, wo es steht
Das zweite argumentative Kapitel zeigt die Einschränkung auf, die gegenüber dem vorherigen Abschnitt zu machen ist: Es wird bestimmt immer noch viel gelesen, aber die Qualität dieses Lesens hat sich deutlich geändert.

5 Keine Panik auf der Titanic!
Der Schlussteil resümiert und lädt zur Gelassenheit ein.

6. Schritt: Ausformulierung

Formulieren Sie Ihre Gedanken möglichst flüssig als einen Gesamtaufsatz. Bemühen Sie sich um sprachliche Ausarbeitung und elegante, auch lesenswerte, gerne humorvolle bzw. pointierte Formulierungen. Der Kommentar ist immer auch eine literarische Art, einen Sachtext zu verfassen. Wenn Sie sich mit der Einleitung schwertun, kann es helfen, zunächst Platz zu lassen und sie erst nach der Vollendung des Aufsatzes zu formulieren. So haben Sie eher den Überblick und nehmen sich selbst nichts für später weg.

7. Schritt: Überschrift und Wörter zählen

Vergessen Sie nicht die in der Aufgabenstellung verlangte Überschrift, die griffig und Interesse weckend formuliert sein sollte. Als griffig und Hingucker gelten oft z. B. Alliterationen (siehe Beispiellösung), interessante Gegensätze (z. B. „Am liebsten YouTube! Bloß kein Buch!") oder prägnante, eventuell im Kommentar zu revidierende Thesen (z. B. „Ist das Internet des Buches Tod?"). Diese sind relativ einfach zu formulieren und bleiben zugleich gut im Gedächtnis. Die vorgegebene Wortanzahl ist ein ungefährer Richtwert. Den muss man nicht punktgenau erfüllen, aber sollte ihn durchaus anstreben.

Beispiellösung

(Hinweis: Die in der folgenden Lösung eingeflochtenen Zahlen „[1]" – „[5]" dienen lediglich der Anknüpfung an den oben stehenden Beispielschreibplan. In Ihrer Klausurschrift müssen sie und die Zwischenüberschriften nicht mehr auftauchen.)

Annullierter Abgesang – Leute lesen!

Ende des Lesens und Schreibens – Ende des Abendlandes?!

[1] Sie lesen gerade! Sie tun es! Und: Sie können es! Vermutlich haben Sie es zuvor auch schon einmal getan und werden es wiederholen. Also ist die Behauptung eines Endes der Lesekultur im Gefolge des Untergangs des Schreibens nur Panikmache? Also handelt es sich um die x-te journalistische Sommerlochvariante vom Erspähen des Ungeheuers von Loch Ness oder vom Ankauf Mallorcas als siebzehntes Bundesland? Also hören wir die alarmistische Warnung bildungsbürgerlicher Bewahrer, die ebenso ein Ende der Tischmanieren

und eine Generation von Jugendlichen registrieren, die sowieso nie aufsteht, wenn Senioren einen Sitzplatz in der Straßenbahn begehren?

Totgesagte leben länger

[2] Abgesehen davon, dass die Lese- und Schreibkultur unserer Breitengrade so puristisch abendländisch gar nicht ist, sondern grundlegend im Morgenland verwurzelt ist, beweisen Sie selbst ja gerade, dass der Abgesang auf das Lesen und Schreiben verfrüht ist: Totgesagte leben länger.
Aber verliert vielleicht das Lesen im Zeitalter digitaler Medien an Bedeutung? Dieses Verlieren signalisiert neben rein quantitativer Abnahme auch einen qualitativen Malus. Lesen wird weniger viel, weniger wichtig und eventuell weniger gut. Die, die das behaupten, müssten es beweisen. Und da bekommen die Auguren des „Fin de Lese-Siècle" Schwierigkeiten. Denn grundsätzlich sprechen die Kennziffern gegen Schwarzmalerei.

Häuptling Schlechte Augen und Krummer Rücken

[3] Die Werbeträgeranalyse (AWA) des renommierten Instituts für Demoskopie Allensbach 2013 weist nach Auswertung von 25.000 Interviews auf ein ungebrochenes Interesse am Lesen hin: 71,1 % der Einwohner Deutschlands sind am Lesen interessiert, 11,7 Millionen Deutsche lesen täglich Bücher, noch mal 14,96 Millionen mehrmals pro Woche. Papier ist das Medium für längere Lesetexte (47,03 Millionen), nur 4,15 Millionen lesen lieber am Bildschirm. Mehr als die Hälfte aller Deutschen haben in den letzten zwölf Monaten ein oder mehrere Bücher gekauft. Nahezu alle Zahlen bedeuten einen Zugewinn gegenüber dem Vorjahr. Die nackten Zahlen klingen aus Sicht eines „Lese-Gralshüters" zunächst beruhigend. Nichtsdestotrotz treffen diese Zahlen nur quantitative Aussagen, Nutzen und Bedeutung des Lesens werden nicht so richtig deutlich. Und selbst Zahlen und Statistiken lassen erste Zweifel deutlich werden, wenn die Ergebnisse einer Umfrage der österreichischen Gesellschaft für Konsumforschung 2011 in einer Telefonumfrage zeigen, dass 93 % der zufällig Angerufenen mit Lesen Information verbinden und literarischer Genuss nur bei um die 50 % aus den Antworten Träumen, Fantasie oder etwas besser Aufregung bzw. Spannung zu vermuten ist. Da deutet sich selbst in den grundsätzlich recht guten Zahlen eine Bedeutungsänderung des Lesens und selbstverständlich damit des zugrunde liegenden Schreibens an. Verliert das Lesen im Zeitalter digitaler Medien an Bedeutung? Neben den genannten Zahlen spricht auch die Alltagserfahrung gegen diese Vermutung.
Schauen Sie mal kurz von Ihrer Zeitung hoch. Schauen Sie in den Raum vor Ihnen oder aus dem Fenster, wo auch immer Sie gerade sind. Was sehen Sie?
Gebückte Menschen. Was machen die? Sie schauen auf ihr Smartphone und ... lesen. Alle! Es wird nicht mal mehr telefoniert, also gesprochen, sondern gewhatsappt, getwittert, gefacebookt, gewischt oder getippt – alles geschrieben und gelesen. Manche Orthopäden sagen, dass Archäologen fernerer Zukunft Skelettfunde unserer Epoche anhand der „déformation digitale", d. h. der zusätzlich rundgekrümmten Wirbelsäule und den beiden rundverkrampften Spiel- und Wischdaumen, klassifizieren und einordnen werden. Also: Häuptling Schlechte Augen und Krummer Rücken als Bewohner des modernen Neandertals am Rande der Silikonschlucht. Was hat jedoch diese Generation Handy den ganzen Tag so getrieben? Geschrieben und gelesen!

Verliert das Lesen im Zeitalter digitaler Medien an Bedeutung? Quantitativ eher nicht, zumindest nicht dramatisch, eher qualitativ: Das Lesen im Zeitalter digitaler Medien verliert nicht an Bedeutung, sondern es verändert sich.

Ich weiß, dass ich nichts weiß, aber ich weiß, wo es steht

[4] Lesen wird anders. So unternahm der Prototyp des Lesers früherer Zeiten zweckfreie Versenkung in literarische Welten, sitzend im Ohrensessel neben knisterndem Kaminfeuer, gewandet in gemütlicher Strickjacke. Der Klischeeleser moderner Zeiten und Welten googelt jederzeit jede noch so nichtige Information: Er liest elektronisch sofort ein modern-digitales Kanapee der Informationen, wenn irgendjemand nur den Begriff Pantoffeltierchen, Wankelmotor oder Feldhockey Landesmeister Südbaden in das breite Gemurmel einer Menschengruppe hineinwirft. Information ist alles, jederzeit und jederorts, Anlass und Ergebnis reflexartiger Griffe nach dem Smartphone, indiziert durch die für unsere Zeit typische Sucht, kognitive Diskrepanz mittels allverfügbarer Wissensquellen erträglicher zu gestalten: Ich weiß, dass ich nichts weiß, aber ich weiß, wo es steht. Und: Ich kann es jederzeit jederorts LESEN!
Dieses moderne Lesen ist anders: diskontinuierliche Texte im lexikonartigen Kurzinfohäppchendesign zum schnellen Erfassen, schnellen Verdauen, schnellen Abspeichern. Wenig verschnörkelte Literatur, keine Blumenkästen an den prächtigen Fassaden des Elternhauses Briest, keine enigmatischen Leerstellen in dadaistischen Literaturen, keine verschlungenen assoziativen Erzählpfade mit grassscher Blechtrommel als Taktgeber, sondern die bloße reine Info nach Art des anderen Günters, nämlich jauchscher Antwortmöglichkeiten aus vieren. Überhaupt hat unsere Zeit mehr Jauch als Grass, Quizduell und Kreuzworträtsel als Reader's Digest der Folgegeneration.

Keine Panik auf der Titanic!

[5] Die Bedeutung des Lesens ändert sich. In heutiger Zeit gilt es, Lesekompetenz zu beweisen, die gezielte Informationsentnahme, intensives wissenschaftliches Lesen, kursorisches, vernetztes Lesen in diskontinuierlichen Texten verlangt. Textbasierte digitale Medien, die online (nahezu) alles Wissen der Welt verfügbar machen, korrespondieren mit neuen Darbietungsformen für deren vernetztes Nutzen.
Und trotz allem bleibt ein Aber: Untergangsstimmung und hektische Betriebsamkeit zur Rettung des Lesens sind unangebracht. Denn das Lesen wird auch weiterhin Spaß machen, ja möglicherweise Glücksgefühle erzeugen, den Horizont erweitern, eine Form der Entspannung und Unterhaltung bleiben. Und der belesene Mensch wird weiterhin als der gebildete Mensch gelten. Diese Belesenheit im Sinne eines umfassenden Bildungsideals ist dann aber sicher auch mehr als die bloße utilitaristische Wissensentnahme aus Textmedien. Das Überflüssige, das Amüsante, das Geistreiche bleibt das Sahnehäubchen, das sich Literatur lesend erschließt. Das hat doch ein jeder von uns schon erfahren: Natürlich googeln wir, zumindest die Jüngeren unter uns, mehr, als dass wir Rilke-Gedichte verschlingen oder im Zauberberg schmökern. Aber erinnern wir uns angeregt und beglückt an den letzten Konsum eines Wikipedia-Artikels? Dann doch eher an „unnütze" Literatur, oder?
Und wer weiß: Wie bei allem wird es zusätzlich vielleicht bald die Retromode „Bücherlesen" geben, auch die Schallplatten sind ja nicht totzukriegen.

Aufgabenformat III B: Analyse und Erörterung eines pragmatischen Textes (Schwerpunkt Analyse *oder* Schwerpunkt Erörterung)

Alard von Kittlitz: Blindes Vertrauen

Voraussetzungen gemäß Bildungsplan und „Schwerpunktthemenerlass für die schriftliche Abiturprüfung 2021"

Aufgabenstellung

1. Arbeiten Sie die Kernaussagen des Textes heraus und analysieren Sie seine Struktur und sprachliche Gestaltung.

2. Nehmen Sie Stellung zur Kritik des Autors an der Vorgehensweise der Politik.

Materialgrundlage

Alard von Kittlitz: Blindes Vertrauen. Aus: DIE ZEIT Nr. 26 vom 21.06.2017. Online unter: http://www.zeit.de/2017/26/soziale-netzwerke-politiker-fake-news

Blindes Vertrauen (2017) *Alard von Kittlitz (*1982)*

Politiker wollen soziale Netzwerke bestrafen, weil sie Fake-News verbreiten. So macht man User zu Naivlingen.

Schon länger Sorgen bereiten ja, Sie werden es gehört haben, die Fake-News: vorgebliche Nachrichten, deren Inhalt aus politischer Absicht nicht der Wahrheit entspricht. »Flüchtling stirbt beim Schlangestehen!« – »Islamistische Zelle in Rudow!« Solche Meldungen verbreiten sich in den sozialen Netzwerken rasend schnell. Bei genauerem Hinsehen entpuppen sie sich als erfundene Geschichten mit ideologischem Kalkül. Fake-News sollen die Leute aufwiegeln, gegen irgendwen oder -was.

Vergangene Woche hat die japanische Sicherheitsfirma Trend Micro nun einen Bericht veröffentlicht, dem zufolge das Verbreiten solcher Propaganda ein lukratives Business geworden ist. Es gibt offenbar einen florierenden Schwarzmarkt, auf dem maßgeschneiderte Desinformationskampagnen gehandelt werden. Angebot und Nachfrage ergeben Bad News: Die Dienstleister suchen für ihre Kunden leichtgläubige Zielgruppen aus, bereiten geeignete Falschmeldungen vor und verbreiten die schließlich in den sozialen Netzwerken. Wer ausreichend Geld hat, kann Einfluss auf das Wirklichkeitsbild der Menschen nehmen. Eine groß angelegte Kampagne kostet um die 400.000 Euro.

Das ist für eine Demokratie natürlich bedenklich, da sollte was unternommen werden, da sagen die Politiker gerne was dazu. Thomas de Maizière zum Beispiel wünscht sich schon länger ein »Abwehrzentrum gegen Desinformation«. Das klingt ein bisschen nach Diktatur, ist aber sicher besser gemeint. Nach dem Erscheinen des Trend-Micro-Berichts meldete sich auch der netzpolitische Sprecher der Grünen, Konstantin von Notz, zu Wort. Er hat wie alle Kollegen vor ihm aber bloß den Vorschlag, die sozialen Netzwerke zu bestrafen, wenn sie Fake-News nicht aus dem Verkehr ziehen.

Eigentlich heißt es doch: Don't shoot the messenger. Wenn man den Überbringer schlechter Neuigkeiten nicht bestrafen soll, gilt das Gleiche vielleicht auch für den Übermittler von Fake-News. Das Problem liegt ja nicht ursächlich bei den sozialen Netzwerken. Deren Algorithmen folgen stumpf dem Input der User, den andere User für die Wahrheit halten und fleißig teilen. Und das ist der eigentliche Grund zur Sorge: dass Leute reihenweise auf Fake-News hereinfallen. Es gibt offenbar eine Krise der Kritikfähigkeit. Zu viele Leute glauben zu viel von dem, was sie hören. Zu viele Leute merken nicht, wenn eine Geschichte erfunden ist.

In der Demokratie ist das Volk der Souverän, und wenn eine Demokratie kein souveränes Volk produzieren kann, sondern bloß eines, das leicht an der Nase herumzuführen ist, dann hat sie ein Problem, das man nicht per Abwehrzentrum beheben kann. Dann ist etwas Grundsätzliches schiefgegangen. Über die Gründe kann man lange streiten. Das Ergebnis jedenfalls ist eine neue Unbescheidenheit. Gesunde Skepsis an dem, was einem so vorgesetzt wird, speist sich nämlich aus intellektueller Demut. Mit dem Erwachsenwerden lernen wir, dass Wahrheit und Wirklichkeit sehr komplizierte Dinge sind. Wir lernen, dass es von einem Ereignis in der Regel widersprüchliche Beschreibungen gibt, die gleich legitim sein können. Wir lernen, dass unser eigenes Bild nicht notgedrungen das richtige sein muss.

Erwachsene wissen zudem, dass Menschen schlecht sein, lügen und manipulieren können. Blindes Vertrauen in irgendjemandes Ausführungen ist, nun ja, blind. Schlimm ist es allerdings auch, wenn Menschen zwar kapiert haben, dass es Lügen gibt, aber nicht, dass sie und andere fehlbar sind. Diese Menschen vermuten dann hinter jeder Ungereimtheit eine geheime Agenda, was dann fließend in Paranoia übergeht.

Es ist so eine Sache mit dem Auseinanderhalten von real und fake. Man muss zweifeln, aber irgendwie auch vertrauen können. Wie bringt man den Usern so was bei? Die Politiker trauen es sich selbst zu, zum Schutz der Bevölkerung aber plädieren sie für Kontrolle und Strafe. Das ist paternalistisch. Wenn man dem Bürger verspricht, eine wie auch immer geartete Wahrheit auf jedem Kanal per Dekret durchsetzen zu können, dann bedeutet man ihm, dass er ruhig alles glauben darf. So erzieht man Naivlinge. Und die Erfahrung lehrt, dass solche Leute bei der ersten Enttäuschung ins Gegenteil kippen, also in den Generalverdacht gegen jede öffentliche Aussage. Das werden dann oft Wutbürger, Nichtwähler, Fake-News-Leser.

Inhaltliche Teilleistungen

Maßgeblich für die Beurteilung des Aufsatzes ist das Ganze der erbrachten Leistung. Der Schwerpunkt liegt auf der Teilaufgabe 1.

Beispiellösung: Teilaufgabe 1

Einleitung

Spätestens seit dem Erscheinen Donald Trumps auf der politischen Weltbühne ist der Begriff „Fake-News" aus dem politischen und gesellschaftlichen Diskurs nicht mehr wegzudenken. Mit dieser Thematik befasst sich auch Alard von Kittlitz in seinem Kommentar „Blindes Vertrauen", erschienen in DIE ZEIT (Nr. 26, 21.06.2017). Er problematisiert darin die mangelnde Kritikfähigkeit vieler Menschen im Umgang mit Fake-News in den sozialen Netzwerken und kritisiert gleichzeitig die Reaktionen auf politischer Ebene, die seiner Ansicht nach in die falsche Richtung zielen.

Darstellung der Kernaussagen sowie Analyse der Struktur und sprachlichen Gestaltung des Textes

Einleitend verweist von Kittlitz auf die Aktualität des Themas, wobei die invertierte Anrede des Lesers sowie die Kombination von deutschem Artikel und Anglizismus „die Fake-News" (Z. 2) seiner Aussage, Fake-News würden „schon länger Sorgen bereiten" (Z. 4), einen ironischen Unterton verleihen. Auch seine erste, sehr sachliche Definition scheint dem Thema seine Dringlichkeit eher abzusprechen (vgl. Z. 6 ff.). Anschließend nennt von Kittlitz jedoch zwei Beispiele und erweitert seine Definition um den Aspekt der ideologischen Zielsetzung, Menschen aufzuhetzen, und verweist auf die schnelle Verbreitung in den sozialen Netzwerken (vgl. Z. 8 ff.). Durch Formulierungen wie „rasend schnell" (Z. 11 f.), „ideologische[s] Kalkül" (Z. 14) und „aufwiegeln" (Z. 15) endet seine Einleitung doch mit einem bedrohlichen Unterton.
Nach Darstellung des Autors ist denn auch das Erstellen und Verbreiten von Fake-News, also das Inszenieren von „maßgeschneiderte[n] Desinformationskampagnen" (Z. 23 f.), inzwischen ein einträgliches Geschäftsmodell. Dieser Entwicklung verleiht von Kittlitz auch sprachlichen Ausdruck, indem er viele Fachbegriffe aus dem Bereich Wirtschaft einfließen lässt: „lukratives Business" (Z. 20 f.), „florierenden Schwarzmarkt" (Z. 22), „Angebot und Nachfrage" (Z. 24 f.), „Dienstleister" (Z. 25 f.) und „Zielgruppeen" (Z. 27). Als Beleg für seine Aussage beruft sich von Kittlitz auf den Bericht der japanischen Sicherheitsfirma „Trend Micro" (Z. 18). Für seine Schlussfolgerung, dass man also mit hinreichend Kapital auf das „Wirklichkeitsbild" (Z. 31) anderer Menschen Einfluss nehmen kann, bleibt von Kittlitz allerdings einen Beleg schuldig (vgl. Z. 30 ff.).
Nachdem er so die Tragweite der Thematik umrissen hat, wendet sich von Kittlitz nun den Reaktionen von politischer Seite zu. Der ironische Ton, erkennbar an Formulierungen wie „natürlich" (Z. 34), „sollte" (Z. 35) und „gerne" (Z. 36), wird durch die anaphorische und asyndetische Ausgestaltung des überleitenden Satzes noch verstärkt und verweist gleich auf seine kritische Haltung gegenüber den entsprechenden Vorschlägen. Um das seiner Ansicht nach flächendeckende Versagen der Politik in dieser Hinsicht zu verdeutlichen, führt er als Beispiele zwei Politiker aus verschiedenen Lagern an: den Innenminister Thomas de Maizière von der CDU (vgl. Z. 37) und den netzpolitischen Sprecher der Grünen, Konstantin von Notz (vgl. Z. 44). Beide sehen, trotz ihrer höchst unterschiedlichen politischen Ausrichtung, übereinstimmend als einzig sinnvolle Maßnahme die „Kontrolle und Strafe" (Z. 101) für die sozialen Netzwerke (vgl. Z. 46).

Wie deutlich von Kittlitz diese Herangehensweise ablehnt, zeigt sich daran, dass er, wenn auch wieder in ironisierter Form und abgeschwächt durch „ein bisschen“ (Z. 40), die Idee der „Diktatur“ (Z. 40) ins Spiel bringt. Seine Formulierung, das sei „sicher besser gemeint“ (Z. 41), klingt dabei einerseits ein bisschen herablassend, da er damit den Politikern die Fähigkeit zur eindeutigen Aussage abspricht. Auf der anderen Seite lässt er damit aber gleichzeitig Raum für Zweifel, ob nicht vielleicht doch ein Funken Wahrheit in seiner Auslegung stecke.

Worin seine Ablehnung begründet liegt, erläutert er im Folgenden konkreter. Mit der Metapher vom Überbringer der schlechten Botschaft, der eben nur für das Überbringen getötet wird, veranschaulicht er, dass die angedachten Maßnahmen die Falschen ins Visier nähmen. Sein Argument lautet, die Ursache für die problematische Entwicklung seien ja nicht die sozialen Netzwerke, die ausschließlich die Technologie bereitstellten, sondern deren leichtgläubige „User“ (Z. 56), die auf die Fake-News hereinfielen und sie ungeprüft bzw. unhinterfragt weiterverbreiteten. Sprachlich findet dieser Gegensatz Ausdruck in der Gegenüberstellung von Begriffen wie „Algorithmen“ (Z. 55), „stumpf“ (Z. 56) und „Input“ (Z. 56) auf der einen Seite gegenüber „für die Wahrheit halten und fleißig teilen“ (Z. 57 f.) in Bezug auf die Nutzer der Netzwerke.

Dieses Verhalten, das nach von Kittlitz These das Symptom einer allgemeinen „Krise der Kritikfähigkeit“ (Z. 61) darstellt, findet er nun tatsächlich besorgniserregend. Mit seiner Formulierung „der eigentliche Grund zur Sorge“ (Z. 59 f.) verweist er noch mal auf die ironischen Eingangszeilen seines Kommentars und betont durch die Ernsthaftigkeit der Aussage an dieser Stelle, dass eben nicht die Fake-News, sondern der unkritische Umgang der Menschen mit Fake-News das Problem sei. Die Bedeutung der von ihm postulierten Krise wird sprachlich unterstrichen durch die Alliteration und den anaphorisch-parallelen Aufbau der beiden folgenden, sie erläuternden Sätze: „Zu viele Leute glauben zu viel von dem, was sie hören. Zu viele Leute merken nicht, wenn eine Geschichte erfunden ist.“ (Z. 61 ff.) Zudem wird das Fehlverhalten der „leichtgläubige[n] Zielgruppen“ (Z. 26 f.) betont, indem es innerhalb von mehreren Zeilen mehrfach durch unterschiedliche Formulierungen dargestellt wird (vgl. Z. 56 ff.).

Nachdem er nun die Leichtgläubigkeit der „User“ (Z. 56) als eigentliches Problem definiert hat, erklärt er diese zu einer Bedrohung für die Demokratie. Die Fähigkeit, mit kritischer Distanz über „real und fake“ (Z. 96) zu urteilen, ist seiner Ansicht nach eine Grundbedingung für das Funktionieren einer Demokratie. Wenn diese Demokratie jedoch gekennzeichnet sei von einem Volk, dass dies nicht leisten kann, dann sei „etwas Grundsätzliches schiefgegangen“ (Z. 71 f.), dem man mit den vorgeschlagenen Mitteln nicht beikommen könne (vgl. Z. 70 f.).

Auch hier greift von Kittlitz seine ursprünglich ironisch geäußerte Formulierung „Das ist für eine Demokratie natürlich bedenklich“ (Z. 34 f.) wieder auf, um ihre Gültigkeit im neuen Kontext zu betonen. Zudem unterstreicht er die Wichtigkeit dieser Aussage durch die rhetorische Ausgestaltung. So ist der erste Teil des Satzes chiastisch aufgebaut und enthält zugleich ein Wortspiel: Während das Substantiv „Souverän“ (Z. 65 f.) ein Synonym für „Herrscher“ darstellt, würde man das Adjektiv „souverän[...]“ (Z. 67) in Bezug auf Menschen mit „sicher, umsichtig, überlegen auftretend“ umschreiben. Zudem verdeutlicht die Antithese des hochsprachlichen „souveränes Volk“ (Z. 67) gegenüber dem umgangsprachlichen „bloß eines, das leicht an der Nase herumzuführen ist" (Z. 68 f.) die deutliche Diskrepanz zwischen Anspruch und Wirklichkeit.

Mit zwei kurzen Hauptsätzen leitet er zu einem neuen Gedankengang über. Während er auf die Gründe der von ihm postulierten Entwicklung nicht eingehen möchte, benennt er als deren Konsequenz eine „neue Unbescheidenheit" (Z. 74), mit der er sich im Folgenden weiter beschäftigt (vgl. Z. 74 ff.).
Er stellt dieser „neuen Unbescheidenheit" antithetisch die Haltung der „intellektuellen Demut" (Z. 76 f.) gegenüber, die erforderlich sei für einen angemessen kritischen, souveränen Umgang mit Fake-News. Diese bestehe darin, sich einzugestehen, dass die Komplexität der Lebenswirklichkeit es mit sich bringt, dass auch sich widersprechende Aussagen oder Beschreibungen wahr oder zumindest aus der jeweiligen Perspektive berechtigt sind und dass unsere eigene Wahrnehmung uns auch täuschen kann. Die einleitende Formulierung „[m]it dem Erwachsenwerden" (Z. 77) und die anaphorische Wiederholung von „wir lernen" (Z. 79) stellt die „wir"-Gruppe einer anderen Gruppe gegenüber, die den Prozess des Erwachsenwerdens und den damit verbundenen Lernprozess noch nicht abgeschlossen hat und daher den Anforderungen von „Wahrheit und Wirklichkeit" (Z. 78) zu unreif und zu naiv gegenübersteht.
Doch nicht nur die aus diesem Lernprozess gewonnenen Kenntnisse, sondern auch das Wissen darum, dass „Menschen schlecht sein, lügen und manipulieren können" (Z. 85 ff.), geböten ein gesundes Misstrauen. Durch das Substantiv „Erwachsene" (Z. 85), das steigernd angeordnete Trikolon (vgl. Z. 86 f.) sowie das Wortspiel „[b]lindes Vertrauen [...] ist, nun ja, blind" (Z. 87 f.) betont von Kittlitz die Unreife und mangelnde Erkenntnisschärfe derjenigen, die auf Fake-News hereinfallen. Er schließt seinen Gedankengang ab, indem er darauf hinweist, dass man sich in diesem Zusammenhang gleichzeitig bewusst sein müsse, dass Menschen Fehler machten und daher nicht jede Unstimmigkeit eine bewusste Irreführung sei, andernfalls drohe, so argumentiert er etwas vereinfachend, das Abgleiten in Verschwörungstheorien und „Paranoia" (Z. 94).
Von Kittlitz zieht aus seinen Überlegungen das Fazit, es bedürfe einer ausgewogenen Mischung aus Zweifel und Vertrauen, um „real und fake" (Z. 96) auseinanderhalten zu können, wobei sich seine Forderung nach Vertrauen nur indirekt aus seinen Ausführungen erschließt. Seine Frage, wie man Usern diese Haltung beibringen könne, lässt er unbeantwortet. Er erhebt jedoch verallgemeinernd den Vorwurf des politischen Paternalismus, da „[d]ie Politiker" (Z. 99) an ihrer eigenen Kompetenz bei diesem Thema nicht zweifelten, im Hinblick auf die Bevölkerung jedoch auf „Kontrolle und Strafe" (Z. 101) setzten. Es entspreche nicht dem Konzept eines mündigen Bürgers, sondern gleiche der Erziehung von „Naivlingen" (Z. 107), so argumentiert er, wenn man der Bevölkerung verspreche, die „Wahrheit auf jedem Kanal per Dekret durchsetzen zu können" (Z. 104 f.). Dies ermutige den Bürger dann zu dem von ihm kritisierten blinden Vertrauen (vgl. Z. 87), das sich erfahrungsgemäß „bei der ersten Enttäuschung" (Z. 108 f.) ins Gegenteil verkehre, und dazu führe, dass solche Menschen prinzipiell alle Äußerungen von öffentlicher Seite argwöhnisch in Zweifel zögen. Seiner Darstellung nach führt dies dann häufig zur Entwicklung der „Wutbürger, Nichtwähler, Fake-News-Leser" (Z. 111 f.), ein Trikolon gesellschaftlich negativ behafteter Begriffe, die von Kittlitz rhetorisch wirksam an den Schluss seines Kommentars stellt.

Von Kittlitz streut in seinem Kommentar immer wieder Fachbegriffe aus dem informationstechnischen Bereich ein, die auf seine Kompetenz in dieser Thematik verweisen sollen. In Bezug auf die Sprachebene findet sich eine Mischung aus gehobenem Duktus, der z. B. durch die Verwendung von Fremdwörtern gekennzeichnet ist, und bildhaften, alltagssprachlichen Wendungen. Diese finden sich vor allem an Stellen, an denen das Verhalten der „Fake-News-Leser“ (Z. 112) und der Politiker beschrieben wird, und dienen so der unterschwelligen Lenkung des Lesers. Dieselbe Aufgabe hat auch die Ironie, die von Kittlitz durchgängig zur Abwertung des Verhaltens und der Meinung dieser beiden Gruppen einsetzt. Auf inhaltlicher Ebene entspricht dem die sehr einseitige Argumentation, die die Gegenseite nicht seriös zu Wort kommen lässt. Darüber hinaus tendiert von Kittlitz zu Verallgemeinerungen und bleibt teilweise Belege sowie einen eigenen Lösungsansatz schuldig. Dies führt dazu, dass sich sein Kommentar zwar unterhaltsam liest, aber einen kritischen Leser auf der argumentativen Ebene nicht überzeugen kann.

Beispiellösung: Teilaufgabe 2

Wie haltbar aber ist nun der Vorwurf des Autors, die geplanten Maßnahmen träfen die Falschen und die angemaßte Deutungshoheit der Politiker sei nicht anderes als eine Entmündigung der Bürger?
„Eine Zensur findet nicht statt“, so ist der eindeutige Wortlaut unseres Grundgesetzes. Es gibt einen guten Grund dafür, dass das Recht auf freie Meinungsäußerung als Grundrecht fest verankert ist. Aus den leidvollen Erfahrungen nicht nur der deutschen Geschichte heraus soll damit verhindert werden, dass die öffentliche Meinungsbildung sowie damit verbundene kritische Äußerungen von einer Regierung durch Gesetze eingeschränkt oder gar unterbunden werden.
Gerade das Internet bietet nun vor allem über die sozialen Medien ganz neue Möglichkeiten für gesellschaftliche und politische Diskurse, sei es in einer geschützten Gruppe oder sei es offen, sodass jeder an Diskussionen teilnehmen kann. In dieser Hinsicht stellen die sozialen Medien eine Demokratisierung des Meinungsbildungsprozesses dar, da der Weg an die Öffentlichkeit nun nicht mehr zwangsläufig über Journalisten führt und weder eine besondere Ausbildung noch besondere Ressourcen erfordert. Dies ermöglicht jedem Bürger, sich nicht nur passiv über öffentliche Medien wie Fernsehen, Zeitung, Radio über aktuelle Entwicklungen zu informieren, sondern auch aktiv eigene Inhalte und Vorstellungen zu veröffentlichen und damit im Idealfall am gesellschaftlichen Gestaltungsprozess teilzunehmen. Das seitens der Politik formulierte Vorhaben, solche Inhalte überwachen und eventuell löschen zu lassen, steht dem Konzept des unmittelbaren und freien Meinungsaustausches damit tatsächlich erst einmal grundsätzlich entgegen.
Allerdings ist man hier von einer „Diktatur“ (Z. 40), die von Kittlitz ins Spiel bringt, noch weit entfernt, geht es doch nicht darum, die Äußerung unliebsamer politischer Meinungen zu unterdrücken. Ziel der geplanten Maßnahmen sind ausschließlich Nachrichten, die nachweislich absichtlich falsch und diffamierend sind.

Problematisch ist allerdings der Ansatz, die Verantwortung hierfür auf die privaten Netzwerke zu verlagern und dabei auch noch den Faktor Zeit ins Spiel zu bringen. Dieser Ansatz

liegt auch dem von Justizminister Heiko Maas initiierten und im Oktober 2017 in Kraft getretenen sogenannten „Netzwerkdurchsetzungsgesetz“ zugrunde. Das umstrittene Gesetz verpflichtet die Betreiber sozialer Netzwerke alle strafbaren Inhalte nach Eingang einer Beschwerde innerhalb eines bestimmten Zeitrahmens zu löschen. Wenn diese offensichtlich strafbar sind, muss dies sogar innerhalb von 24 Stunden geschehen. Andernfalls drohen unter Umständen Bußgelder in Millionenhöhe. Dadurch erhalten private Unternehmen die Pflicht, aber eben auch das Recht, darüber zu entscheiden, was als „real“ (wahr) und was als „fake“ (falsch) zu gelten hat. Zudem dürfte die Furcht nicht unbegründet sein, dass die drohenden Bußgelder dazu führen könnten, dass Inhalte sozusagen im vorauseilenden Gehorsam zensiert werden. Dies könnte tatsächlich zu einer Beeinträchtigung der Meinungs- und Pressefreiheit führen. Hinzu kommt, dass nicht immer gleich jede Einzelheit eines Vorfalls bekannt ist, die nötig wäre, um über „wahr“ oder „falsch“ zu entscheiden. Daher birgt die Forderung nach schnellem Löschen die Gefahr, dass auch manches gelöscht wird, was sich im Nachhinein als wahr herausstellt.
Selbstverständlich gibt es eindeutige Fälle von „Fake-News“, wie z. B. die Meldung, Hilary Clinton sei in einen Kinderpornoring verwickelt, der aus dem Keller einer Pizzeria in Washington agiere. Anders sieht es z. B. bei den Geschehnissen in der Kölner Silvesternacht aus. Wären alle Meldungen hierzu gelöscht worden, weil die offizielle Bestätigung von Behördenseite erst Tage später kam, wären der Öffentlichkeit zwar Hetze und Polemik erspart, aber auch wahre Informationen vorenthalten worden.
Zudem sind, gerade im politischen Meinungskampf, falsche Nachrichten, Propaganda und Hetze ja auch keine neuen Erscheinungen und das deutsche Rechtssystem bietet bereits jetzt Möglichkeiten, dagegen vorzugehen, falls zweifelsfrei eine Straftat vorliegt. Die hierfür anzuwendenden Gesetze beruhen wiederum auf dem Grundgesetz, das das Recht auf freie Meinungsäußerung garantiert. Auf diesem Wege obliegt dann auch weder Politikern „das Auseinanderhalten von real und fake“ (Z. 95 f.) noch werden sozialen Medien, die ja eben diese Informationen nicht erstellen, sondern nur die Plattform dafür bieten, Kontroll- und Löschpflichten auferlegt. Dass dabei vieles stehen bleibt, was eben keine nachweislich falsche Tatsachenbehauptung, sondern eine unliebsame und sicher in vielen Fällen auch schwer erträgliche Meinungsäußerung darstellt, muss eine Gesellschaft zum Schutze der demokratischen Prinzipien aushalten.
In Zeiten, in denen ein US-Präsident tagtäglich ungestraft Fake-News und Hetze über Twitter verbreitet, mutet es schon fast zynisch an, soziale Netzwerke unter Androhung von Millionenstrafen dazu zu verpflichten, ähnlich geartete Posts von Max Müller aus Ubstadt-Weiher binnen 24 Stunden zu löschen.

Auch wenn von Kittlitz keinen Lösungsansatz bietet, hat er recht, wenn er hier ein grundsätzliches Problem wahrnimmt, zu dessen Lösung man beim „User“ (Z. 56) ansetzen muss. Die völlig absurden Vorwürfe gegen Hillary Clinton wurden millionenfach geteilt und führten schließlich dazu, dass ein Mann mit einer Schusswaffe die genannte Pizzeria stürmte, um die dort angeblich festgehaltenen Kinder zu befreien. Sehr häufig ist es eine Kombination aus Unwissenheit und dem Bedürfnis, die eigenen Überzeugungen bestätigt zu sehen, die dazu führen, dass Menschen eigentlich offensichtlichen Fake-News Glauben schenken.

Die vom Autor beklagte mangelnde „Kritikfähigkeit" (Z. 61) ist zwar kein neues Phänomen, sie ist aber angesichts der Informationsflut, die durch die neuen Medien an uns herangetragen wird, wichtiger denn je. Nur Medienkompetenz im Sinne von Wissen um Strukturen und Mechanismen der neuen Medien, auch um Filterblasen, Social Bots und Trolle kombiniert mit einer soliden Bildung, die auch überprüfbares Hintergrundwissen vermittelt, ermöglichen ein eigenständiges und sachkundiges Urteil – und im Idealfall wird dieses Urteil dann im Bewusstsein der Bedeutung demokratischer Werte gefällt.
Daher ist es wichtig, dass diese Aspekte im Bildungsprozess verstärkt in Angriff genommen werden und neben der Medienbildung gerade auch das seit Längerem etwas randständige Fach Politik schulartübergreifend einen angemessenen Stellenwert bekommt, um die kommenden Generationen intellektuell wehrhaft zu machen, also „souverän[...]" (Z. 67) im Sinne von Kittlitz'.
Dieser Ansatz bietet natürlich keine schnelle Lösung, sondern stellt einen langwierigen Prozess dar, der auch nie eine hundertprozentige Erfolgsquote erzielen wird. Daher ist es wichtig, dass jeder Einzelne in dieser Gesellschaft Verantwortung übernimmt und sowohl im Netz als auch im realen Leben Position bezieht gegen die Intoleranz und den Extremismus, der durch Fake-News und Hassreden geschürt wird. Hier sind auch die Politiker gefragt, die ihrer Vorbildfunktion gerecht werden müssen, indem sie eben nicht wie Donald Trump antimuslimische Propaganda retweeten, sondern solches Verhalten offiziell mit deutlichen Worten verurteilen, wie es in diesem Fall die britische Premierministerin Theresa May getan hat.

Original-Prüfungsaufgaben

Abitur 2018

Aufgabenformat II A: Interpretation eines Kurzprosatextes

Erich Kästner: Spuk in Genf

Voraussetzungen gemäß Bildungsplan und „Schwerpunktthemenerlass für die schriftliche Abiturprüfung 2018"

Aufgabenstellung*

1. Interpretieren Sie den Text.

Materialgrundlage

Erich Kästner: Spuk in Genf. Aus: Ders.: Der Herr aus Glas. Erzählungen. Hrsg. von Sven Hanuschek. Zürich: Atrium Verlag 2015, S. 125 ff.

Erlaubte Hilfsmittel

- Nachschlagewerke zur deutschen Rechtschreibung und Zeichensetzung

Spuk in Genf (1928) *Erich Kästner (1899–1974)*

Text in alter Rechtschreibung

In einer Sommernacht dieses Jahres geschah am Quai du Mont Blanc in Genf – wenige Schritte vom Völkerbundpalast entfernt, vor dem Kaffeehaus „La Régence[1]" – etwas recht Merkwürdiges.

Knapp vor Mitternacht saßen an den Tischen, die auf dem Trottoir[2] stehen, viele elegante Gäste und tranken, vor dem Zubettgehen, noch irgendwelche eisigen Getränke. Denn die Luft war schwül, auch der Wind vom See her brachte keine Abkühlung. Wohlhabende Genfer Bürger steuerten ihre Autos an den gegenüberliegenden Straßenbord[3] und suchten sich dann, zwischen Reisenden aller Kontinente, einen Platz. Die Kapelle spielte, unter freiem Himmel, Partien aus berühmten Opern. Und alle Menschen, die hier saßen, spürten wohltuend, was sie miteinander verband: Die Pässe und die Brieftaschen waren in Ordnung. Der Café glace[4] erfrischte. Und die Opernpièecen[5] gehörten zur allgemeinen Bildung.

Da stand plötzlich ein Hafenarbeiter mitten auf der Straße … Braungebrannt sah er aus und muskulös. Statt des Hemds trug er ein verschossen violettes Trikot ohne Ärmel, und statt des Gürtels eine breite schmutzigrote Schärpe.

Er schwenkte ein halbleeres Bierglas in der Hand und nickte den Kaffeehausgästen, die ihn ungern bemerkten, lächelnd zu. Er schien etwas betrunken zu sein, und

*Quelle: Regierungspräsidium Stuttgart

sein Lächeln war nicht freundlich gemeint. Er schlenderte von einem Ende des Cafés zum andern, kam wieder zurück, hob überall sein Glas grüßend hoch und trank es allmählich aus. – Die Autos, die an ihm vorbei mußten, fuhren in großen Bogen um ihn herum. Und die Gäste des Cafés saßen, als sähen sie ein Theaterstück, das ihnen nicht gefiel.

Da goß der Arbeiter den Rest des Bieres aufs Pflaster, packte, als habe er großen Hunger, das Glas und biß krachend ein Stück davon ab.

Eine elegant gekleidete schwatzhafte Amerikanerin, in deren Nähe er stand, schrie auf und wurde blaß. Ihre Nachbarin drückte sich eilig das Taschentuch vor den Mund. Ein paar Gäste erhoben sich, stießen die Stühle zurück und liefen fort. Die Musiker vergaßen auf ihre Notenblätter zu blicken und gerieten aus dem Takt.

Indessen stand der Mann unbeweglich an seinem Platz und kaute Glas, daß es krachte. Gelassen beobachtete er die zunehmende Nervosität der anderen. Das Geräusch des zwischen seinen Zähnen splitternden, knirschenden Glases war das einzige, was man hörte ... Dann nickte er, als unterhalte er sich heimlich mit jemandem, wiegte sich in den Knien und ging ein paar Tische weiter. Dort hob er das Glas von neuem, blickte ausdruckslos in die ängstlichen Gesichter und biß sich einen zweiten Scherben ab.

Und wieder flohen mehrere Gäste. Andere verlangten empört, man möge ihnen den widerlichen Anblick ersparen. Die Kellner zuckten bescheiden mit den Schultern. Sie hatten keine Lust, mit jemandem, der Glas frißt, zu streiten. Außerdem waren sie vollauf damit beschäftigt, bei den flüchtigen Gästen die Zeche einzutreiben. Ein würdig weißhaariger Franzose ließ sich den Geschäftsführer kommen und stellte ihn entrüstet zur Rede. Der Geschäftsführer versprach, Abhilfe zu schaffen, wagte sich auch, bis auf einige Schritte, an den Mann auf der Straße heran, kehrte dann aber mutlos um. Inzwischen pendelte der Arbeiter von einem Ende des Cafés zum anderen, biß ohne Übereilung Scherben aus dem Bierglas, kaute sie klar und spuckte ein paar Splitter auf den Asphalt.

Ein blauuniformierter Polizist, mit weißen Fangschnüren[6], der versehentlich vom Quai de W. Wilson[7] herüberkam, bog, als er das Schauspiel sah, behutsam in die Rue de Cloche ein und verschwand. Autos hielten mitten auf der Straße an; die Insassen legten erstaunt die Gesichter an die Scheiben. Die Kaffeehausgäste saßen hypnotisiert. Sie unterlagen der Sinnlosigkeit eines Vorgangs und erschraken vor dem törichten Mute dieses Menschen. Sie hatten Angst, tasteten nach ihren Brieftaschen, als bäten sie ihre Banken um Beistand. Das half hier nichts.

Das Glas neigte sich seinem Ende zu. Der Mann knackte die letzten Scherben ab, bis der dickwandige Boden übrigblieb, der nicht zu beißen war. Den hob er hoch, triumphierend und verächtlich.

Alle saßen stumm. Ein junges Mädchen hielt sich die Augen zu und wimmerte. Da trat der Mann auf den nächsten Tisch zu, nahm wortlos eine Zuckerdose aus Nickel fort, stülpte den Zucker auf den Tisch und hielt den Leuten drohend die leere Dose hin. Sofort fuhren alle Hände nach den Portemonnaies und warfen Münzen in das Gefäß. Ruhig wie ein bewaffneter Räuber marschierte der Mann von Tisch zu Tisch und streckte seine Zuckerdose wie eine Pistole vor. Er bat nicht. Er dankte nicht. Er verließ keinen Tisch, bis man ihm nicht Geld gegeben hatte. Auf der Straße hatten sich Passanten angesammelt und verfolgten die Erpressung mit schweigendem Interesse. Der Geschäftsführer besann sich, zu spät, auf die Gefahr, in der sein Ansehen schwebte, und redete dem Manne zu, die Bettelei zu unterlassen. Der Mann schob den Schwätzer beiseite und kassierte weiter.

Er schien die Gäste als gefüllte Automaten anzusehen. Er kam, und sie gehorchten ihm mechanisch.

Als er genug hatte, stellte er die Dose beiseite, warf den Boden des Bierglases achtlos weg, zog sich die Hosen hoch und ging.

Die Zurückbleibenden saßen müde wie Rekonvaleszenten. Was war eigentlich geschehen? Ein Mann ohne Schlips und Kragen hatte Glas gekaut. Aber es war ihnen, als wäre viel mehr und viel Drohenderes passiert. Die Kapelle begann Verdi zu spielen. Ein Kellner trocknete sich verstohlen die Stirn.

Anmerkungen

1 Régence: (frz.) Regentschaft
2 Trottoir: (frz.) Bürgersteig
3 Straßenbord: Straßenrand
4 Café glace: (frz.) Eiskaffee
5 Opernpiècen: Stücke aus einer Oper
6 Fangschnur: an einer Uniform zu repräsentativen Zwecken getragene Kordel
7 Woodrow Wilson: von 1913 bis 1921 Präsident der Vereinigten Staaten, Initiator des Völkerbundes (Internationale Organisation, Vorläufer der UNO) mit Sitz in Genf, Friedensnobelpreisträger

Inhaltliche Teilleistungen

Bei der Bewertung gilt, dass das Ganze der erbrachten Leistung zu würdigen ist. Inhaltliche Aspekte sind ebenso zu berücksichtigen wie die Angemessenheit des Ausdrucks, die korrekte Anwendung der Fachsprache und sprachliche Richtigkeit. Vollständigkeit wird auch für eine sehr gute Bewertung nicht erwartet. Eine strukturierte und differenzierte Darstellung ist maßgeblich.

Hinweis

Die folgende Lösung ist eine nicht amtliche Lösung.

Beispiellösung

Einleitung

Erich Kästner, einer der bekanntesten deutschsprachigen Autoren des 20. Jahrhunderts, veröffentlichte 1928 seine gesellschaftskritische Erzählung „Spuk in Genf". Sie handelt von einer grotesk anmutenden und den Titel beglaubigenden Begegnung zweier Welten in der mondänen Westschweizer Stadt. Ein Angehöriger der Arbeiterschicht versetzt das seiner Muße frönende Bürgertum in Verwunderung und Schrecken.

Interpretation

Kästners Erzählung lässt sich in vier Abschnitte gliedern. Auf die Exposition (vgl. Z. 1 – 23), welche die Atmosphäre einer lauen Sommernacht am Genfer See heraufbeschwört, folgt der Hauptteil (vgl. Z. 24 – 106), in dessen Mittelpunkt die Konfrontation eines Hafenarbeiters mit der selbstgenügsamen Welt des Justemilieus steht und die zwischen Panik und Unglauben changierende Reaktion des unfreiwilligen Publikums. Die Klimax (vgl. Z. 107 – 135) veranschaulicht die Hilflosigkeit der Bürger angesichts des von dem Proletarier veranstalteten Spuks, während der Schluss (vgl. Z. 136 – 143) die bemühte Rückkehr zur Normalität zeigt.

„Was war eigentlich geschehen?" (Z. 137 f.) Die Erzählung beginnt mit einer detaillierten Beschreibung des Ambiente, in dem „viele eleganten Gäste" (Z. 7 f.) auf teurem Pflaster ihren Wohlstand genießen – nicht ahnend, dass bald „etwas recht Merkwürdiges" (Z. 5) wie ein Blitz aus heiterem Himmel die schwüle „Sommernacht" (Z. 1) aufschrecken wird. Der auktoriale Erzähler bahnt auf diese Weise geschickt den Kontrast an, der im Hauptteil zum Strukturprinzip der Geschichte wird. Die Verwendung einer ganzen Reihe französischsprachiger Begriffe – „Quai du Mont Blanc" (Z. 2), „La Régence" (Z. 4 f.), „Trottoir" (Z. 7), „Café glace" (Z. 21), „Opernpiècen" (Z. 22) – ist nicht allein dem frankofonen Schauplatz des Geschehens geschuldet. Vielmehr galt das Französische seinerzeit als Lingua franca der besseren Gesellschaft, die sich in der Westschweiz ein Stelldichein gibt: „Wohlhabende Genfer Bürger" (Z. 12), die in den 1920er-Jahren, also lange vor dem Zeitalter der Massenmotorisierung, bereits ein Auto besitzen, treffen auf „Reisende[...] aller Kontinente" (Z. 15). Man spricht dieselbe Sprache, man versteht sich.
Neben dem materiellen Wohlstand spielt dabei das kulturelle Kapital eine besondere Rolle. Mit einer gewissen Arroganz, aber auch subtiler Ironie – wenn man sich nämlich den weiteren Verlauf der Handlung vor Augen hält – vermerkt der Erzähler, dass die von einer Kapelle zur Zerstreuung des Bürgertums gespielten Opernstücke „zur allgemeinen Bildung" (Z. 22 f.) gehörten. Lakonisch wird wie in einer Art Zwischenfazit auf den Punkt gebracht, was die sprichwörtlichen oberen Zehntausend vereint: „Die Pässe und die Brieftaschen waren in Ordnung." (Z. 20 f.) Eigentlich sind also alle Voraussetzungen erfüllt für den harmonischen Ausklang eines vergnüglich-unaufgeregten Sommerabends.
„Da stand plötzlich ein Hafenarbeiter mitten auf der Straße." (Z. 24 f.) Der Hauptteil beginnt mit einem Paukenschlag, denn der Protagonist der Erzählung hebt sich schon rein äußerlich von der Hautevolee ab, der er im Folgenden seinen Spuk aufzwingt. Dass er „[b]raungebrannt" (Z. 25) und „muskulös" (Z. 26) ist, kennzeichnet ihn als Angehörigen des Proletariats, der harter körperlicher Arbeit nachgeht. Ein „verschossen violettes Trikot ohne Ärmel" (Z. 27 f.) sowie „eine breite schmutzigrote Schärpe" (Z. 28 f.) markieren den sozialen Kontrast zum adretten Bürgertum und veranschaulichen zugleich, wie es dem Erzähler dank der Verwendung zahlreicher Adjektive und Adverbien gelingt, die Figuren und Schauplätze präzise und plastisch zu charakterisieren. Als wäre dies nicht schon der Provokation genug, inszeniert der Hafenarbeiter nun selbstbewusst „ein Theaterstück" (Z. 41) für die nicht amüsierten Kaffeehausgäste, die bereits sein Erscheinen nur „ungern bemerkten" (Z. 32). Dass der leicht alkoholisierte Arbeiter (vgl. Z. 33) zu Beginn seiner Darbietung „nicht freundlich" (Z. 34), sondern maliziös lächelt, dürfte das Unbehagen der Nachtschwärmer intensivieren. Der Proletarier stellt zunächst aber noch sicher, dass ihm

die ungeteilte Aufmerksamkeit der Bürger geschenkt wird. Er paradiert, mit einem Bierglas in der Hand, an den Gästen des Kaffeehauses vorbei und zwingt die Autofahrer, ihm „in großen Bogen" (Z. 39) auszuweichen. So wie er den Gästen seinen Spuk aufnötigt, ertrotzt er auch gegenüber den Fahrern seinen Willen.
Damit ist die Bühne bereitet für ein Schauspiel, das dessen unfreiwillige Zuschauer nicht so schnell vergessen dürften. Nachdem der Arbeiter – wenig fein – das restliche Bier auf die Straße geleert hat, beißt er „krachend ein Stück [des Glases] ab" (Z. 45 f.). Die ersten Reaktionen der Gäste fallen beinahe erwartungsgemäß aus: Eine „schwatzhafte Amerikanerin" (Z. 47 f.) schreit auf und erblasst, eine andere Frau hält „sich eilig das Taschentuch vor den Mund" (Z. 51 f.), wobei nicht auszumachen ist, ob dies als eine Übersprungshandlung zu verstehen ist oder als spontaner Ausdruck des Ekels vor der unfassbaren Tat des angetrunkenen Hafenarbeiters. Wiederum andere Gäste suchen in Panik das Weite (vgl. Z. 51 f.), während die Musiker im Wortsinn „aus dem Takt" (Z. 54) geraten. Der Erzähler blendet nun kontrastiv zurück zum wirklichen Taktgeber des Geschehens. Unbeeindruckt kaut der Arbeiter weiter auf den Scherben des Bierglases, „daß es krachte" (Z. 56 f.). Die onomatopoetische Anmutung des Kaugeräusches unterstreicht den grotesken Charakter des unheimlichen Spektakels, das an die exotische Welt der Fakire erinnert. Nicht minder exotisch muss den aufgeschreckten Bürgern der Proletarier erscheinen, der das von ihm verursachte Gefühlschaos offensichtlich genießt (vgl. Z. 57 f.). Dass er Selbstgespräche führt oder durch unmotiviertes Kopfnicken zumindest den Anschein danach erweckt (vgl. Z. 61 ff.), dürfte ebenso wenig beruhigend wirken wie die Tatsache, dass er einen zweiten Happen von dem Glas nimmt und an den Tischen entlang weiterzieht.

Das aberwitzige Schauspiel setzt sich fort. Doch immerhin regt sich zumindest in Ansätzen Widerstand bei einigen Gästen, der sich freilich darin erschöpft, die Kellner, die gesellschaftlich zwischen dem proletarischen Berserker und dem Bürgertum positioniert sind, gebieterisch aufzufordern, „man möge ihnen den widerlichen Anblick ersparen" (Z. 69 f.). Hier wird also ein ästhetisches Urteil gefällt: Die Bourgeoisie erträgt das aus dem Rahmen fallende Verhalten des Underdogs nicht, fühlt sich regelrecht angewidert, sorgt sich aber nicht etwa um eine mögliche Verletzung des Hafenarbeiters.
Der Erzähler karikiert den heuchlerischen Habitus des Bürgertums, das in einem Moment der Angst seine Wohlanständigkeit vergisst, sodass die Kellner nicht umhinkönnen, „bei den flüchtigen Gästen die Zeche einzutreiben" (Z. 74 f.). Die Alliteration „würdig weißhaariger Franzose" (Z. 76) stößt die Leser ebenfalls auf einen klischeehaften Charakter, denn anstatt selbst Abhilfe zu schaffen, verlangt der aufgebrachte Gast nach dem Geschäftsführer. Diesen verlässt indes rasch sein Mut, als er dem Glasbeißer ein wenig näher gekommen ist (vgl. Z. 79 ff.). Dass der Arbeiter mittlerweile fast schon routiniert vor der Tischfront hin und her geht und „ohne Übereilung Scherben aus dem Bierglas" (Z. 84 f.) beißt, ist Ausweis seiner Gelassenheit, die in krassem Widerspruch steht zur Hysterie der Gäste. Verächtlich spuckt er „ein paar Splitter auf den Asphalt" (Z. 86) – ein treffender Kommentar zur säuberlich reinen Wunschwelt des Bürgertums.
Ein drittes Mal lenkt der Erzähler die Aufmerksamkeit auf die hilf- und mutlosen Zuschauer. Grotesk wirkt das defätistische Verhalten des „versehentlich" (Z. 88) an den Schauplatz des Spektakels geratenen Ordnungshüters: Der „mit weißen Fangschnüren" (Z. 87 f.) aufgeputzte

Polizist macht sich aus dem Staub, anstatt beherzt einzugreifen. Autofahrer passieren Gaffern gleich den Ort des Geschehens und die Gäste wirken nun vollends „hypnotisiert" (Z. 94) ob des denkwürdigen Theaters. Der Erzähler gewährt an dieser Stelle einen raren Blick in das Innenleben seiner ansonsten stark typisierten Figuren: „Sie unterlagen der Sinnlosigkeit eines Vorgangs und erschraken vor dem törichten Mute dieses Menschen." (Z. 95 ff.) Sinnlos ist der Vorgang, töricht der Mut indes lediglich aus der Perspektive der aufgeschreckten Bürger, welche die Motivation des Hafenarbeiters allenfalls düster zu ahnen scheinen, denn ihre irrationale Angst, die aus dem vermeintlichen Widersinn des Spektakels resultiert, lässt sie reflexhaft „nach ihren Brieftaschen [greifen], als bäten sie ihre Banken um Beistand" (Z. 99 f.). Sarkastisch bewertet der meist ironisch distanzierte Erzähler den Vorgang wie folgt: „Das half hier nichts." (Z. 100 f.) Damit schlägt er sich insgeheim auf die Seite des Arbeiters, denn noch können sich die verschreckten Gäste nicht von ihrer Tortur freikaufen, was ihm offenbar ein gewisses Vergnügen bereitet.
Wie eine Trophäe reckt der Proletarier „triumphierend und verächtlich" (Z. 105 f.) den Glasboden in die Höhe, den nicht einmal er zermalmen kann. Diese Geste leitet über zur Klimax der Geschichte: „Alle saßen stumm." (Z. 107) Der letzte Akt des Dramas beginnt. Der Arbeiter nimmt „wortlos eine Zuckerdose" (Z. 110), leert den Inhalt auf einen Tisch und hält „den Leuten drohend die leere Dose hin" (Z. 112 f.). Hatte der Hauptteil mit dem Adverb „plötzlich" (Z. 24) eingesetzt, ist es nun das Adverb „[s]ofort" (Z. 113), welches das Ende des Spektakels heraufdämmern lässt. Die Bürger greifen „nach den Portemonnaies" (Z. 113 f.), um den Artisten zu bezahlen. Dieser verzieht nach wie vor keine Miene, als er den Gästen die „Zuckerdose wie eine Pistole" (Z. 117 f.) unter die Nase hält. „Er bat nicht. Er dankte nicht. Er verließ keinen Tisch, bis man ihm nicht Geld gegeben hatte." (Z. 118 ff.) Die anaphorisch-parataktische Reihung unterstreicht das lakonisch-geschäftsmäßige Prozedere, das auf weitere gaffende Außenstehende nicht ganz zu Unrecht wie eine „Erpressung" (Z. 122) wirkt.

Nun tritt auch der verunsicherte Geschäftsführer in Aktion, da er eine Gefahr für sein Ansehen wittert, und fordert den Arbeiter auf, „die Bettelei zu unterlassen" (Z. 125 f.). Unbeeindruckt von dem reichlich verspäteten und leicht durchschaubaren Engagement des Geschäftsführers, entledigt sich der Proletarier im Handumdrehen des „Schwätzer[s]" (Z. 127) und treibt weiter seine Gage ein. Der Erzähler charakterisiert die zahlungswilligen Gäste lakonisch als „gefüllte Automaten" (Z. 129 f.), die sich dem Arbeiter „mechanisch" (Z. 131) widerstandslos fügen. Als sozialer Typus agieren sie durchweg wie entindividualisierte Träger einer bürgerlichen Rollenzuschreibung, die aus der Rolle der mühelosen Überlegenheit fallen, sobald sie mit dem ganz Andersartigen konfrontiert werden. Der Spuk endet, als der Arbeiter genug Geld eingetrieben hat und seine Bühne mit einer (abermals) wegwerfend-verächtlichen Geste (vgl. Z. 133 ff.) verlässt.
Der Schluss kann die zentrale Frage der Geschichte – „Was war eigentlich geschehen?" – nicht beantworten. Die verdutzten Gäste bleiben „müde wie Rekonvaleszenten" (Z. 136 f.) zurück und reiben sich die Augen darüber, dass ausgerechnet ein „Mann ohne Schlips und Kragen" (Z. 138 f.) sie vorgeführt hat. Diese Formulierung unterstreicht die soziale Kluft, die zwischen den beiden Welten herrscht, welche in der merkwürdigen Episode am Genfer See aufeinanderprallten. Den Bürgern schwant jedoch, dass „viel mehr und viel Drohen-

deres“ (Z. 140) passiert sei als die dreiste Masche, mit der ein ausgebuffter Angehöriger der Unterschicht sie zur Ader gelassen hat. Die Verdi spielende Kapelle (vgl. Z. 141 f.) soll gewissermaßen den Geist der Normalität wieder heraufbeschwören, der geherrscht hatte, ehe der Hafenarbeiter in den geordneten Kosmos der Bourgeoisie eingebrochen war.

Fazit

Bezeichnend für Kästners Erzählung ist die Sprachlosigkeit, die sich wie eine unsichtbare Wand zwischen die selbstzufriedenen Bürger und den rabiaten Repräsentanten des Proletariats schiebt. Anstatt dem bizarren Treiben Einhalt zu gebieten oder dem Glasbeißenden zu helfen, starren die Gäste am Quai du Mont Blanc wie das Kaninchen hilflos auf die Schlange und fordern allenfalls Dritte auf einzuschreiten. Demgegenüber ist der Arbeiter wild entschlossen und jagt dem schlaffen Bürgertum kaltblütig einen gehörigen Schrecken ein. Der Spuk endet erst, als der Fremdling die unfreiwilligen Zuschauer zur Kasse gebeten hat, wobei die Bürger nachgerade erleichtert zu sein scheinen, sich von dem unheimlichen Spektakel freikaufen zu können. Sie entrichten quasi Schutzgeld, um vor Schlimmerem bewahrt zu werden. Die Absurdität des Bezahlvorgangs gipfelt in dem Umstand, dass der Hafenarbeiter das Geld zum Schluss nicht an sich nimmt, sondern „die Dose beiseite[stellt]“ (Z. 132 f.). Damit wird das Bürgertum ein weiteres Mal als machtlos vorgeführt, denn der Hafenarbeiter geht, weil er es will, ohne das Geld.
Offen bleibt, worin genau die Bedrohung durch etwas Schlimmeres bestehen könnte. Zieht man textexterne Faktoren zurate, so gibt die Entstehungszeit der Erzählung Hinweise auf eine mögliche Deutung: Die 1920er-Jahre waren in ganz Europa geprägt von einem weltanschaulichen Ringen zwischen der Demokratie und deren Feinden zur Linken wie zur Rechten. Das Bürgertum fürchtete sich vor einer proletarischen Revolution nach sowjetischem Vorbild, verfügte aber über keine probaten Mittel, um die gesellschaftlichen Konflikte dauerhaft zu befrieden. Zu denken wäre auch an die Gesellschaftskritik in den Bildern des Malers George Grosz, der schamlose Kriegsgewinnler mit den sozial Deklassierten kontrastiert. Wie dem auch sei: Kästner gelingt trotz der sachlich-nüchternen Sprache ein eindringlicher, zeitloser Appell, Brücken zu bauen und so einer wechselseitigen sozialen Entfremdung entgegenzuwirken.

Abitur 2019

Aufgabenformat II A: Interpretation eines Kurzprosatextes

Brigitte Kronauer: Der Störenfried

Voraussetzungen gemäß Bildungsplan und „Schwerpunktthemenerlass für die schriftliche Abiturprüfung 2019“

Aufgabenstellung*

1 Interpretieren Sie den Text.

Materialgrundlage

Brigitte Kronauer: Der Störenfried. Aus: Dies.: Schnurrer. Geschichten. Stuttgart: Klett-Cotta Verlag 1992, S. 7 ff.

Erlaubte Hilfsmittel

– Nachschlagewerke zur deutschen Rechtschreibung und Zeichensetzung

Der Störenfried (1992) *Brigitte Kronauer (1940–2019)*

Text in alter Rechtschreibung

Ja sicher nahm er sich die Freiheit, während er die naiv gezogenen Wege abging und mit Vergnügen die vorgeschriebenen, sinnlosen Haken schlug, eine Lakritzschnecke nach der anderen zu futtern, bis er die ganze Tüte leergefressen hatte! Er ging geradeaus und bog plötzlich, sich selbst überraschend, willkürlich ab, er sah sich zu, einer kleinen Menschärgeredichnichtfigur, bei etwas außer Rand und Band geratenen, aber immer geometrischen Zügen, die er selbst verantwortete. Dazu also und zu Recht: eine Schnecke nach der anderen. Er biß sie in seinem Mund zugrunde, in großer Vertilgungswut, die reine Freude war. Jetzt sirrte das alte Buchenlaub nicht bösartig in den Hecken. Mit dem kalten Februarwind war es für lange Zeit aus. Hier staute sich die Witterung zu jeder Jahreszeit. Nun also war der Frühling dran, und hier eben sofort ein hundertprozentiger Frühling. Die Anordnung der Bäume und Büsche erzeugte oft um die Gräber herum den Eindruck von Spezialkabinetten mit jeweils eigenem Zimmergeruch, und er, K. R. Schnurrer, konnte überall eintreten ohne anzuklopfen.

Schließlich war er hier annähernd zu Hause. Er hatte Gewohnheitsrecht, besuchte zwar niemanden, aber stellte sich gern sein eigenes Grab vor mit dem Namen „K. R. Rotzekocher“. Ja sicher, das würde ihm gefallen, genau der richtige Name für den Stein.

Zu den Steinen und Namen dachte er sich mit Vorliebe passende Berufe aus. Die Toten mochten neuerdings vielleicht besonders gern Systemanalytiker, Netzadminis-

*Quelle: Regierungspräsidium Stuttgart

trator sein. Auch bei dieser Berufsgruppe gab es ja längst Verschiedene, und er nickte ihnen von oben in die Tiefe hinab freundlich zu: Netzadministrator! Da lag der Herr und wurde von oben vom Menschärgeredichmännchen respektvoll gegrüßt. Der da unten war eben schon ›Himmelen gegangen‹. Mochte für ihn das Beste sein.

Es machte ihm auch Spaß, nach den Daten unter den Namen die Verwandtschaftsbeziehungen der Begrabenen zu erraten. Ließ sich das aus den Zahlen nicht eindeutig ermitteln, reagierte er kurzfristig verdrossen, als hätte er vor einem Rätsel versagt, einem unsauber formulierten allerdings.

Die Grabschächte! Gern begriff er sie als endlos in die Tiefe verlaufende, wie die Gänge in den nebligen Monaten es in der Horizontalen taten. Dann konnte man sich nämlich auch umgekehrt ausmalen, man stiege, in der Waagerechten ausschreitend, in die Tiefe hinab. Es blieb ja alles folgenlos, war ja nicht gefährlich, auch seine kleine Nichte sprach mit Genugtuung vom Helden eines eben gelesenen Buches, der alles verloren hatte, Arme und Beine, Augenlicht, Gehör, den halben Kopf offenbar, und immer noch lebte, total kaputt der junge Mann, aber tapfer. So hatte sie es berichtet, durch so viel Tugend und radikale Reduzierung entflammt. Von ihr wusste er sicher, dass sie unter den Lebenden weilte, von anderen Bekannten oder sogar Blutsverwandten konnte er das auf Anhieb nicht genau sagen. Wenn er sie nie traf, was macht es dann überhaupt für einen Unterschied?

Er riss mit den Zähnen an einer Lakritzschnecke. Aber nun zum ersten Mal dieser Läufer im Turnanzug, locker an den verwilderten und den frischen, hoch mit Blumen beschichteten Gräbern vorbeitänzelnd. Artistische Technik geradezu. Ein 1a Boden hier, Waldverhältnisse. Dieser Mann war von der ersten Sekunde an sein Feind. Er rannte unbeirrbar, sah nicht nach rechts und links, ganz hingegeben dem unbändigen Laufvergnügen auf idealer Unterlage. Ribbelte den ganzen Friedhof auf mit seinem nichtswürdigen Sport und scherte sich an nichts. Schnurrer schlich ihm nach. Er kannte sich ja gut aus und konnte es taktisch so einrichten, dass er ihn, obschon er sich viel langsamer bewegte, im Auge behielt.

Das ging zu weit! Hierher durften sich diese Pragmatiker einfach nicht vorwagen. Er, Schnurrer, verlor die Lust an seinem Friedhof. Damit hätte er nie gerechnet. Dieser Rasende! Zerstörer! Ein maschinengleich rasender oder pendelnder, voranfedernder Zerstörer, der alles in Schutt und Asche legte, während er ungestraft seine Technik zwischen den Grabhügeln vervollkommnete.

Warum ziehe ich denn hier herum, fragte sich Schnurrer, als Menschärgeredichmännchen, und esse ausgerechnet hier so lüstern und fanatisch rabenschwarzes Lakritz? Es ist in Wahrheit Trotz, ja, gut, jetzt ist es leider gesagt, aber natürlich nicht gegen diesen Wahnsinnigen, der seine Beine nicht stillhalten kann. Ebensogut könnte ich mir was Schönes aus dem Weltall ansehen, zum Beispiel die Wasserstoffgaswolke im Sternbild Orion, hundertfünfzig Billionen Kilometer groß. Man mußte gegen den Tod aufzutrumpfen wissen. Die Gaswolke und ihr Glühen halfen manchmal. Manchmal war dies hier besser. Mitten auf dem Friedhof ging er dann großartig gelaunt und gefeit herum, streichelte auch die schönen Marmorengel-Busen, die weniger kalt waren, als man glaubte.

Von Augenblick zu Augenblick die Gegenwart genießen? Schön und gut. Sollte er etwa seine Frau, der er immerhin noch deutlich zugetan war, jahrzehntelang sekundenweise lieben, und was war, bei Befolgung dieses Rezepts, mit einem gewissen Garteneingang, der seinerseits in unentwegter Treue auf ihn wartete?

Der Störenfried trug Schuld daran, dass er sich diese Unerquicklichkeit klarmachen mußte. Aus war das heimliche Kinderspiel. Nun stand der klobige Grund für seine Praktiken, völlig unnötigerweise, vor ihm.

Seine Nichte hatte ihm erzählt, in der Kirche hätten die Kinder jetzt oft die Hostie und ein Kaugummi gleichzeitig im Mund. Wenig später, wenn es mit den Hostien vorbei war, wurden diese Kinder, das stand ab heute fest, Läufer, die auf Friedhöfen ihre Muskeln stählten. Das ließ sich nicht aufhalten. Aber konnte man sie, eine letzte Gegenwehr, vielleicht überlisten?

Da zog der Verrückte wieder seine Bahn, jetzt mit kleinen, steilen Übungs- oder Übermutssprüngen zwischendurch, unaufhaltsam und in Begeisterung über das entdeckte Terrain immer noch eine zusätzliche Streckenvariation auskundschaftend.

Da hatte er's: Erbitterung über den Turner oder Tod: Das war völlig egal, nämlich ein und dasselbe! Schnurrer würde sich in Zukunft den Tod als diesen schreiend gekleideten Läufer vorstellen. ›Jan Klapperbeen‹? Das hatte ihn noch nie überzeugt. Aber dieser nicht müde zu Kriegende, sein Ziel sorgenfrei Verfolgende, ohne Blick für die hingehauchten Biografien, die ihn rechts und links flankierten, der schaffte es. So würde er, Schnurrer, Rotzekocher, von nun an den Tod leibhaftig sein Wesen treiben sehen, als unersättlicher Jogger im optimistischen Kampfanzug, ob das Laub kam oder ging.

Nun riskierte er selbst einen Luftsprung als überaus fröhliche Parodie: War das nichts? Mit einem Trick hatte er seinen Feind besiegt und in seine Gewalt gebracht, nicht direkt und vollständig den Tod, aber den gespenstisch sich abmühenden Jüngling gewiss. Der war erledigt, erlegt und tot.

Inhaltliche Teilleistungen

Bei der Bewertung gilt, dass das Ganze der erbrachten Leistung zu würdigen ist. Inhaltliche Aspekte sind ebenso zu berücksichtigen wie die Angemessenheit des Ausdrucks, die korrekte Anwendung der Fachsprache und sprachliche Richtigkeit. Vollständigkeit wird auch für eine sehr gute Bewertung nicht erwartet. Eine strukturierte und differenzierte Darstellung ist maßgeblich.

Hinweis

Die folgende Lösung ist eine nicht amtliche Lösung.

Beispiellösung

Einleitung

Die im Sommer 2019 verstorbene Schriftstellerin Brigitte Kronauer porträtiert in ihrer Kurzgeschichte „Der Störenfried" das eigenartige Verhalten eines Mannes, dem ein Friedhof zur zweiten Heimat geworden zu sein scheint.

Interpretation

Kronauers Erzählung beginnt – für eine Kurzgeschichte typisch – unvermittelt, mit einer Art Ausruf: „Ja sicher nahm er sich die Freiheit“ (Z. 1). Zunächst bleibt offen, um wen es sich da handelt, der eine Tüte mit Lakritzschnecken „leergefressen hatte“ (Z. 6). Auffällig ist bereits hier die Wortwahl, die nicht recht zu passen scheint: Wie können Wege „naiv gezogen[...]“ (Z. 2) sein, und wie sehen Haken aus, die ein Mensch „sinnlos[...]“ (Z. 4) schlägt? Und weshalb muss sich jemand pathetisch die Freiheit nehmen, um etwas so Banales wie das Essen von Lakritze anzukündigen? Zudem spiegelt sich im gewundenen Bau des ersten Satzes die Bewegung des noch namenlosen Protagonisten über den Friedhof. Der Mann beobachtet sich bei all dem selbst und steigert die bizarr anmutende Szenerie ins beinahe Surreale, wenn er sich bei seiner Fortbewegung als „Menschärgeredichnichtfigur“ (Z. 9 f.) charakterisiert. Dass er die Lakritzschnecken „zu Recht“ (Z. 13) vertilge, lässt ebenfalls aufhorchen, denn hier fallen die hyperbolische Wahl der Wortgruppe und der Bedeutungsgehalt der Aussage merklich auseinander: Erneut wird etwas eigentlich Banales mit einem Überschuss an Bedeutung aufgeladen, die ihm nicht wirklich zukommt. Auch dass Buchenlaub je „bösartig“ (Z. 17) gesirrt hätte, widerspricht der durchschnittlichen Erfahrungswelt.

Doch K. R. Schnurrer, so der Name des Protagonisten, bewohnt offenbar seinen eigenen Kosmos. Deshalb kann er den Friedhof als Anordnung von „Spezialkabinetten mit jeweils eigenem Zimmergeruch“ (Z. 24 f.) beschreiben. Der morbide Charme, der von den Grabstätten ausgeht und Schnurrer nachhaltig beeindruckt, gipfelt in der Feststellung „Schließlich war er hier annähernd zu Hause“ (Z. 28 f.), weshalb er „Gewohnheitsrecht“ (Z. 29) für sich reklamiert. Er ist dem Gottesacker so sehr verbunden, dass er sich schließlich in die Gestaltung seines eigenen Grabsteins hineinfantasiert, den er mit dem Namen „K. R. Rotzekocher“ schmücken würde. Der Aliasname spielt wohl auf die schwarze Lakritzschnecke an, die sich mit etwas Geschick zu einer Tabakpfeife (Rotzekocher) formen lässt. Abermals beginnt eine Reflexion mit den Worten „Ja sicher“ (vgl. Z. 32), was darauf hindeutet, dass der Protagonist Rückhalt sucht und diesen in der fast zwanghaft anmutenden Gestaltung seines Mikrokosmos findet.

Einer unheimlichen Séance gleicht Schnurrers Kommunikation mit der Welt der Toten, der in erlebter Rede besondere Eindringlichkeit eignet. Schnurrer denkt sich für die Verstorbenen „passende Berufe“ (Z. 35) aus und „nickt[...] ihnen von oben in die Tiefe hinab freundlich zu“ (Z. 39 f.). Spaß bereitet es ihm außerdem, aus den Lebensdaten der Verschiedenen deren Verwandtschaftsbeziehungen zu rekonstruieren. Dass er „kurzfristig verdrossen“ (Z. 50 f.) reagiert, wenn ihm die genealogische Übung missrät, schlägt die Brücke zur selbst gewählten Identität als „Menschärgeredichmännchen“ (Z. 42 f.), die eines erwachsenen Menschen unwürdig und im Kontext eines Friedhofs besonders unangemessen erscheint.
Der Ausruf „Die Grabschächte!“ (Z. 54) führt noch tiefer in Schnurrers bizarres Universum hinein. Er imaginiert Zugänge zu der Nekropole und verharmlost damit indirekt den Tod, dessen Reflexion im Zentrum der gesamten Erzählung steht: „Es blieb ja alles folgenlos, war ja nicht gefährlich“ (Z. 60 f.). Zu fragen wäre, ob Schnurrers Fantasie wirklich so ohne Folgen bleibt, denn im weiteren Verlauf wird deutlich, dass sein mühsam gezimmertes Selbst- und Weltbild an einem seidenen Faden hängt. Zunächst aber bringt er seinen Gedankenflug mit

der womöglich ebenso fiktiven Welt von Helden in Verbindung und ergeht sich erneut in einer morbiden Betrachtung: Der Held, von dem Schnurrers Nichte berichtete, verlor fast alles, nämlich „Arme und Beine, Augenlicht, Gehör, den halben Kopf offenbar" (Z. 64 f.), lebte aber noch. Fazit: total kaputt, aber tapfer. In diesen Worten steckt vielleicht eine Art unfreiwilliger Selbstbeschreibung des Protagonisten. Wie sehr ihm Realität und Fantasie verschwimmen, veranschaulichen die folgenden Worte: „Von [seiner Nichte] wusste er sicher, dass sie unter den Lebenden weilte, von anderen Bekannten oder sogar Blutsverwandten konnte er das auf Anhieb nicht genau sagen. Wenn er sie nie traf, was macht es dann überhaupt für einen Unterschied?" (Z. 69 ff.) Das soziale Umfeld Schnurrers scheint demnach recht überschaubar zu sein, was vielleicht erklärt, weshalb er, dem es offensichtlich an Empathie gebricht, Zuflucht zur Welt der Toten sucht, die er nicht mehr ohne Weiteres von jener der Lebenden zu unterscheiden vermag.

Die Erzählung gelangt im Folgenden an einen Wendepunkt. Mit dem „Läufer im Turnanzug" (Z. 77) betritt eine Figur die Szenerie, die Schnurrers Kreise massiv stört und das Scheitern seines Lebensentwurfs grell beleuchtet. Die locker-tänzelnde Bewegung des Läufers (vgl. Z. 77 ff.) steht in auffälligem Kontrast zur abgezirkelten Bahn Schnurrers. Anfangs klingt die aus dessen Perspektive geschilderte Begegnung mit dem Läufer wie ein erfrischender Einbruch des Realitätsprinzips in die verschattete Welt des Protagonisten. Doch dann kürt Schnurrer den titelgebenden Störenfried schnurstracks zum „Feind" (Z. 83). Das „unbändige[...] Laufvergnügen auf idealer Unterlage" (Z. 85 f.), wie es sarkastisch heißt, stellt die Tristesse Schnurrers bloß, der sich wie von Sinnen an dem „nichtswürdigen Sport" (Z. 87) stößt. Allerdings belässt er es nicht bei der Klage über den ihm in jeder Hinsicht fremden Eindringling. Vielmehr nimmt er die Verfolgung auf, wobei er sich die Kenntnis des Terrains zunutze macht und so den Tempovorteil des Läufers zu kompensieren weiß.

Voller Empörung fährt es Schnurrer durch den Kopf: „Das ging zu weit." (Z. 93) Der Ausruf leitet über zu einer wahren Kaskade der Verwünschungen gegen die „Pragmatiker" (Z. 94), die sich erkühnen, sein Revier in Beschlag zu nehmen, und ihm nachgerade die „Lust an seinem Friedhof" (Z. 95 f.) verleiden. Pragmatiker sind Menschen, die sich nicht auf eine Weltanschauung versteifen, sondern unter Abwägung der Vor- und Nachteile einer Handlung flexibel den für sie gangbaren Weg wählen. Vor diesem Hintergrund müsste man den Protagonisten hingegen als engstirnigen, „mit den Zähnen an einer Lakritzschnecke" (Z. 75 f.) reißenden Ideologen apostrophieren, den schon ein harmloser Jogger auf dem Friedhof aus der Bahn wirft. Schnurrer schmäht den sportlichen Zeitgenossen, vollkommen überreagierend, als „Rasende[n]", gar als „Zerstörer" (Z. 97). Er wiederholt letzteren Vorwurf sogar noch einmal, verbunden mit der Anklage, dieser lege „alles in Schutt und Asche" (Z. 99 f.). Der Vorwurf mutet reichlich abstrus an, denn der Läufer verkörpert das Prinzip der Vitalität, während Schnurrer zwischen Gräbern umherstreicht und Antworten auf letzte Fragen ausgerechnet bei den Toten sucht.

Für einen Moment blitzt dann so etwas wie Einsicht, Selbsterkenntnis bei Schnurrer auf: „Warum ziehe ich denn hier herum, fragte sich Schnurrer, als Menschärgeredichmännchen, und esse ausgerechnet hier so lüstern und fanatisch rabenschwarzes Lakritz?" (Z. 103 ff.)

Er muss sich eingestehen, dass er aus Trotz so fanatisch denkt (vgl. Z. 107), freilich nicht gegen den Läufer gewendet, sondern auf den eigenen Lebensentwurf zielend. Das verlegene „ja, gut“ (Z. 107) ist ein Eingeständnis des Scheiterns. Wogegen er all seinen Furor aufbietet, ist der Tod: „Man mußte gegen den Tod aufzutrumpfen wissen.“ (Z. 114 f.) Doch offensichtlich gelingt Schnurrer genau dies nicht, sonst müsste er nicht immer wieder in lachhaften Übersprungshandlungen – wie dem Streicheln der „schönen Marmorengel-Busen“ (Z. 120) – vom Wesentlichen ablenken, nämlich von der psychologischen Klemme, in der er wie jeder andere steckt, der sich mit der eigenen Endlichkeit konfrontiert sieht und diese nicht sinnvoll in einen persönlichen Lebensentwurf einzuordnen weiß. Mit dem Blick hinauf zum Himmel, zu seinen Sternen könne er sich manchmal von der existenziellen Not ablenken, die ihn bedrückt. Ein weiteres Mittel zur Betäubung der inneren Unruhe sei ein Anflug hedonistischen Gegenwartsgenusses (vgl. Z. 122 f.). Seiner Frau sei „er immerhin noch deutlich zugetan“ (Z. 124 f.) – eine nur schwach verhüllte Umschreibung eines Ehelebens, dem der Zauber des Anfangs schon längst nicht mehr innewohnt. Und der „gewisse[...] Garteneingang“ (Z. 127 f.) könnte einerseits für den Friedhof stehen, den Schnurrer regelmäßig aufsucht, andererseits für einen Seitensprung, denn die Formulierung „unentwegte[...] Treue“ (Z. 129) klingt nach einer freudschen Fehlleistung.

Der Moment der Einsicht weicht indes der Verschiebung des Problems auf den „Störenfried“ (Z. 130). Er trage die „Schuld“, dass sich Schnurrer seinen Lebenslügen stellen musste. Doch nun: „Aus war das heimliche Kinderspiel.“ (Z. 132) Ironischerweise kommt nun wieder eine Kindergeschichte ins Spiel. Der Protagonist erinnert sich einer Erzählung seiner Nichte, der zufolge „Kinder jetzt oft die Hostie und ein Kaugummi gleichzeitig im Mund“ (Z. 136 ff.) hätten, eine im Prinzip vollkommen belanglose Begebenheit ohne Zusammenhang mit Schnurrers Problemen. Er nutzt sie jedoch, um seinen psychologischen Abwehrmechanismus neu zu kalibrieren: Aus den wenig ehrerbietigen Kindern würden zweifelsohne später Läufer auf Friedhöfen. Dieser abstruse Kurzschluss motiviert Schnurrer zu einer vermeintlichen List, mit deren Hilfe sich dem unaufhaltsamen Kreislauf des Lebens, der ihm in der Vitalität der Jüngeren entgegentritt, ein Schnippchen schlagen ließe.
Während der Läufer „mit kleinen, steilen Übungs- oder Übermutssprüngen“ (Z. 145 f.) seinem Hobby frönt und sich dabei neue Streckenvarianten erschließt (vgl. Z. 148 f.), versucht Schnurrer, der „Erbitterung über den Turner oder Tod“ (Z. 151 f.), die einerlei sei, Herr zu werden, indem er hinfort den Tod in dem vor Lebenskraft strotzenden Läufer personifizieren wird. Nochmals überhäuft Schnurrer ihn mit Vorwürfen, von denen vor allem der, dass er „ohne Blick für die hingehauchten Biografien“ (Z. 158 f.) über den Friedhof renne, Schnurrers Gabe zur Verdrängung vor Augen führt, denn er selbst erfindet lediglich Biografien für die Verblichenen, was keinesfalls bedeutet, diese individuell zu würdigen. Vielmehr steigert sich Schnurrer erneut in eine überschießende Fantasie hinein, die sein Unbehagen an der menschlichen Existenz ruhigstellen soll. „So würde er, Schnurrer, Rotzekocher, von nun an den Tod leibhaftig sein Wesen treiben sehen, als unersättlicher Jogger im optimistischen Kampfanzug, ob das Laub kam oder ging.“ (Z. 161 f.) Die Formulierung „unersättlicher Jogger“ klingt nach Art einer Katachrese schräg, denn das Adjektiv begleitet für gewöhnlich andere Substantive. Ein Jogger ist ehrgeizig oder fit, unersättlich ist er nur für jemanden, der mühsam nach Worten ringt und diese nur schwerlich mit der Wirklichkeit zur Deckung bringt.

Wenn Schnurrer am Ende „als überaus fröhliche Parodie“ (Z. 167) selbst einen Luftsprung wagt und so seinen „Feind“ (Z. 169) zu besiegen vermeint, fällt er nochmals einem Trugschluss anheim, der dem „gespenstisch sich abmühenden Jüngling“ (Z. 171 f.) die Rolle eines allegorischen Stellvertreters zuweist. Allein: Der Tod lässt sich dadurch nicht überlisten. Gespenstisch wirkt vielmehr das schale, an magische Praktiken erinnernde Gebaren des Protagonisten, der sich seinerseits krampfhaft abmüht, sein Welt- und Selbstbild wieder zu ordnen, nachdem es durch einen friedlichen Läufer verrückt geworden war. Wie eine Beschwörungsformel klingt der letzte Satz der Erzählung: „Der war erledigt, erlegt und tot.“ (Z. 172 f.) Das Trikolon kann nicht darüber hinwegtäuschen, dass Schnurrers Selbstbeschwörung ins Leere läuft und er bei nächster Gelegenheit eine neue Form der Selbsttäuschung ersinnen muss, um den bohrenden Fragen nach Sinn und Ziel der menschlichen Existenz auszuweichen.

Fazit

Brigitte Kronauer thematisiert mit ihrer Kurzgeschichte merkwürdige Vorkommnisse aus der Sicht einer exzentrischen Person. Der Protagonist, K. R. Schnurrer, pflegt eine beinahe intime Beziehung zu einem Friedhof und den dort Bestatteten. Im Laufe der Erzählung wird klar, dass Schnurrers Friedhofsbesuche rituellen und tendenziell pathologischen Charakter besitzen. Er versucht, die Furcht vor dem Tod ausgerechnet zwischen Gräbern zu bekämpfen. Was zunächst nach einem spielerischen Umgang mit dem Unausweichlichen aussieht, entpuppt sich allmählich als hilfloses Aufbäumen gegen innere Dämonen, die durch einen nichtigen Anlass entfesselt werden.

Der Auftritt des Läufers versetzt Schnurrer einen harten Schlag, denn er bildet den vitalen Kontrapunkt zu seinem eigenen morbiden Zeitvertreib. Kindergeschichten sollen ihm dabei helfen, logische Leerstellen zu füllen, doch am Ende gewinnt er seine Contenance nur zurück, indem er den Läufer zu einer Allegorie des Todes stilisiert, die er erledigen zu können glaubt, indem er läppisch einen Luftsprung des Läufers imitiert. Die Macht des Todes bleibt davon jedoch unberührt, was Schnurrer ahnt.

Banales und Existenzielles verschmelzen auch in den leitmotivisch zitierten, „rabenschwarze[n]“ (Z. 106) Lakritzschnecken. Der Protagonist frisst dieses Symbol des Todes regelrecht in sich hinein und baut mit ihrer Hilfe, zumindest vorübergehend, seine Aggressionen ab. Allerdings verfängt diese Strategie nicht, da Schnurrer um deren illusionären Gehalt weiß, es aber nicht über sich bringt, sich seine existenziellen Ängste einzugestehen.

Abitur 2019

Aufgabenformat III B: Analyse und Erörterung eines pragmatischen Textes (Schwerpunkt Analyse *oder* Schwerpunkt Erörterung)

Hilmar Klute: Wer streiten will, muss sich auch schmutzig machen

Voraussetzungen gemäß Bildungsplan und „Schwerpunktthemenerlass für die schriftliche Abiturprüfung 2019“

Aufgabenstellung*

1. Arbeiten Sie die Position des Autors heraus und analysieren Sie die Struktur und sprachliche Gestaltung des Textes.

2. „Eine Debatten-Gesellschaft darf sich nicht zu fein sein, auch die [...] unappetitlichen Ansichten anzuhören.“ (Z. 131 ff.)
   Setzen Sie sich mit dieser zentralen Aussage Klutes auseinander.

Bitte beachten Sie, dass der Schwerpunkt der Gewichtung auf Teilaufgabe 1 liegt.

Materialgrundlage

Hilmar Klute: Wer streiten will, muss sich auch schmutzig machen. Aus: Süddeutsche Zeitung Nr. 253, 05.11.2017

Erlaubte Hilfsmittel

Nachschlagewerke zur deutschen Rechtschreibung und Zeichensetzung

Wer streiten will, muss sich auch schmutzig machen (2017)
*Hilmar Klute (*1967)*

In der Affektgesellschaft wird erst zurückgewiesen, dann nachgedacht.

Als der durchtriebene und machtverliebte Fürst Metternich sich eine Auswahl von Versen des deutschen Dichters Heinrich Heine kommen ließ, blätterte er spitzmündig in den champagnerlaunigen Texten, zitierte vor seinen Speichelleckern wohl dies und das amüsante Aperçu[1], um dann, so die Überlieferung, den fabelhaften Satz zu sagen: „Vorzüglich, muss sofort verboten werden.“

Damals, in den Zeiten der aristokratischen Hegemonie, konnte man den Misston, der das Orchester der Einhelligkeit störte, mit der lässigen Geste des Fliegenklatschers vom Tisch fegen, ein Handgriff war das,

*Quelle: Regierungspräsidium Stuttgart

mehr nicht. Heute funktioniert es in totalitären Staaten noch so ähnlich – was Putin nicht passt, wird verfolgt, wer der chinesischen Nomenklatura[2] mit Abweichungen vom Parteidiktat kommt, wird unter Hausarrest gestellt, und wer in Polen für die Pressefreiheit ist, wird böse unter Druck gesetzt. Solche Schikanen sind in einem freien Land undenkbar. Es gibt auch keinen Grund, von hoher Warte für kulturelle Ebenheit zu sorgen, das machen wir, bitte, schon selber.

Die Angewohnheit, das vermeintlich Anstößige zunächst mal einer moralischen Reinigungsfirma zu überantworten, hat ihren festen Platz in der Asservatenkammer[3] der Affektgesellschaft: Zuerst muss das weg, dann kann man vielleicht noch mal drüber reden, aber das darf höchstens in einem möglichst auf Einigkeit getrimmten Diskurs geschehen. [...]

Im Frühsommer fiel ein paar Studierenden der Alice-Salomon-Hochschule in Berlin nach jahrelangem Herumscharwenzeln um die Mensamauer plötzlich Folgendes auf: Ein in spanischer Sprache verfasstes Gedicht des konkreten Poeten Eugen Gomringer stand dort in schönen schwarzen Buchstaben auf die weiße Wand geschrieben; es enthielt, übersetzt, die Worte: Frauen, Alleen, Blumen, ein Bewunderer. Die lesenden Studierenden waren sich schnell einig, dass dieses sich so harmlos gebende Gedicht in Wahrheit ein misogynes[4] Machwerk sei, weil dort die Frau als Objekt männlicher Begierde vorgestellt werde. Kurzum, da war, wie Brecht so schön singt: „Tünche nötig.“ Das Gedicht muss überpinselt werden, damit im intellektuellen Ruheraum der Uni wieder Frieden und Wohlsein herrschen.

Die Prorektorin der Hochschule, Bettina Völter, lobte die angestrebte Dampfreinigung als „gewaltfreies, demokratisch legitimiertes und auch ideologie-, diskriminierungs- und klischeesensibles Verfahren“ – so als sei es bereits eine demokratische Hochleistung, dass die Lyrikexperten der Uni dem 92-jährigen Gomringer nicht gleich den Hals umgedreht haben.

Der wirklich ganz große und anstößige Irrsinn in Bettina Völters Stellungnahme aber ist das Wort „Verfahren“. Ein Verfahren ist ein Prozess der Abwägung, in welchem ein Argument ins Verhältnis zum Gegenargument gesetzt wird. Hier wurde aber nicht abgewogen, hier wurde nur gehandelt – weg damit, ehe vielleicht sogar noch jemand mit dem diskriminierenden Besteck der Philologie aufkreuzen könnte. Es ist nämlich so, dass in einem Gedicht alle Schandtaten geschehen dürfen, die in der realen Welt verboten sind. Im Gedicht darf gemordet werden, und die Bluttat darf gefeiert werden; es darf mit Männern und Frauen auf jede Weise umgegangen werden; ein Gedicht ist kein safe space, kein feministischer Raum, sondern ein wilder Ort – man könnte so weit gehen zu sagen: Im Gedicht darf sogar geraucht werden. Eine Begründung der Studenten, das Gedicht zu schleifen, lautete: In der Umgebung der Mensa sei es ziemlich dunkel und Frauen würden dort öfters belästigt. Vor diesem düsteren Hintergrund sei das Gedicht geradezu zynisch.

Man könnte der Einfachheit halber von einem besonders blöden Beispiel von politischer Korrektheit reden. Aber die Political Correctness war immerhin ein Debattenbegriff, man stritt sich um Deutungshoheiten, es wurden ideologische Grabenkämpfe geführt, und die Frage, was opportun sei, zog eine Kontroverse nach sich. In der neuen Affektgesellschaft dagegen muss man nicht mehr groß reden. Es reicht völlig aus, ein schwiemeliges Unbehagen geltend zu machen – was früher das Argument war, ist heute das Es-fühlt-sichfalsch-an-Sentiment: Irgendwas stimmt nicht mit einem Text, einer Meinung, einer Weltsicht – schon ist das Ding im Staubsauger der ethischen Raumpfleger verschwunden. […]

Wie irre ist das eigentlich, wenn Auseinandersetzung, Kontroversen und Debatten, die dieses Land seit den Sechzigerjahren ohnehin erst mühsam, dann aber sehr leidenschaftlich gelernt hat, inzwischen unter Bikramyoga[5]-Bedingungen stattfinden sollen? Wie trist und tonlos wird ein Gespräch, bei dem man seine Worte nicht dahingehend wägt, ob sie treffend sind, sondern ob sie eventuell auch zum Wortschatz der AfD-Politiker gehören? Wer in der sprachlichen Auseinandersetzung seine Instrumente absichtlich stumpf macht, nur weil sie jemand mit den Waffen der Demokratiegegner verwechseln könnte, der hat schon verloren. Und wer sich in einen gebohnerten moralischen Nebenraum zurückzieht, überlässt die Wohnung den Vandalen. Denn auch, wenn wir es manchmal ziemlich ungemütlich finden: Eine Debatten-Gesellschaft darf sich nicht zu fein sein, auch die unfrischen, auch die angefaulten und unappetitlichen Ansichten anzuhören. Diese sind nämlich Teil von ihr, sie kommen aus ihr oder entstehen ihretwegen – es gibt kein Recht auf die ungestörte Feier der eigenen moralischen Anständigkeit. […]

Die Frage lautet leider immer: Ist das politisch sauber oder muss das weg? Es gibt kein Dazwischen mehr. Das Dazwischen wäre die unaufgeregte Auseinandersetzung mit Weltsichten. Aber die Angst, sich schon allein bei der Berührung mit nicht auf den ersten Blick als politisch unbedenklich einordbaren Standpunkten eventuell schmutzig zu machen, ist so groß, dass man lieber umgehend die Putzkolonne holt. […]

Anmerkungen

1 Aperçu: geistreiche Bemerkung
2 Nomenklatura: Verzeichnis der wichtigsten Führungspositionen in einem sozialistischen Staat
3 Asservatenkammer: Aufbewahrungsort für Beweismittel (bei Gerichten oder Polizeidienststellen)
4 misogyn: frauenfeindlich
5 Bikramyoga: eine Form des Yoga, die in einem heißen Raum praktiziert wird

Inhaltliche Teilleistungen

Bei der Bewertung gilt, dass das Ganze der erbrachten Leistung zu würdigen ist. Vollständigkeit wird auch für eine sehr gute Bewertung nicht erwartet. In stilistischer Hinsicht sollte darauf geachtet werden, dass der Text – trotz seiner Untergliederung – als homogenes Textganzes erscheint.

Hinweis

Die in der folgenden, nicht amtlichen Lösung eingeflochtenen Zwischenüberschriften dienen lediglich Ihrer Orientierung und der Verdeutlichung der Struktur des Aufsatzes. In Ihrer Klausurschrift müssen sie nicht auftauchen.

Beispiellösung: Teilaufgabe 1

Gesamteinleitung

„Sag doch, was du willst!" Dazu allerdings muss man etwas wollen. Und dies sagen können. In dem essayartigen Artikel der Süddeutschen Zeitung vom 05.11.2017 zündet der Autor Hilmar Klute unter der Überschrift „Wer streiten will, muss sich auch schmutzig machen" ein sprachlich geschicktes Feuerwerk, um seinem Eintreten gegen gesellschaftliche Sprechverbote Nachdruck zu verleihen.

Position des Autors

Das zentrale Thema ist ebenso wie das Anliegen des Autors Hilmar Klute in der Überschrift treffend gezeichnet: „Wer streiten will, muss sich auch schmutzig machen", lautet die Maxime. Der Text läuft in einer induktiven Art, die an die englische Erzähltechnik Stream of Consciousness erinnert, auf die zentrale These zu, dass „[e]ine Debatten-Gesellschaft [...] sich nicht zu fein sein [darf], auch die unfrischen, auch die angefaulten und unappetitlichen Ansichten anzuhören" (Z. 131 f.). Hilmar Klute plädiert mithin für einen offeneren, klareren gesellschaftlichen Diskurs, der auch unbequeme Äußerungen und Positionierungen aushalten muss.

Analyse der Struktur (Gedankenführung, Aufbau)

Der Text steigt in seinem inneren Aufbau Schritt für Schritt in vier unterschiedlich langen Abschnitten von einem kleinen Bonmot auf zur Frage nach dem Möglichen in unserer politischen Kultur.

Zunächst leitet der Autor Klute das Thema her, indem er eine kleine Anekdote zu Fürst Metternichs Haltung zur Freiheit der Kunst nimmt, um in einer stark gerafften, diachronen sowie synchronen Zusammenschau von Fürst Metternich bis zum zeitgenössischen Russland, China und Polen zu verdeutlichen, dass Mundtotmachen früher und heute in totalitär-absoluten Regimen leicht möglich war und ist (Z. 1 – 28). Er schließt diesen Abschnitt mit dem augenzwinkernden Querverweis, dass auch bei uns für „kulturelle Ebenheit" (Z. 27) gesorgt wird.

Dieser überleitende Gedanke findet Entfaltung unter Verwendung einer politisch motivierten Entfernung eines vermeintlich anstößigen, die „Frau als Objekt männlicher Begierde" (Z. 51 f.) darstellenden Gedichts der konkreten Poesie. Klute kritisiert nicht nur diese Aktion, sondern im weiteren Verlauf seines Gedankengangs auch die Verteidigung dieses Vorgangs durch die Prorektorin der betreffenden Hochschule in Berlin. Deren Darstellung nimmt der Autor auseinander, indem er zunächst den verwendeten Begriff „Verfahren" (Z. 69) definiert und daran den Widersinn dieser Darstellung verdeutlicht. Der Autor schließt direkt einen kleinen Exkurs zur Funktion von Lyrik im Allgemeinen an, den er durch den Rückbezug auf den konkreten Vorfall in Berlin abrundet (Z. 29 – 92).

Hilmar Klute antizipiert im nächsten Abschnitt (Z. 93 – 138) zunächst eine mögliche Relativierung der Berliner Aktion durch den Hinweis auf das Phänomen der „Political Correctness" (Z. 96), schränkt dies jedoch wiederum ein, indem er ein grundsätzliches gesellschaftliches Problem der Debattenkultur in Deutschland ausmacht. Den Autor stören zum einen allzu aus- und abgewogene, leidenschaftslose Beiträge sowie zum anderen deutlich werdende

Denkverbote, in denen er die Angst vor dem Eingehen einer ungewollten gedanklichen Allianz mit Demokratiegegnern entdeckt. Im Anschluss daran verdeutlicht er deshalb flammend seine Kernthese, dass eine „Debatten-Gesellschaft" (Z. 131) heftige, klare, auch anstößige Beiträge unabdingbar braucht.
Die zum Schmunzeln anregende Frage „Ist das politisch sauber oder muss das weg?" (Z. 139 f.) leitet den kurzen Schlussabschnitt ein, der die zaghafte allgemeine Grundhaltung in Sachen Debattenkultur massiv bedauert (Z. 139 – 149).

Analyse der sprachlichen Gestaltung (Stilmittel, Tonalität)

Der sehr nominale Stil mit stark bildungsbürgerlicher Attitüde steigt in diesem Sinne programmatisch ein: Bereits im dritten Satz sind substantivisch geprägte Wortgruppen Bedeutung tragend, so z. B. „Zeiten der aristokratischen Hegemonie" (Z. 13 f.), „Misston [...] [im] Orchester der Einhelligkeit" (Z. 14 f.) und „Geste des Fliegenklatschens" (Z. 16), neben weniger starken Verben wie „konnte" (Z. 14), „störte" (Z. 15), „fegen" bzw. „war" (Z. 17). Diese frühen Zeilen lassen sich programmatisch für den Gesamttext hernehmen. Auch neigt der Autor zu kurzen, aber einprägsamen Alliterationen, die quer über den Text verteilt sind. Das reicht von „Polen [...] Pressefreiheit" (Z. 23 f.) über „misogynes Machwerk" (Z. 50 f.) und „Bikramyoga-Bedingungen" (Z. 116) sowie „trist[en] und tonlos[en]" (Z. 117) Gesprächen bis hin zur lautlichen, wenn auch nicht buchstabengetreuen Alliteration „Wohnung", die „den Vandalen" (Z. 128 f.) überlassen werden könnte. Die ungewöhnlichen Wortverbindungen „champagnerlaunig[...]" (Z. 7) sowie „angefaulten [...] Ansichten" (Z. 133 f.) passen in dieses wortgewaltige Bild. Letztere ist erneut alliterativ gestaltet.
Deutlich prägend ist zudem das metaphernreiche Wortfeld aus dem engeren, aber auch weiteren Bereich des Reinigungswesens: Von der „Reinigungsfirma" (Z. 31) über das Brecht-Zitat „Tünche nötig" (Z. 54) und „das Ding [, das] im Staubsauger der ethischen Raumpfleger verschwunden" (Z. 108 ff.) sei, spannt sich der Bogen hin zur schlusspointenhaften „Putzkolonne" (Z. 148 f.), die man aus Ängsten um die politische Korrektheit holen mag.
Der vorletzte Abschnitt enthält in den Zeilen 111 bis 121 rhetorische Fragen, die den Leser nicht nur einbeziehen und aktivieren in der Textrezeption, sondern ihn fast und ungewollt zum Komplizen der Ansichten Hilmar Klutes machen. So zieht er den Leser unbemerkt auf seine Seite. Das Bonmot des Fürsten Metternich, das den Aufhänger bildet, verfolgt einen ähnlichen Zweck: Dem „Vorzüglich, muss sofort verboten werden" (Z. 11 f.) nickt man schmunzelnd zu und schon steht der Leser an der Seite des Autors.
Insgesamt ist die einnehmende sprachliche Gestaltung des Textes schon in der Überschrift angelegt, das Wortspiel einprägsam assoziativ: Aus dem „Wer streiten will, muss sich auch schmutzig machen" klingt ein „Wer schön sein will, muss leiden", welches jeder Gebildete natürlich kennt, sofort heraus. Der Leser ist schon bei der Überschrift stolz auf seine eigene Gedankenleistung, er kann dem schlauen, hintergründigen, wortgewaltigen Text Hilmar Klutes nicht nur folgen, er kann ihn entschlüsseln. Diese Leistung wird in ähnlicher Weise gegen Ende des Textes erbracht, wenn man natürlich erkennt, dass die Phrase „Ist das politisch sauber oder muss das weg?" (Z. 139 f.) die Adaption der zur Klassikerin der Rhetorik gewordenen Sentenz „Ist das Kunst oder kann das weg?" ist. Der Leser wird unbemerkt das Alter Ego des Autors, wird raffiniert auf dessen Seite gezogen, zum Komplizen gemacht. Und das alles, ohne dass es den meisten Rezipienten des Textes bewusst sein mag.

Beispiellösung: Teilaufgabe 2

Überleitung / These für Auseinandersetzung

Hilmar Klute betont die Notwendigkeit der offenen und ungefilterten Auseinandersetzung. Seine zentrale Aussage ließe sich zuspitzen zu der These: In einer demokratischen, gesellschaftlichen Debatte darf es keine Sprechverbote geben!

Pro

Haltungen wie Ehrlichkeit und Offenheit sind unbestreitbar positive Tugenden der Menschheit und werden allenthalben von der Erziehung über berufsethische Fragen bis hin zum Umgang mit dem Tod außerordentlich wertgeschätzt. Warum sollten diese Grundpfeiler des menschlichen Umgangs ausgerechnet in der gesellschaftlichen Debattenkultur nicht gelten? Ehrlichkeit bedeutet auch das Vermeiden von Rumgedruckse, Halbwahrheiten, rhetorischen Hintertüren oder Halbseidigkeiten. Kurzum: Der offene Diskurs ist ehrlicher und damit stets besser.

Und nicht nur diese ethischen Ansätze sprechen dafür, sondern auch ganz pragmatische: Das Ergebnis einer Debatte ist tragfähiger, wenn es in klarer Auseinandersetzung erzielt wurde, wenn nicht noch Hintergedanken, Unausgesprochenes und zu Vermutendes im Hintergrund schwelen. Somit sind auch ganz utilitaristisch betrachtet Sprechverbote schädlich für die öffentliche Debatte.

Daran anschließend ist festzuhalten, dass Konfliktlösungen echte Ergebnisse sein müssen, damit sie nicht schleichend weiterbrüten und als neue Auseinandersetzung wiederauferstehen. Wenn nicht alles deutlich und für jeden Teilnehmer der Konfliktlage wahrnehmbar auf dem Tisch lag, wenn ein jeder um den heißen Brei redet, dann wird sich kein letztgültiges Schlusswort finden lassen. Politisch korrekt und in alle Richtungen absichernd lässt sich manche Konfliktlage nicht bereinigen. Die am Nutzen für möglichst viele orientierte gesellschaftliche Diskussion kann somit alles gebrauchen, nur keine Sprechverbote.

Kontra

Gegen dieses Zulassen von allem, nur weil es ein gesellschaftlicher Konflikt ist, gibt es allerdings auch gute Gründe. Man darf manches nicht explizit in den Raum werfen: Einer fehlgebärenden Frau aus Trauer über diesen bedauerlichen und vielleicht unnötigen Verlust eines Erdenlebens direkt zu sagen, dass ihr Zigarettenkonsum schuld sei, bringt nicht nur nichts, sondern entspricht auch nicht dem angestrebten Ziel, Menschenwürde zu verteidigen. Eine gewisse Hemmung, manche Dinge insbesondere in die Öffentlichkeit hinauszuposaunen, schützt den potenziellen Lautsprecher auch selbst: Einmal Ausgesprochenes lässt sich gerade im heutigen Medienzeitalter nicht mehr einfangen. Die Aussagen holen den Sprecher immer wieder ein. So mancher wird sich wünschen, ihn hätten die Erziehung, politische Korrektheit oder einfach nur ein „Das sagt man nicht“ von dieser oder jener Äußerung abgehalten, die nun in den sozialen Medien fröhliche Urständ feiert.

Das weitere Senken der rhetorischen Leidensschwelle im öffentlichen Diskurs könnte Tor und Tür den Demagogen und Schreihälsen öffnen. Wollen wir tatsächlich, dass alles, absolut alles, gesagt werden kann? Das wird dann nämlich auch gesagt. Ist z. B. eine Textzeile des Rappers Kollegah über seinen körperlichen Zustand verglichen mit den Opfern des Holocaust wirklich nur eine „unappetitliche Ansicht“, derer sich die „Debatten-Gesellschaft“ nicht zu „fein“ sein darf, wie man es der These Hilmar Klutes zuordnen könnte? Das ist doch sehr stark zu bezweifeln.

Eigene Positionierung / Resümee

Gesellschaftliche Sprechverbote sind eben nicht reiner Selbstzweck, sondern im Großen und Ganzen auch kulturelle Errungenschaft. Im Übrigen betreffen sie viel weniger, als ihre Protagonisten behaupten, und werden tatsächlich viel seltener berücksichtigt als manche denken. Es stimmt z. B. nicht, dass man Israel in Deutschland nicht kritisieren dürfe. Nirgendwo in der demokratischen Welt wird dieser Staat heftiger, leidenschaftlicher und öffentlicher kritisiert als bei uns. Dieses angebliche Tabu wird nur von denen proklamiert, die sich dadurch profilieren wollen, dass sie es umgehend wieder brechen und angebliche Sprechverbote niederreißen. Das ist ein ganz typisches Muster von Populisten.

Gesamtschluss

„Sag nicht immer, was du willst!“ Eine gesellschaftliche Debattenkultur braucht natürlich offene, ehrliche Auseinandersetzungen und zu viel herumlavierende politische Korrektheit schadet unbezweifelbar. Aber die grundlegende Ausgabe einer „Alles ist erlaubt“-Maxime schadet mehr, als sie nutzt. Sag bitte nicht alles, was du denkst, das will oft keiner wissen und schon gar nicht hören. Sondern: „Sag, was nötig ist. Sag es so, dass es wirkt.“

Literaturgeschichte im Überblick

Was ist Literaturgeschichte?

Angesichts der Vielfalt literarisch-historischer Erscheinungen – angefangen von Daten zur Geschichte bis hin zu philosophischen Strömungen und Einflüssen oder bedeutenden Autorinnen und Autoren – kann hier nur jeweils eine Übersicht dargeboten werden. Wiederholungs- oder Nacharbeitsbedarf besteht dann, wenn Begriffe nicht inhaltlich gefüllt werden können, Fakten unbekannt erscheinen oder Zusammenhänge zwischen Elementen der Übersichten nicht hergestellt werden können.

Literarische Werke, ihre gegenseitigen Einflüsse und Vernetzungen, sind in ihrer Gesamtheit unüberschaubar. Um dieser Unübersichtlichkeit zu begegnen, wird mithilfe der Epochenbegriffe versucht, literarische Werke, aus der jeweiligen Gegenwart begriffen, ein- und zuzuordnen. Mit dieser zeitlichen Unterteilung verbunden ist ein Verstehen in historischen sowie geistesgeschichtlichen Zusammenhängen; ein Verständnis, das den jeweiligen Text in seinen Kontext einbettet, soll dadurch erleichtert werden. Das Verfahren der Epochengliederung hat sich als das wirkungsmächtigste Konzept erwiesen, die Literatur chronologisch zu ordnen, ihre Geschichte bis in die Gegenwart hinein als überschaubar zu erfassen.
Der Epochenbegriff bezeichnet den Raum zwischen zwei Einschnitten, die häufig an historischen Daten orientiert gewählt sind. So wird die Literatur von 1830–1848 „Vormärz“ genannt – mit der Julirevolution in Frankreich 1830 als einer Art Startschuss, mit der Märzrevolution 1848 in Deutschland als Abschluss.
Solche Epochenbegriffe können zwar der realen Fülle und Vielschichtigkeit der Literatur im entsprechenden Zeitraum nicht gerecht werden, sind aber als Beschreibungen üblich und in gewisser Weise notwendig. Über den Charakter als Konstruktion, also über die Notwendigkeit, Epochenbegriffe auf ihr Herkommen, ihren Gebrauch und ihre Leistung bzw. ihre Grenzen zu befragen, sollte sich der Nutzer dieser Begriffe klar sein. Auch die mit jedem Epochenbegriff verbundene Schwierigkeit einer Zuordnung, ohne dass das literarische Werk „in eine Schublade“ gerät, muss sich derjenige, der einen Epochenbegriff benutzt, bewusst machen.
In der Literaturwissenschaft ist in den beiden letzten Jahrzehnten von Epochenumbrüchen die Rede. Mit dem Begriff *Epochenumbruch* ist der literarische Wandel stärker im Blick, auch das Gleichzeitige unterschiedlicher Bewegungen und Strömungen – man spricht auch von der „Gleichzeitigkeit des Ungleichzeitigen“, besonders auffällig um 1900 – mit dem Akzent auf den daraus resultierenden bzw. darin ablesbaren kulturellen Veränderungen. Als Epochenumbrüche werden in der deutschen Literaturgeschichte vor allem die Zeit um 1800 und die Zeit um 1900 gesehen.
Grenzziehungen und Benennungen sind zwar durchaus unterschiedlich, gelegentlich kontrovers. Aber aus den üblichen Einteilungen lässt sich die folgende Epochenübersicht entnehmen:

Epochenübersicht

Zeit	Epoche	Ergänzende kulturgeschichtliche Begriffe
	Literatur vor 1700	
um 750–1600	Alt-, Mittel-, Frühneuhochdeutsche Literatur	Renaissance, Humanismus
um 1600–1720	Barock	
	Epochenumbruch 18./19. Jahrhundert	
um 1720–1800	Aufklärung	
um 1740–ca. 1785	Sturm und Drang / Empfindsamkeit	
um 1786–1805	Klassik	Weimarer Klassik
um 1795–1840	Romantik	
um 1830–1848	Vormärz / Junges Deutschland	Biedermeier
	Epochenumbruch 19./20. Jahrhundert	
um 1850–1890	Realismus	
um 1880–1900	Naturalismus	
um 1905–1925	Expressionismus	Symbolismus, Impressionismus, Décadence-Literatur, Jugendstil, Fin-de-Siècle-Literatur
um 1920–1933	Literatur der Weimarer Republik – Neue Sachlichkeit	
1933–1945	Exilliteratur	
	Literatur nach 1945	
1945–1960	Literatur der Nachkriegszeit (bis ca. 1960)	Kahlschlagliteratur, Literatur der Stunde null, Trümmerliteratur
ab 1960	Gegenwartsliteratur	

Literatur vor 1700

Alt-, Mittel- und Frühneuhochdeutsche Literatur

Epochenbegriff

Die drei ältesten Epochen deutschsprachiger Literatur sind an Einteilungen aus der Geschichte angelehnt und beschreiben zudem Entwicklungsschritte zum heutigen Deutsch: Von *althochdeutscher* Literatur ist – wie vom frühen Mittelalter – von 750 n. Chr. bis Mitte / Ende des 11. Jahrhunderts die Rede; *mittelhochdeutsche* Literatur reicht bis zum Ausgang des 15. Jahrhunderts, *frühneuhochdeutsche* bis 1600, verbunden mit *Humanismus* und *Reformation*.

Geschichte und Gesellschaft

um 700 Beginn der Ausbreitung des Christentums
768 – 814 Karl der Große (800: Kaiserkrönung)
1096 Erster Kreuzzug
1152 – 1190 Kaiser Friedrich I. Barbarossa (Stauferzeit)
um 1350 Pest in Europa
1356 Goldene Bulle
1452 Bibeldruck Gutenbergs
1492 Ch. Kolumbus in Amerika
1514 N. Kopernikus („Erde dreht sich um die Sonne")
1517 Martin Luthers 95 Thesen
1524/25 Bauernaufstände

Literarisches Leben – Themen und Motive der Literatur

- Christianisierung einhergehend mit ausstrahlender Kultur der Klöster als Zentren von Bildung; dominant lateinische Zeugnisse
- Hauptthelden und Handlungsträger in der hochmittelalterlichen Dichtung sind Vertreter der feudalen Führungsschicht (Helden- und Artusepik); Verarbeitung z. B. des Untergangs des Burgundenreichs im *Nibelungenlied*
- Weg zur deutschen Einheitssprache Kennzeichen des Frühneuhochdeutschen

Welt- und Menschenbild

- vor allem in mittel-/frühneuhochdeutscher Zeit Erfahrung der Spannung zwischen Gott und der Welt; Hinwendung zum Jenseits
- in der höfischen Kultur des Hochmittelalters stärkerer Bezug zum Diesseits, aber weiter mit der Aufgabe, Gott und den Menschen zu gefallen
- Wende zur Neuzeit mit zahlreichen Entdeckungen, vor allem der Veränderung zum heliozentrischen Weltbild (Kopernikus, Galilei)
- *Renaissance* als von Italien ausgehende allgemeine kulturelle Blüte; Rückgriff auf literarisches und philosophisches Erbe der Antike

Gattungen, Autor(inn)en, Werke

Hildebrandslied (um 810 niedergeschrieben), Heldenlied / Stabreimdichtung
Nibelungenlied (um 1200)
Hartmann von Aue (1168 – 1220) *Der arme Heinrich*
Wolfram von Eschenbach (um 1170 – 1220) *Parzival*
Walther von der Vogelweide (um 1170 – 1228) Minnelyrik, politische Lyrik
prägend: höfische Dichtung, höfischer Roman, Minnesang, Tagelied

Barock (um 1600 – 1720)

Epochenbegriff

Vom portugiesischen „barucco“ (schiefrunde Perle) abgeleitet, ist Barock zunächst als Stilbegriff für bildende Kunst und Musik benutzt und dann auf Literatur übertragen worden. Zunächst wurde Barock im Sinne von „Schwulst“ auch abwertend verwendet; erst im 19. Jahrhundert entwickelte sich eine positive Begriffsbedeutung. Im 20. Jahrhundert wurde Barock zum Epochenbegriff.

Geschichte und Gesellschaft

1517 Luthers Thesenanschlag: beginnender Gegensatz zwischen katholischen und protestantischen Staaten in Deutschland seit der Reformation

1618 – 1648 Verwüstung weiter Teile Deutschlands im Dreißigjährigen Krieg

1643 – 1715 Ludwig XIV.: frz. Absolutismus

1701 Brandenburg-Preußen Königreich

- Flickenteppich deutscher Fürstentümer und Kleinstaaten; Residenzstädte als Zentren der Künste
- Herausbilden des monarchischen Absolutismus nach frz. Vorbild; Bürger und Bauern dritter Stand nach Adel/Geistlichkeit
- Fortdauer der mittelalterlichen geburtsständischen Ordnung; noch keine allgemeine Bildung breiter Bevölkerungsschichten
- Chancen im neuen Wirtschaftssystem des Merkantilismus für das Gewerbe und Handel treibende Bürgertum
- Auslandsstudium von Männern aus Adel und gehobenem Bürgertum als Zeichen privilegierter Bildung
- katholischer Jesuitenorden einflussreich (Gegenreformation)

Welt- und Menschenbild

- irdische Ordnung weiterhin als Spiegel der göttlichen Heilsordnung (Einheit von Gott und Welt)
- scharfe Kontraste/Zweipoligkeit: Leben und Tod, Zeit und Ewigkeit, Diesseitsfreude und Jenseitssehnsucht
- *Rationalismus* und *Empirismus* versus Hang zur mystischen Innerlichkeit

Gattungen, Autor(inn)en, Werke

prägend: Sonett und Ode in der Lyrik; Petrarkismus, Regelpoetik von Martin Opitz (1597 – 1639)

Geistliches und weltliches Sonett:
Simon Dach (1605 – 1659),
Paul Fleming (1609 – 1640),
Andreas Gryphius (1616 – 1664),
Catharina Regina von Greiffenberg (1633 – 1694),
Christian Hofmann von Hofmannswaldau (1617 – 1697),
Paul Gerhardt (1607 – 1676)

Epigramm: Friedrich von Logau (1604 – 1655)

Schelmenroman: Hans Jakob Christoffel von Grimmelshausen (1621/22 – 1676) *Der abenteuerliche Simplicissimus Deutsch*

Literarisches Leben – Themen und Motive der Literatur

- weiter Dominanz des Lateinischen
- Alamode: Nachahmung frz. Kleidungsart und Lebensweise
- Sprachgesellschaften
- Vanitas – Memento mori / carpe diem als Lyrikmotive
- beliebte Zusammensetzung aus Bild und Text, als *Emblem* eigene Kunstform

Epochenumbruch 18./19. Jahrhundert

Von der Aufklärung bis zum Scheitern der bürgerlichen Revolution in Deutschland (um 1720–1848)

Um 1800 wird das literarische Selbstverständnis von Stilrichtungen, mentalen Konzepten und philosophischen Neuausrichtungen wie Aufklärung, Sturm und Drang, Empfindsamkeit, Klassik und Romantik geprägt, die sich als Reflexe auf eine Welt im beschleunigten Wandel und Umbruch deuten lassen. Zentrales Ereignis mit weitreichenden Wirkungen war die Französische Revolution 1789 mit ihrer Leitidee der Befreiung, der Emanzipation der Bürger.
Das gedankliche Rüstzeug für diese Bewegung ist in den Ideen der *Aufklärung* seit 1720 zu finden, angelegt bereits im wissenschaftlichen, philosophischen und technischen Erneuerungsschub um 1500, dem Herausbilden von Erkenntnissen jenseits des religiösen Anspruchs auf Allumfassendheit. Dass der absolutistische Staat des 16. und 17. Jahrhunderts vom ökonomisch und zunehmend auch politisch aufstrebenden Bürgertum nicht mehr als (alleiniges) Leitbild und damit der Adel nicht mehr (ausschließlich) als Schicht mit der Definitionsmacht für das dominante gesellschaftliche Ideal akzeptiert wurde, veränderte das literarische Leben zusehends.
Der Lebensentwurf und die Weltsicht des Bürgertums setzte sich in Mitteleuropa, auch in Deutschland, zunehmend durch: Der Standesdünkel des Adels mit den durch die Herkunft ererbten Privilegien war dem Verständnis vom Bürger mit Blick auf Entfaltung der Persönlichkeit, auf Vorrang der eigenen Leistung und Tugend allein schon in moralischer Hinsicht nicht gewachsen. Ob im streng rationalen Denken der *Aufklärung* oder im Geniekult des *Sturm und Drang*, ob in der allseitig gebildeten Persönlichkeit der *Klassik* oder im übersteigerten Ich der *Romantik* – in allen literarischen Strömungen sind der Einzelne und sein Wert, sein Engagement und letztlich seine Autonomie bedeutsamer als alle gesellschaftlichen Schranken.
Damit gehen gänzlich unterschiedliche politische Entwicklungen einher: Ist in Frankreich gleich dreimal (1789, 1830 und 1848) eine revolutionäre Bewegung von Erfolg – im Sinne veränderter Machtkonstellationen bzw. sozialer Träger – gekrönt, bleiben in Deutschland demokratische, auch nationale Hoffnungen nach den Befreiungskriegen 1813–1815 und im gesamten Zeitraum bis zur bürgerlichen Revolution 1848/49 und danach unerfüllt. Die Revolution in Deutschland fand allenfalls auf dem Papier (von Schriftstellern) statt. Die Autoren des *Vormärz* waren Opfer der restaurativ-autoritären Strukturen im von Österreich-Ungarn und Preußen geprägten Deutschland.
Das Überlappen der Epochen, die Gleichzeitigkeit stark divergierender Phänomene, ist ein Kennzeichen des Umbruchs um 1800. Lassen sich *Aufklärung* einerseits und *Sturm und Drang* bzw. *Empfindsamkeit* andererseits noch als Gegensätze und Ergänzung verstehen, sind *Klassik* und *Romantik* sowie *Romantik* und *Vormärz* kaum mehr in eine solche Beschreibung zu integrieren. Zuordnungen – etwa die Heinrich von Kleists zu *Klassik* oder *Romantik* – sind in unterschiedlicher Weise möglich; ein Autor wie Heinrich Heine zwischen *Romantik* und *Jungem Deutschland* verkörpert in seiner Person und seinem breiten literarischen Profil die Tendenzen seiner Zeit gleich mehrfach.

Aufklärung (um 1720 – 1800)

Epochenbegriff

Als besonderer Einschnitt wird aus Sicht von Zeitgenossen wie im Rückblick die Epoche der *Aufklärung* angesehen. Der Begriff – im Englischen und Französischen noch deutlicher als „age of enlightenment" bzw. „siècle de lumière" bezeichnet – steht für das Bild vom Licht, das der Gebrauch der Vernunft in die Menschheit bringe. Bei Immanuel Kant ist vom „Ausgang [des Menschen] aus seiner selbst verschuldeten Unmündigkeit" die Rede. Bürgerlich-philosophisches Aufbegehren gegen die Autorität von Adel und Kirche, Kritik am absoluten Wahrheitsanspruch der Religion und an der absoluten Monarchie spiegelten sich in der Literatur in neuen Genres wie dem bürgerlichen Trauerspiel wider.

Geschichte und Gesellschaft

1740 – 1786 Friedrich der Große
1755 Erdbeben von Lissabon
1756 – 1763 Siebenjähriger Krieg
1768 Erfindung der Dampfmaschine
1775 letzter Hexenprozess in Deutschland
1776 USA: Unabhängigkeitserklärung
1789 Französische Revolution

- Bürgertum als ökonomisch bedeutendste Schicht (Manufakturwesen)
- Aufgeklärter Absolutismus (Fürst als erster Diener des Staates)

Literarisches Leben – Themen und Motive der Literatur

- Universallexika, z. B. *Enzyklopädie* von Diderot und d'Alembert mit 35 Bänden als Darstellung des Wissens einer Zeit
- deutlich erweitertes Lesepublikum; erheblich größerer Markt für Zeitschriften und andere Publikationen
- Aufgabe von Dichtung ist „prodesse et delectare" (nützen und erfreuen) im Gegensatz zu höfischer Dekoration
- bürgerliches Trauerspiel in Abgrenzung von der Ständeklausel des Barock; Akzent als Familiendrama; Mitleiden des Zuschauers als Ziel

Welt- und Menschenbild

- Siegeszug der Naturwissenschaften und des naturwissenschaftlich geprägten Denkens
- Begründung der neuzeitlichen Philosophie durch R. Descartes (1596 – 1650): „Ich denke, also bin ich." (Rationalismus)
- Wegbereiter der Aufklärung vor allem I. Newton, F. Bacon, B. Spinoza, J. Locke (Empirismus), in Deutschland G. W. Leibniz
- Immanuel Kant (1724 – 1804) *Beantwortung der Frage: Was ist Aufklärung?*
- Fortschrittsglaube, Weisheit und Tugend als Kernbegriffe
- Menschenbild einer angeborenen Humanität, Toleranzgedanke

Gattungen, Autor(inn)en, Werke

J. Ch. Gottsched (1700 – 1766) *Versuch einer Critischen Dichtkunst vor die Deutschen*
G. E. Lessing (1729 – 1781) *Minna von Barnhelm, Emilia Galotti, Nathan der Weise, Hamburgische Dramaturgie, Fabeln*
Ch. M. Wieland (1733 – 1813) *Die Abderiten*
G. Ch. Lichtenberg (1742 – 1799) *Aphorismen*
Ch. F. D. Schubart (1739 – 1791) *Deutsche Chronik*
M. Claudius (1740 – 1815) Gedichte, Kurzprosa

Sturm und Drang / Empfindsamkeit (um 1740 – ca. 1785)

Epochenbegriff

Als eine europäische Gegenbewegung zur von der *Aufklärung* betonten Rationalität bildete sich die *Empfindsamkeit* heraus, die „Herz" und „empfindsam" zu Modewörtern werden ließ und Seele wie Sensibilität in den Mittelpunkt rückte. Eng damit verknüpft entwickelt sich – benannt nach dem Titel eines Dramas von Friedrich Maximilian Klinger (1752 – 1831) – die literarisch-revolutionäre Bewegung des *Sturm und Drang*. Junge Literaten feiern dabei den natürlichen, unverbildeten Menschen in seiner Individualität. Besonders hervorgehoben wird das Gefühlvolle und Schöpferische, zugespitzt im Begriff des „Genies". Freiheit von Bevormundung und unbegründeter Autorität knüpfen an Gedankengut der Aufklärung an.

Geschichte und Gesellschaft

→ Aufklärung

1774 Erscheinen des *Werther* von J. W. Goethe

Literarisches Leben – Themen und Motive der Literatur

- Gefühlsintensität mit metaphorischen Wendungen wie „Meer der Empfindungen", „Sturm der Begeisterung" oder „Mutter Natur"
- Suche nach der natürlichen Form der Sprache, dem spontan Gesprochenen (z. B. Ausrufe, unvollständige Sätze im Drama)
- Vorstellung vom dichterischen Genie als Orientierung an der Bibel, Homer oder Shakespeare als idealisierte Beispiele für Weltliteratur
- „Wertherfieber": Goethes Briefroman als Schlüsseltext der Epoche mit großer gesellschaftlicher Wirkung
- Genres wie *Tagebuch*, *Autobiografie* und *Briefroman* als Träger der Gefühlskultur
- Freiheitsdrang und Aufbegehren gegen Willkür ohne direkte politische Richtung in den Dramen von Schiller und Goethe
- Abkehr von Begrenzungen und formalen Regeln

Welt- und Menschenbild

- Einfluss des *Pietismus* (lat. *pietas* Frömmigkeit); Bewegung einer Erneuerung des Protestantismus, die dem Dogmatismus einer erstarrten Kirche entgegengesetzt auf eine alternative Frömmigkeit setzte
- Kultur der Affekte, Suche nach einer volksnahen, sinnenkräftigen und bildreichen Sprache
- Dichter als Schöpfer in Anlehnung an J. J. Rousseaus Aufforderung „Zurück zur Natur"
- Dichter des *Sturm und Drang* stark geprägt vom Pantheismus, der Vorstellung eines Weltganzen, in dem Mensch, Natur und All verbunden sind

Gattungen, Autor(inn)en, Werke

F. G. Klopstock (1724 – 1803) *Der Messias*

J. G. Herder (1744 – 1803) *Stimmen der Völker in Liedern*

J. M. R. Lenz (1751 – 1792) *Der Hofmeister, Die Soldaten*

J. W. Goethe (1749 – 1832) *Götz von Berlichingen, Die Leiden des jungen Werthers*, Gedichte (u. a. *Prometheus, Willkommen und Abschied, Mailied*)

F. Schiller (1759 – 1805) *Die Räuber, Kabale und Liebe*

Klassik (um 1786 – 1805)

Epochenbegriff

Ein „classicus“ (ein Bevorzugter) war bei den Römern ein Bürger erster Klasse. Davon abgeleitet meint *Klassik* einerseits die Blütezeit in der Dichtung oder in den Künsten allgemein eines Volkes oder einer Nation, anderseits bei der *deutschen Klassik* eine Orientierung am Vorbild der Antike, für die Klassiker der Inbegriff der Vollkommenheit. Während als *englische Klassik* die Zeit Shakespeares gilt, ist *Klassik in der deutschen Literatur* mit Goethe und Schiller verbunden, vor allem mit ihrem gemeinsamen Wirken in Weimar. Nach dieser Einteilung ist Schillers Todesjahr 1805 als Ende der Epoche gesetzt, in anderen Versionen Goethes Todesjahr 1832. Auch Hölderlin, Kleist und Jean Paul werden in einigen Darstellungen zu den Autoren der Klassik gezählt.

Geschichte und Gesellschaft

1793 Französische Revolutionstruppen im Rheinland, Gründung deutscher Jakobinerklubs

1799 Staatsstreich Napoleon Bonapartes

1803 Reichsdeputationshauptschluss; Neuordnung in Deutschland unter französischem Einfluss

1804 Code civil; Schaffen modernen Rechts durch Napoleon Bonaparte

Literarisches Leben – Themen und Motive der Literatur

- Freundschaft von Goethe und Schiller (1794 – 1805): *Xenien*
- Weimar als kulturelles Zentrum mit europäischer Ausstrahlung: *Weimarer Klassik*
- Ausgleich und Harmonie in der künstlerischen Gestaltung nach antikem Vorbild
- leitende Vorstellung eines organischen Wachstums, das dichterisch zu gestalten sei, verknüpft mit Vernunft, Selbstzucht und sittlicher Läuterung
- Konzept der ästhetischen Erziehung zur Veredelung des individuellen Charakters
- Monatsschrift *Die Horen*, herausgegeben von Schiller, als Programmschrift der deutschen Klassik

Welt- und Menschenbild

- Antikeverklärung als „edle Einfalt und stille Größe“ (Kunsthistoriker J. J. Winckelmann)
- Streben nach Vorbildhaftem, Normsetzendem, überzeitlich Gültigem; Empfänglichkeit für „alles Gute, Schöne, Große, Wahre“ (Goethes *Maximen und Reflexionen*)
- Ideal der Humanität in Anlehnung an Leitgedanken der Aufklärung, reflektiert durch Erfahrung mit der Französischen Revolution und der Schreckensherrschaft 1792–1794
- Abkehr vom Subjektivismus des *Sturm und Drang*

Gattungen, Autor(inn)en, Werke

J. W. Goethe (1749 – 1832) *Egmont, Iphigenie auf Tauris, Hermann und Dorothea, Faust I und II*; *Wilhelm Meisters Lehrjahre, Dichtung und Wahrheit;* Gedichte

F. Schiller (1759 – 1805) *Don Carlos, Maria Stuart, Wallenstein-Trilogie, Die Jungfrau von Orleans;* Gedichte/Balladen: *Die Bürgschaft, Der Ring des Polykrates*

J. Paul (1763 – 1825) *Titan, Flegeljahre*

F. Hölderlin (1770 – 1843) *Hyperion*

H. v. Kleist (1777 – 1811) *Michael Kohlhaas, Prinz Friedrich von Homburg, Der zerbrochene Krug*

Romantik (um 1795 – 1840)

Epochenbegriff

Die Epochenbezeichnung *Romantik* lässt zwar Bezüge zum heutigen Verständnis des Begriffs erkennen, darf aber nicht mit dem Klischee von Romantik – etwa aus der Werbung – verwechselt werden. Eine Betonung des Gefühls ist durchaus Kennzeichen der *Romantik*, dabei geht es den Romantikern um Intensivierung des Lebens, um das Wunderbare und Geheimnisvolle – bis hin zum Dunklen, Geheimnisvollen und Abseitigen. Es besteht eine Sehnsucht nach Entgrenzung und unerreichbarer Ferne, auch eine Idealisierung von Vergangenem, z. B. des Mittelalters. Dabei wird die angestrebte Intensivierung durch ein Poetisieren der Welt erreicht. Statt Auseinandersetzung mit der Wirklichkeit, z. B. der beginnenden Industrialisierung, ist eine Verklärung von Natur zur Idylle kennzeichnend.

Geschichte und Gesellschaft

→ Klassik

1804 – 1814 Napoleon I.
1806 Ende des Hl. Römischen Reiches deutscher Nation
1806 Schlacht von Jena und Auerstedt: vernichtende Niederlage Preußens
1807 – 1814 Preußische Reformen
1813 „Völkerschlacht" bei Leipzig
1813 – 1815 Befreiungskriege

→ Vormärz / Junges Deutschland

Welt- und Menschenbild

- Philosophie des deutschen Idealismus, vor allem geprägt von J. G. Fichte (1762 – 1814)
- intensiv gelebtes Christentum bei einigen Romantikern, auch Einbeziehen der Schriften von F. Schleiermacher (1768 – 1834) *Über die Religion, Reden an die Gebildeten unter ihren Verächtern*

Literarisches Leben – Themen und Motive der Literatur

- Interesse an Geschichte, Sprache, Poesie und Mythologie des deutschen Volkes (Mittelalter, *Nibelungenlied*)
- Lebens- und literarische Haltung mit Konzentration auf das Private (Lebensglück in der Familie) und Hang zum Resignativen
- drei Zentren: Frühromantiker um die Gebrüder Schlegel (romantische Ironie); Heidelberger Romantik um A. v. Arnim und C. Brentano; schwäbische Romantiker: G. Schwab, W. Hauff, L. Uhland
- Lyriker der Befreiungskriege, u. a. Th. Körner und E. M. Arndt, mit nationalistischen Tönen
- Vorliebe für Volkslieder (Sammlung *Des Knaben Wunderhorn* von C. Brentano und A. v. Arnim), Märchen (J. und W. Grimm) und fantastische Erzählungen

Gattungen, Autor(inn)en, Werke

A. W. Schlegel (1767 – 1845) *Vorlesungen*
Rahel Varnhagen van Ense (1771 –1833) Briefe, Tagebücher
Novalis (1772 – 1801) *Heinrich von Ofterdingen*
F. Schlegel (1772 – 1829) *Lucinde*
L. Tieck (1773 – 1853) *Der blonde Eckbert*
E. T. A. Hoffmann (1776 – 1822) *Lebensansichten des Katers Murr*
C. Brentano (1778 – 1842) Gedichte u. a. *Der Spinnerin Nachtlied*
J. v. Eichendorff (1788 – 1857) *Aus dem Leben eines Taugenichts*
H. Heine (1797 – 1856) *Das Buch der Lieder*
W. Hauff (1802 – 1827) Märchen; *Das kalte Herz*

Vormärz / Junges Deutschland (um 1830 – 1848)

Epochenbegriff

Als *Vormärz* wird die Zeit nach der Julirevolution in Frankreich 1830 bis zur Märzrevolution in Deutschland 1848 bezeichnet. Gemeint sind Autorinnen und Autoren, die im Gegensatz zu den Romantikern – aber durchaus auch in Überschneidungen – in ihren Werken politisch Position bezogen und damit häufig das Risiko von Verhaftung oder Exil in Kauf nahmen. Einige Schriftsteller bildeten als das *Junge Deutschland* eine Oppositionsgruppe, darunter Ludwig Börne und Heinrich Heine. *Biedermeier* meint hingegen die zeitgleich zu beobachtende literarische Strömung eines Rückzugs, einer Akzeptanz des Bestehenden in der Nachfolge der *Romantik*.

Geschichte und Gesellschaft

1814/15 Wiener Kongress, politische Restauration mit Gründung des Deutschen Bundes und der „Heiligen Allianz“

1817 Wartburgfest

1819 Karlsbader Beschlüsse, Verfolgung sog. Demagogen

1830 Julirevolution in Frankreich und revolutionäre Bewegungen in Europa

1832 Hambacher Fest

1835 Erste Eisenbahn in Deutschland

1837 Professorenprotest der „Göttinger Sieben“

1844 Schlesischer Weberaufstand

1848 „Märzrevolution“ in Berlin und Wien; erste deutsche Nationalversammlung in der Frankfurter Paulskirche

1849 Ablehnung der Verfassung durch den preußischen König; Scheitern der demokratischen Bewegung

Literarisches Leben – Themen und Motive der Literatur

- satirische Feuilletons, Flugschriften und Kampflieder von literarischem Rang; Ironie als Waffe gegen Zensur
- erste sozialkritische Dramen mit naturalistischen Zügen (G. Büchner *Woyzeck*)

Welt- und Menschenbild

- Parteinahme für demokratische, soziale Bewegungen und für die nationale Einheit Deutschlands
- Selbstverständnis als Vorreiter gesellschaftlicher Emanzipation
- Abgrenzung von Weimarer Klassik und Romantik (H. Heine: „Ende der Kunstperiode“)
- Aufwertung journalistischer Formen und journalistischer Tätigkeit von Schriftstellern

Gattungen, Autor(inn)en, Werke

H. Heine (1797 – 1856) journalistische Texte, Reisebilder, Gedichte, Verserzählung: *Deutschland. Ein Wintermärchen*

G. Herwegh (1817 – 1875) Gedichte

F. Freiligrath (1810 – 1876) Gedichte

L. Börne (1786 – 1837) Politische Schriften

G. Weerth (1822 – 1856) Gedichte

G. Büchner (1813 – 1837) *Dantons Tod, Woyzeck*; *Leonce und Lena*; *Lenz*; *Der Hessische Landbote*

Biedermeier

A. v. Droste-Hülshoff (1797 – 1848) *Die Judenbuche*

E. Mörike (1804 – 1875) Gedichte

A. Stifter (1805 – 1868) *Der Nachsommer*

Epochenumbruch 19./20. Jahrhundert

Literarische Moderne (um 1880–1925)

Das Nebeneinander bzw. die Gleichzeitigkeit unterschiedlichster, teilweise widersprüchlichster literarischer Strömungen, Stile (Stilpluralismus), Tendenzen, Entwürfe, Programme (Polarität), basierend auf der Orientierungslosigkeit in einer durch gesellschaftliche, ideologische, normative und ästhetische Brüche gekennzeichneten Welt prägt die Zeit um 1900. Laut Thomas Mann weist dies auf den „Willensausdruck dieser sehr reich bewegten Zeit, in der viele Strömungen [...] sich überkreuzten und ineinander übergingen“ hin. Man spricht auch von der „Gleichzeitigkeit des Ungleichzeitigen“: Der Widerspruch, z. B. zwischen dem sich als autonom verstehenden Individualkunstwerk und der entstehenden Massenkultur (Trivialliteratur), gilt als Grundmuster der „Literarischen Moderne“. Die propagierte „Modernität“ ist das gemeinsame Bindeglied dieser heterogenen und disparaten Richtungen und Stile, weshalb die Zeit vor dem Ersten Weltkrieg heute nicht als das Ende des 19. Jahrhunderts, sondern als der Beginn des 20. Jahrhunderts gesehen wird.
Den anerkannten literarischen Strömungen des Naturalismus, Impressionismus und Expressionismus werden andere Stilrichtungen, die aus der bildenden Kunst oder aus dem französischen Kulturraum übernommen wurden, an die Seite gestellt: *Symbolismus, Ästhetizismus, Décadence, Fin de Siècle, Neuklassik, Neuromantik, Jugendstil, Dadaismus* und v. a. m. Allen gemeinsam ist ein verändertes, z. T. neues Verhältnis zur Sprache, deren Leistungsfähigkeit als Mittel der Kommunikation als problematisch erlebt wurde (Sprachkrise als Bewusstseins- und Wahrnehmungskrise). Wichtigstes Dokument dieser Sprachskepsis ist Hugo von Hofmannsthals fiktiver Brief des Lord Chandos (*Ein Brief*, 1901). Zu den bedeutendsten Autoren der Zeit zählen neben Hugo von Hofmannsthal Stefan George, Franz Kafka, Thomas und Heinrich Mann, Robert Musil und Rainer Maria Rilke.
Anhand der oben skizzierten Auffächerung der Literatur der Jahrhundertwende mit ihren unterschiedlichen Strömungen und Tendenzen, den teils aus der bildenden Kunst, aus der Architektur, der Geschichte übernommenen Bezeichnungen lässt sich das grundsätzliche Problem der Einteilung der Literatur in Epochen, die vermeintlich streng voneinander getrennt sind, sehr gut demonstrieren. Daher legitimiert sich auch der Begriff des Epochenumbruchs um 1900, da dieser die literarischen Erscheinungen im Sinne der Diskontinuität hervorhebt. Gerade die divergierenden mentalen und kulturellen Konzepte, die sich teils ergänzen, teils miteinander konkurrieren oder sich widersprechen, befördern die Differenzqualität der einzelnen literarischen Strömungen. Diese Epochenumbrüche lassen sich besonders für die Zeit um 1800, um 1900, aber auch um 2000 feststellen. Im Spannungsfeld der ästhetischen Konzepte reagieren die Autorinnen und Autoren direkt oder verzögert auf die rasanten Veränderungen ihrer Lebenswelt, auf politische Veränderungen oder Modernisierungsschübe, wie z. B. in der Technik.

Realismus (um 1850 – 1890)

Epochenbegriff

Man unterscheidet zwischen typologischem Realismusbegriff (Realismus als epochenübergreifendes Darstellungsmerkmal) und literaturgeschichtlichem Epochenbegriff *Realismus*. Der Epochenbegriff *Realismus* bezeichnet die europäische Literaturepoche zwischen Romantik und Naturalismus. Wirklichkeitsnähe, Lebensechtheit, Widerspiegelung der Alltagswelt sind gefordert sowie Beispielhaftigkeit, Verdichtung, Verklärung („poetischer Realismus") im Sinne eines poetischen Mehrwerts, der das gewöhnliche Bild der Erscheinungen übersteigt. Die Wirklichkeit soll durch Auswahl und Konzentration auf Details entstehen, ein distanzierter Autor wird gefordert.

Geschichte und Gesellschaft

1848/49 gescheiterte Revolution
ab 1864 Aufstieg Preußens
1870/71 Deutsch-französischer Krieg, Proklamation des preußischen Königs Wilhelm I. zum Deutschen Kaiser in Versailles, Einigung des Reichs, Bismarck Reichskanzler („Gründerzeit")
1878 „Sozialistengesetze": Unterdrückung sozialdemokratischer Gruppierungen
1888 – 1918 Wilhelm II. deutscher Kaiser („Wilhelminisches Zeitalter"); Beginn des deutschen Imperialismus

- zunehmende Industrialisierung; rasante Technikentwicklung, beschleunigte Lebensverhältnisse; Urbanisierung, Proletarisierung der Arbeiterschicht, soziale Probleme (Klassengegensätze)
- Tendenzen weiblicher Emanzipation: Frauen im Erwerbsleben, zunehmendes Infragestellen traditioneller Rollenbilder

Literarisches Leben – Themen und Motive der Literatur

- großer Einfluss frz. und russ. Epik auf den deutschen Roman (G. Flaubert *Madame Bovary*; L. Tolstoi *Anna Karenina, Krieg und Frieden*)
- Auseinandersetzung von Individuum und Gesellschaft
- soziale und politische Fragen der Zeit, Eheprobleme: kritische Reflexion in Bildungsromanen

Welt- und Menschenbild

- große Veränderungen, aufkommende Naturwissenschaften bewirken sowohl Fortschrittsglauben als auch Orientierungslosigkeit durch Verlust von traditionellen Werten und Normen
- materialistische, diesseits orientierte Grundhaltung, Bedeutungsverlust der Religion
- in Teilen des Bildungsbürgertums trotz wirtschaftlicher Prosperität eher resignative Grundstimmung; konservative Wertehaltung, Gebundenheit an soziale Schicht
- Adel und Offizierskorps bestimmen weitgehend das gesellschaftliche Leben, Vorbildfunktion alles Militärischen: Untertanenmentalität, Pflichterfüllung gegenüber dem Staat

Gattungen, Autor(inn)en, Werke

bevorzugte Gattung: Epik
F. Hebbel (1813 – 1863) *Maria Magdalena* (Drama)
Th. Storm (1817 – 1888) *Pole Poppenspäler, Der Schimmelreiter, Immensee*
Th. Fontane (1819 – 1898) *Irrungen, Wirrungen, Frau Jenny Treibel, Effi Briest*
G. Keller (1819 – 1890) *Die Leute von Seldwyla, Der grüne Heinrich*
C. F. Meyer (1825 – 1889) *Das Amulett, Der Schuss von der Kanzel*
A. Stifter (1805 – 1868) *Nachsommer, Bunte Steine*
Gustav Freytag (1816 – 1895) *Soll und Haben*

Naturalismus (um 1880 – 1900)

Epochenbegriff

Der Naturalismus gilt als europäische Strömung; Vorbilder für die deutsche Literatur sind die gesellschaftskritischen Romane des Franzosen É. Zola, die skandinavische Literatur von H. Ibsen, A. Strindberg, die russische von F. Dostojewski, M. Gorki. Das Programm des Realismus wird eingeengt auf a) die Darstellung des Elends von Kleinbürgertum und Proletariat, b) die Kritik an der Doppelmoral und Gleichgültigkeit des Bürgertums hinsichtlich ungelöster sozialer Probleme der Industriegesellschaft. Von Arno Holz wird die Formel *Kunst = Natur – x* entwickelt; x soll möglichst klein sein, d. h., das Kunstwerk gilt als umso vollkommener, je mehr es sich der Natur (= die sozialen Verhältnisse) annähert. Das bedeutet eine möglichst objektive Darstellung der Wirklichkeit, Absehen von der subjektiven Meinung und Deutung der Künstler. Neue Darstellungsmittel werden eingesetzt wie Dialekt und Umgangssprache, Verzicht auf gebundene Sprache (gilt als unnatürlich), *Sekundenstil* (Deckungsgleichheit von erzählter Zeit und Erzählzeit).

Geschichte und Gesellschaft

um 1890 erste Regierungsjahre Wilhelms II., letzte Regierungsjahre Bismarcks: deutschnationale Euphorie

- Hochphase des deutschen Imperialismus (Tendenz zum Militarismus)
- einseitige Entwicklung und Verteilung des Kapitals (u. a. durch Bismarcks Schutzzollpolitik)
- Zuspitzung der sozialen Lage, Verschärfung gesellschaftlicher Gegensätze

Literarisches Leben – Themen und Motive der Literatur

- sozialkritische Tendenzen, Künstler in Opposition zur gutbürgerlichen Gesellschaftsordnung
- Durchschnittsmenschen als Produkt ihres Milieus, ihrer Umgebung
- Großstadt: Arbeitermilieu, Mietskasernen, Elendsquartiere, Arbeits- und Obdachlosigkeit, Familienprobleme, soziale Verelendung, Krankheit, Alkoholismus
- von Wilhelm II. als „Rinnsteinkunst“ diffamiert

Welt- und Menschenbild

- Einbeziehung neuster Erkenntnisse der Naturwissenschaften; antimetaphysischer, empirischer Positivismus
- Einfluss der deterministischen Gesellschaftstheorie des französischen Philosophen Auguste Comte
- der Mensch wird im Bedingungsgefüge (Determinismus) von Psyche, Trieben, sozialem Milieu und Umwelt gesehen und begriffen, dadurch werden seine Verhaltensweisen determiniert
- Leugnung des freien Willens zugunsten eines kausalgesetzlichen Ablaufs der Dinge

Gattungen, Autor(inn)en, Werke

Dominanz des Dramas
Johannes Schlaf (1862 – 1941) und Arno Holz (1862 – 1941) beide vor allem als Autorenteam tätig: *Papa Hamlet, Die Familie Selicke*
G. Hauptmann (1862 – 1946) *Vor Sonnenaufgang, Der Biberpelz, Die Ratten, Die Weber*

Expressionismus (um 1905 – 1925)

Epochenbegriff

1911 wird *Expressionismus* als Begriff für eine Berliner Sammelausstellung französischer Maler verwendet, danach auf die Literatur übertragen und gilt als Ausdruck des Protests junger Künstler aus mittelständischem, z. T. großbürgerlichem Milieu (oft Doppelbegabungen) gegen das wilhelminische Bürgertum mit seinen erstarrten Konventionen sowie das kapitalistische Wirtschaftssystem. Der Zusammenschluss von Künstlergruppen spiegelt sich in einer Vielzahl von Manifesten und Programmatiken. Die Suche nach dem „Neuen Menschen" („Menschheitspathos"), nach ihm adäquaten neuen Ausdrucksformen, findet sich vor allem in Lyrik und Drama: Ablehnung des Mimesis-Gedankens der Kunst, Propagierung der „Ästhetik des Hässlichen". Oft stehen traditionelle Form (z. B. Sonett) und provozierender Inhalt als Ausdruck für katastrophale Erschütterungen der Zeit in Kontrast. Asyndetischer Reihungsstil, elliptischer Satzbau, starke Bildlichkeit und Metaphorik, Farbsymbolik, Synästhesie, Neologismen und Montage sind weitere epochentypische Mittel und Formen.

Geschichte und Gesellschaft

1908 Automobilisierung (Fließbandproduktion Ford)

1910 Halleyscher Komet: Hoffnung auf Erneuerung und Angst vor Untergang der alten Gesellschaftsordnung

1912 Untergang der *Titanic*: Erschütterung des Fortschrittsglaubens

1914 – 18 Erster Weltkrieg: Zusammenbruch der k.u.k.-Monarchie, Niederlage Deutschlands, Abdankung des Kaisers

1915 A. Einsteins Relativitätstheorie

1917 Russische Oktoberrevolution

1918 Bürgerkrieg in Berlin, Münchner Räterepublik

1918/19 Friedensvertrag von Versailles; Weimarer Republik; „Dolchstoßlegende", hohe Reparationszahlungen Deutschlands

- neue Medien: Rundfunk und Film vereinnahmen die Unterhaltungsindustrie

Welt- und Menschenbild

- kritische Auseinandersetzung mit den Errungenschaften der modernen Zivilisation
- Protestbewegungen gegen erstarrte Konventionen und verlogene Moral einer als überkommen empfundenen bürgerlichen Gesellschaft
- „Janusgesicht der Moderne": Zukunftseuphorie sowie Skepsis gegenüber Technik und Erneuerung; Kriegseuphorie sowie totale Ablehnung des Krieges, Pazifismus
- Kunst als Beitrag zur Weltveränderung

Gattungen, Autor(inn)en, Werke

vorherrschende Gattung: Lyrik, später auch Drama (G. Kaiser); K. Pinthus' Anthologie *Menschheitsdämmerung*

Gottfried Benn, Paul Boldt, Jakob van Hoddis, Georg Heym, Else Lasker-Schüler, Alfred Lichtenstein, Oskar Loerke, Ernst Stadler, August Stramm, Georg Trakl

Literarisches Leben – Themen und Motive der Literatur

- Weltende, Apokalypse, Werteverfall, Gewaltfantasien: Endzeitstimmung als Bild für den Zusammenbruch der abendländischen Kultur
- Großstadt mit all ihren Facetten; antiidyllische Naturlyrik
- kritische Auseinandersetzung mit technischem Fortschritt (Eisenbahn)
- Krieg, Tod, Sinnlosigkeit des Lebens; Orientierungslosigkeit, Dissoziation des Ich, Anonymität, Kommunikationslosigkeit
- Visionen von Aufbruch, Revolution

Literatur der Weimarer Republik – Neue Sachlichkeit (um 1920 – 1933)

Epochenbegriff

Neue Sachlichkeit beschreibt eine literarische Strömung als Reaktion auf den oft pathetischen, irrationalen Spätexpressionismus. Stark beeinflusst durch den funktionalen, sachlichen Stil der Architektur des *Bauhauses* kehrt sie zurück zur zeitgenössischen Gegenwart mit ihren sozialen und politischen Problemen. Das Interesse am Inhalt übersteigt das an der Form (teils noch expressionistischen Formen verhaftet): Tatsachenorientierte, oft dokumentarische Literatur analog zu den politischen Gegensätzen der Weimarer Republik entsteht mit der Folge eines kulturellen Pluralismus und der Dominanz des Politischen und Ideologischen vor der künstlerischen Gestaltung. Massenproduktion, Massenmedien, Kunst für die Massen führen zu einer zunehmenden Kluft zwischen Trivialliteratur und gehobener, elitärer Literatur.

Geschichte und Gesellschaft

1923 Hitlerputsch

ab 1924 relative Stabilität, die „Goldenen Zwanziger“; Berlin als kulturelles und wissenschaftliches Zentrum der Republik: Kinos, freie Bühnen, Blüte des Kabaretts, Vielzahl von Zeitungen und Zeitschriften

1929 Börsenkrach in New York, Weltwirtschaftskrise, hohe Arbeitslosigkeit

1933 nationalsozialistische Machtergreifung

- zu Beginn der 1920er-Jahre eine Nation ohne Konsens: gegensätzlichste politische und ideologische Richtungen und Standpunkte; dadurch bürgerkriegsähnliche Zustände
- Nachkriegswirren, Inflation, Besetzung des Ruhrgebiets

Literarisches Leben – Themen und Motive der Literatur

- zeitgenössische Großstadt
- Alltags- und Arbeitsleben von Durchschnittsmenschen
- moderne Medien und Technik
- Collage- und Montagetechnik

Welt- und Menschenbild

- „Tanz am Rande des Vulkans“: ambivalentes Lebensgefühl zwischen Sicherheit und Unsicherheit
- Krise des Parteienstaates: Antagonismus der gesellschaftlichen und politischen Gruppierungen, demokratische und antidemokratische Kräfte
- zunehmende Kapitalisierung der Wirtschaft, neue Arbeitsplätze und Berufsbilder, bessere Schulbildung sowie zunehmende Berufstätigkeit und damit Emanzipation von Frauen

Gattungen, Autor(inn)en, Werke

journalistische Textsorten und Kritiken (Alfred Kerr, Egon Erwin Kisch, Karl Kraus, Kurt Tucholsky)

vorherrschende Gattungen: *Reportage, Feature, Zeit- und Lehrstück, Gegenwartsroman, Gebrauchslyrik, Literaturkritik*
Bertolt Brecht, Alfred Döblin, Hans Fallada, Lion Feuchtwanger, Hermann Hesse, Ödon von Horváth, Erich Kästner, Irmgard Keun, Thomas Mann, Kurt Tucholsky, Jakob Wassermann, Stefan Zweig, Carl Zuckmayer

Exilliteratur (1933 – 1945)

Epochenbegriff

Das Exil gilt als existenzielle Grunderfahrung des Menschen seit der Antike; es ist ein zentrales Thema menschlich-literarischer Erfahrung im 20. Jahrhundert: Innerhalb der deutschen Literaturgeschichte wird die Literatur zwischen 1933 – 1945 mit den aus politischen oder sogenannten rassischen Gründen vertriebenen Autor(inn)en als Exilliteratur bezeichnet. Themen dieser Literatur sind Heimat und Heimatverlust, Entfremdungserfahrungen und ihre persönlich-literarische Verarbeitung sowie die Auseinandersetzung mit der meist ungewollten neuen Umgebung, die Auseinandersetzung mit den Verhältnissen im Heimatland, der Situation politischer und ethnischer Verfolgung und Unterdrückung. Die Texte sind vielfach privat oder einer begrenzten Öffentlichkeit (Zensur, Druckverbote) zugänglich gewesen.

Geschichte und Gesellschaft

1930 – 1933 zunehmende Destabilisierung der Weimarer Republik

1933 (30.01.) NS-Machtübernahme, Hitler Reichskanzler, Gleichschaltung; erste Konzentrationslager; Bücherverbrennung

1934 „Röhm-Putsch"; Hitler auch Reichspräsident; zunehmende Verdrängung von jüdischen Deutschen aus ihren Berufen

1938 „Anschluss" Österreichs

1939 Beginn des Zweiten Weltkriegs

1939/40 Zwang zur Flucht vieler Exilanten aus von Deutschen besetzten Ländern

1942/43 Beginn der systematischen Judenverfolgung

1945 (08.05.) Kapitulation und Kriegsende

- etliche Autoren ins Exil bzw. in die innere Emigration gezwungen durch Verhaftungen und Folter, Zensur, Berufsverbote; „Säuberung" in Bibliotheken
- deutschsprachige Exilschriftsteller: Schweiz, Frankreich, USA

Welt- und Menschenbild

- Existenzangst, Entwurzelung, Zweifel, tiefe Skepsis
- Erfahrung von Barbarei, Verfolgung, Vernichtung
- Krieg, Holocaust
- Hoffnung auf Neubeginn, Visionen, Träume

Gattungen, Autor(inn)en, Werke

Lyrikerinnen: Hilde Domin, Mascha Kaléko, Else Lasker-Schüler

Th. Mann (1875 – 1955) *Dr. Faustus*
St. Zweig (1881 – 1942) *Schachnovelle*
L. Feuchtwanger (1884 – 1958) *Exil*
B. Brecht (1898 – 1956) *Leben des Galilei*
A. Seghers (1900 – 1983) *Das siebte Kreuz, Transit*
K. Mann (1906 – 1949) *Mephisto, Der Vulkan*

Literarisches Leben – Themen und Motive der Literatur

- unterschiedliche Facetten der literarischen Auseinandersetzung mit der Exilsituation: scharfsinnige politische Analyse, engagierte Literatur, räsonnierend-reflexive Texte sowie auch Resignation, bis hin zum Verstummen (Verlust der Muttersprache als vorrangiges Kommunikationsmittel)
- Heimatverlust, Entwurzelung, Kampf um Existenzsicherung, Sprachverlust, Todessehnsucht
- kabarettistische Auseinandersetzung mit der Erfahrung im Exil
- episches Theater von Bertolt Brecht

Literatur nach 1945

Literatur der Nachkriegszeit (bis ca. 1960)

Epochenbegriff

Im Westen etablieren sich die Begriffe Kahlschlagliteratur (Weyrauch), Literatur der Stunde null, Trümmerliteratur (Böll): Sie bezeichnen Werke der Emigranten und Heimkehrer nach dem Krieg. In ihnen manifestiert sich ein Misstrauen gegenüber der unter den Nazis zu Propagandazwecken missbrauchten Sprache und eine Suche nach neuen Ausdrucksformen und Ausdrucksmitteln der Literatur. Gründung der *Gruppe 47*. *Im Osten* erfolgt die Einbürgerung der Elite der antifaschistischen Literatur. Die Literatur verpflichtet sich dem Programm des „sozialistischen Realismus" als verbindliche Schreibweise: direkte Widerspiegelung der gesellschaftlichen Realität, Darstellung einer positiven Zukunftsperspektive, Parteilichkeit, Inhalt hat Vorrang vor der Form („Formalismusdebatte" in der Kunst). Man benutzt den Terminus *Ankunftsliteratur* (nach dem Roman „Ankunft im Alltag" von Brigitte Reimann). 1959 wird die erste Bitterfelder Konferenz abgehalten mit dem Motto: „Greif zur Feder, Kumpel": Arbeiter werden aufgefordert, ihren sozialistischen Arbeitsalltag literarisch umzusetzen, Schriftsteller gehen in die Produktion.

Geschichte und Gesellschaft

1945 – 1949 Aufteilung Deutschlands in vier Besatzungszonen, Sonderstatus Berlins
1947 Marshall-Plan zum wirtschaftlichen Aufbau Westdeutschlands und Europas
1948 Währungsreform
1948 – 1949 Blockade Berlins, zunehmend Politik des Kalten Krieges
1949 Gründung zweier deutscher Staaten: BRD und DDR
1957 Gründung der Bundeswehr; zunehmender Wohlstand in der BRD
1961 Bau der Berliner Mauer
1963 Besuch des amerikanischen Präsidenten John F. Kennedy in Berlin
1968 Studentenrevolte in den USA, Frankreich und Westdeutschland

Welt- und Menschenbild

- Kriegserfahrung, Not, Leid, Hunger, Scham und Schuld
- Hoffnung auf politisch-gesellschaftlich-kulturellen Neuanfang
- ambivalentes Welt- und Menschenbild, Zerrissenheit zwischen Resignation und Aufbruchsmentalität

Gattungen, Autor(inn)en, Werke

Dominanz der Lyrik, auch Kurzgeschichten (Orientierung an den USA)

- **BRD:** Ilse Aichinger, Alfred Andersch, Ingeborg Bachmann, Gottfried Benn, Wolfgang Borchert, Heinrich Böll, Paul Celan, Günter Eich, Marie-Luise Kaschnitz, Wolfgang Koeppen, Hans-Werner Richter
- **DDR:** Bruno Apitz, Johannes R. Becher, Bertolt Brecht, Peter Huchel, Anna Seghers

Literarisches Leben – Themen und Motive der Literatur

In der BRD: Misstrauen gegenüber Pathos und emotionalisierendem Sprachgebrauch; Suche nach neuen, adäquaten Ausdrucksmitteln: karge, schmucklose Sprache; hermetische Lyrik; Forderung nach Wahrheit und Mitmenschlichkeit; Krieg und Not, Gefangenschaft, Heimkehrerschicksale; Eintreten für Demokratie; Spannung zur offiziellen Politik der Adenauer-Zeit: Wohlstandsgesellschaft, Remilitarisierung; Politisierung der Literatur; Hinwendung zum Dokumentarischen
In der DDR: antifaschistisches Bündnis aller demokratischen Kräfte; Literatur als Instrument zum Aufbau des Sozialismus; auch Preislyrik auf Lenin, Stalin; polemische Abgrenzung zur BRD; kritische Auseinandersetzung mit der Nazi-Vergangenheit

Gegenwartsliteratur

Beim Blick auf die Entwicklung der deutschen Literatur der letzten 50 Jahre kann keine klare Einteilung in Epochen vorgenommen werden; das bleibt künftigen Generationen vorbehalten. Es lassen sich lediglich Tendenzen bzw. literarische Strömungen der Gegenwartsliteratur aufzeigen, die sowohl durch Kontinuität als auch durch Brüche mit der Tradition charakterisiert werden können.
Bis zur Wende 1989 gibt es zwei deutsche Literaturen, die sich aufgrund der stark divergierenden politischen und gesellschaftlichen Rahmenbedingungen jeweils unterschiedlich entwickeln. Wie schon in der Übersicht über die Literatur nach 1945 skizziert, ist die Literatur der DDR bis zum Ende der 1960er-Jahre eng verbunden mit dem in der Sowjetunion entwickelten Schreibkonzept des „sozialistischen Realismus", das auf den beiden Bitterfelder Konferenzen, 1959 und 1964, programmatisch formuliert wird. Dessen Forderungen seien hier skizziert:

- Bevorzugter Gegenstand des Schreibens ist die sozialistische Produktion, im Mittelpunkt steht der positive Held als Identifikationsangebot.
- Basis der Ästhetik ist die Widerspiegelungstheorie Lenins, derzufolge die Kunst die Wirklichkeit abbildet.
- Die Geschlossenheit der Darstellung wird über die Parteilichkeit und Volkstümlichkeit des Künstlers erwartet.
- Eine typisierende Darstellung soll das Wesen / die Gesetzlichkeit des Lebens wiedergeben (das ist z. B. die Zugehörigkeit einer Figur zu einer bestimmten gesellschaftlichen Klasse, von der aus sie hinsichtlich ihrer Haltungen und Handlungen geprägt wird: Das Sein bestimmt das Bewusstsein).

Das gesellschaftspolitische Ziel dieses Schreibkonzepts ist es, die Erziehung zur sozialistischen Persönlichkeit (die Identifikation mit den Zielen des politischen Systems) und ein positives Handeln (literarische Figuren als Vorbilder) zur Beschleunigung des politisch-ökonomischen Fortschritts zu ermöglichen. Im Mittelpunkt des Schaffens soll der „neue Mensch" stehen, der Aktivist, der Held des sozialistischen Aufbaus. Parteilichkeit und Wahrheit bilden eine untrennbare Einheit, Parteilichkeit wird zu einer ästhetischen Kategorie. Werktätige werden zum Schreiben aufgefordert, Künstler gehen in Produktionsbetriebe. Beispiele hierfür sind u. a. Christa Wolf *Der geteilte Himmel* (1963) und Erik Neutsch *Spur der Steine* (1964).
Für die westdeutsche Literatur bilden die frühen 1960er-Jahre einen Einschnitt: Sie findet Anschluss an die Weltliteratur mit Autoren wie den Schweizern Friedrich Dürrenmatt und Max Frisch, der Österreicherin Ingeborg Bachmann, mit Heinrich Böll, Günter Grass, Uwe Johnson, Wolfgang Koeppen, Siegried Lenz sowie Martin Walser. Themen der Romane sind die Vergewisserung der eigenen Identität, kritische Distanz zu den gesellschaftspolitischen Entwicklungen in der BRD und Modellentwürfe einer humanistischen Gesellschaft.
Ende der 1960er-Jahre entwickelt sich, analog zum kritischen Zeitgeist, eine engagierte Literatur der Arbeitswelt sowie der Alltagskultur; ebenso ist die Politisierung der Literatur im Zuge der Studentenrevolte von 1968 und die Hinwendung zum

Dokumentarischen zu beobachten. Diese Literatur, Theaterstücke, Gedichte und Romane, arbeitet häufig mit Tatsachenmaterial, wie z. B. Zeitungsmeldungen, Reportagen, Prozessakten, Protokollen, Interviews, und verarbeitet diese Sachtexte z. T. in Form von Collagen und mithilfe der Montagetechnik. In diesem Zusammenhang seien Günter Wallraff *Der Aufmacher, Ganz unten,* Rolf Hochhuth *Der Stellvertreter,* Heinar Kipphardt *In der Sache J. Robert Oppenheimer,* Peter Weiss *Die Ermittlung* und als Vertreter der politischen Lyrik, anknüpfend an die Tradition Bertolt Brechts, Hans Magnus Enzensberger erwähnt. Der Beginn der 68er-Ära fällt mit dem Ende der „Gruppe 47" zusammen.

Für die 1970er-Jahre, nach den Studentenunruhen, der APO-Zeit und unter der sozialliberalen Regierung Willy Brandts und Helmut Schmidts, setzt sich die „Neue Subjektivtät" als Sammelbegriff durch. Die Literatur, die unter diesem Begriff subsummiert wird, ist gekennzeichnet durch die Abkehr von der politischen, gesellschaftskritischen Literatur der 1960er-Jahre. Sie wendet sich wieder stärker der Verarbeitung individueller Erfahrungen und Enttäuschungen und der Auseinandersetzung mit der unmittelbaren Umgebung, der eigenen Lebenssituation und ihrer Krisen zu. Häufig zu finden, entsprechend der Individualisierungstendenz, ist die Ich-Erzählung. In diesem Zusammenhang sei auch die Frauenbewegung genannt, die Emanzipationsprozesse provoziert und vorantreibt, Bewusstseinsänderungen anstößt und auch der Literatur neue Impulse verleiht. Meilensteine sind die Gründungen der Zeitschriften *Courage* (1976) und *Emma* (1977); Letztere durch Alice Schwarzer, die schon mit ihrem Buch *Der kleine Unterschied und seine großen Folgen* (1975) ein wirkungsvolles Beispiel für eine neue Frauenkultur und -literatur gegeben hatte. Bekannte Autorinnen sind Ingeborg Bachmann, Ulla Hahn, Elfriede Jelinek, Sarah Kirsch, Brigitte Kronauer, Angelika Mechtel, Christa Reinig, Brigitte Schwaiger, Karin Struck und Gabriele Wohmann; für die DDR Brigitte Reimann, Maxi Wander und Christa Wolf.

Die Diskussion Mitte der 1980er-Jahre unter dem Stichwort „Multikultur" eröffnet den Blick für eine deutschsprachige Literatur ethnischer und kultureller Minoritäten, die die Dominanz der deutschen Perspektive durchbricht zugunsten einer differenzierten Sichtweise des Eigenen durch die Konfrontation mit dem Fremden. Eine eigenständige Migrantenliteratur gewinnt seit Ende der 1970er-Jahre zunehmend an Kontur, wird Bestandteil der deutschen Gegenwartsliteratur und thematisiert Erfahrungen der Zerrissenheit und Heimatlosigkeit, das Leben zwischen den Kulturen, Parallelwelten innerhalb der deutschen Gesellschaft sowie Auseinandersetzungen mit der deutschen Sprache, mit positiv genutzter Zweisprachigkeit sowie Sprachverlust.
Mitte der 1980er- bis in die 1990er-Jahre hinein wird der aus der Kunsttheorie stammende und ebenfalls von der Architektur besetzte Begriff der „Postmoderne" populär. Im Rückgriff auf traditionelle literarische Erzähltechniken (z. B. das auktoriale Erzählen, die chronologisch aufgebaute, geschlossene Erzählung), konventionelle Themen (Entwicklungs- und Bildungsroman des 18. und 19. Jahrhunderts) und historische Themen setzt sich diese Literatur mit der Moderne (1880–1925) kritisch auseinander. Die Vielzahl der Stile und Stilmischungen, die ironische Brechung der konventionellen

Erzählerfigur und Thematik kennzeichnen diese Literatur, die mit der Tradition spielt. Unzählige Anspielungen auf bekannte Werke, die in Form der Intertextualität in den Werken wiederzufinden sind, setzen einen gut informierten Leser voraus. Als prominente Beispiele gelten die Romane von Patrick Süskind *Das Parfum* (1983), Christoph Ransmayr *Die letzte Welt* (1988) und Robert Schneider *Schlafes Bruder* (1992).
Entscheidendes Ereignis für neue Themen innerhalb der Gegenwartsliteratur nach 1990 ist die „Wende" 1989/90 mit der Wiedervereinigung der beiden deutschen Staaten; es geht u. a. um die Auseinandersetzung mit der jeweiligen Vergangenheit, um historische Erinnerungen, geistige, politische und finanzielle Probleme der Vereinigung, Berlin als neue Hauptstadt, persönlichen und kulturellen Identitätsverlust, hohe Arbeitslosigkeit sowie Fremdenhass.

Tendenzen im neuen Jahrtausend

Ein Epochenumbruch ist beim Übergang vom 20. zum 21. Jahrhundert zu konstatieren: Die neue Informations- und Medienkultur, das Internet, die Globalisierung und Popkultur finden sich als Themen in der Literatur wieder.
Exemplarisch sei hier der Autor und Journalist Benjamin von Stuckrad-Barre genannt, ein Vertreter der sogenannten *Generation Golf* (nach dem gleichnamigen Roman von Florian Illies aus dem Jahr 2000, in dem er typische Attitüden seiner Altersgenossen beschreibt, die in den 1980er-Jahren aufwuchsen). Stuckrad-Barres Debütroman *Soloalbum* (1998) erzählt in Ich-Form von einem namenlosen Protagonisten, der nach einer beendeten Liebesbeziehung sozial verwahrlost. Daneben feiern die Feuilletons der deutschsprachigen Presse Jungautorinnen und rufen das *Fräuleinwunder* aus für Debütromane von Judith Herrmann, Tanja Duckers, Julia Franck, Juli Zeh, Jenny Erpenbeck, Zoë Jenny, Karen Duve usw.
Neben formalen Experimenten, alternativen Erzählformen ohne Erzählerinstanz oder lineares Erzählen rücken vor allem im multiethnischen Europa Fremdheitserfahrungen und (inter)kulturelle Identitäten sowie Erfahrungen mit der Zweitsprache und sprachspielerischen Experimenten in der Literatur deutschschreibender Literaten anderer Herkunftskulturen in den Fokus. Diese *Migrationsliteratur* bzw. *Interkulturelle Literatur* repräsentieren u. a. Feridun Zaimoğlu, Rafik Schami, Yōko Tawada, Wladimir Kaminer, Terézia Mora, Zsuzsa Bánk, Saša Stanišić und die deutsch-rumänische Literaturnobelpreistragerin Herta Müller.
Zudem verhandelt die Literatur neue Gefahren wie Terrorismus, Finanzkrise, Klimawandel, Umgang mit dem Internet sowie gesellschaftliche Themen wie zerrüttete Familienverhältnisse, Mobbing, Armut durch sozialen Abstieg oder Ausgrenzung. Die Autoren verarbeiten aktuelle gesellschaftspolitische, auch regionale Themen, auch in der boomenden *Kriminalliteratur*.

Die neuen technischen und gestalterischen Möglichkeiten durch das Internet verändern zum einen die Schreibweisen in der gedruckten Literatur, zum andern tritt das Internet als Ort der Veröffentlichung mit Weblogs, E-Mail-Romanen, der sogenannten *Netzliteratur*, in Konkurrenz dazu. Die digitale Technologie ermöglicht literarische Verfahren, die so nur im Netz möglich sind. Interaktivität, Hypertextstrukturen/Verlinkungen, Inter-

medialitat, z. B. durch visuelle Reize, schaffen „netzförmige Texte", die konventionelles Erzählen ablösen, neue Erzählräume eröffnen und den Leser zum Co-Autor machen bzw. Autorenkollektive generieren.
Insgesamt ist die literarische Gegenwart von einer zyklischen Bewegung zum Teil gegenläufiger Tendenzen geprägt: von Politisierung über neue Subjektivität und Ästhetisierung zu experimenteller Literatur von sogenannten *Hybridtexten* durch Digitalisierung und zunehmender Visualisierung wie in der *Graphic Novel*.

Im deutschen Markt definiert man eine Distanz zwischen der „anspruchsvollen" Literatur, die mit Literaturpreisen ausgezeichnet wird, und der kommerziell erfolgreichen „leichten" Literatur. Nur wenigen Autoren gelingt der Spagat, wie beispielsweise Wolfgang Herrndorf mit seinem Jugendroman *Tschick* (2010), für den er 2011 den Deutschen Jugendliteraturpreis bekam, oder Daniel Kehlmann. Dessen Roman *Die Vermessung der Welt* (2005) stand 2006 auf Platz zwei der weltweit am meisten verkauften Bücher. Es wurde in 40 Sprachen übersetzt und mit dem Literaturpreis der Konrad-Adenauer-Stiftung und dem Kleist-Preis ausgezeichnet. Beide Romane wurden erfolgreich verfilmt.
Typisch ist das Nebeneinander vieler verschiedener Stilarten, Schreibweisen und Textsorten, man spricht von einer „Gleichzeitigkeit des Ungleichzeitigen" oder der „Demokratisierung" des Literatur- oder Kunstbegriffs. Im Zuge dessen sind neue Formen des Schreibens erfolgreich, so z. B. das Bloggen, das Schreiben einer Art Tagebuch im Internet, das jeder verfassen und jeder lesen kann. Populär sind Poetry Slams, Dichterwettbewerbe, bei denen Autoren ihre Texte mündlich vortragen und neben dem Text auch die Performance des Autors entscheidend ist, also die künstlerische Gestaltung des Vortrags mit Gesang, Tanz usw.

Die **Gegenwartslyrik** zeigt ein genauso uneinheitliches Bild: Da es keine verbindliche oder verbindende Poetik gibt, aber eine Vielzahl von theoretischen Texten, in denen die Lyriker Auskunft geben, kann man von einer Diversifizierung in unterschiedliche Lyrikszenen sprechen, zu denen die Poetry Slammer gehören. Experimentelle Formen wie Lautgedichte, visuelle Gedichtkonstruktionen (etwa die Wortlisten und Faux Amis von Uljana Wolff) oder intertextuelle Sprachspielereien (Ann Cotten, Dagmara Krauss) setzen zum einen die Tradition der konkreten Poesie der 1960er-Jahre (u. a. Ernst Jandl) fort. Zum anderen werden in Auseinandersetzung mit traditionellen Formen (Sonett, Ode, Elegie) und Bildern sowie persönlichen Erfahrungen (Erlebnislyrik des 18. Jahrhunderts vs. Selbstinszenierung oder Ereignislyrik) neue poetische Ausdrucksvariationen entwickelt. Mehrsprachigkeit ist ein wichtiges Thema und hängt mit der multikulturellen Sozialisation der Autoren sowie mit ihrer Übersetzertätigkeit, der Personalunion Lyriker/Übersetzer, zusammen. Die Gedichte experimentieren mit Sprache, reflektieren Möglichkeiten eigenen Sprechens und hinterfragen analog eigene poetische Wirklichkeitskonstruktionen. Weiterhin geht es um konventionelle, alltägliche, aber auch gesellschaftskritische Themen, Kommunikationsformen mit, durch und über Medien sowie digitale Informationstechnologien.

Die **Gegenwartsdramatik** präsentiert sich mit einer Vielzahl von Stilen, Formen und Themen. In der Theaterwissenschaft wird das moderne Theater mit den Etiketten „dramatisches" oder „postdramatisches" Theater versehen. Im Zentrum steht nicht mehr das theatrale Agieren, der Text selbst, sondern Theaterformen, die als einer Performance nahe beschrieben werden können. Das moderne Theater gilt nicht als Lesetext, sondern existiert vor allem in der Umsetzung auf der Bühne (z. B. das Theater von René Pollesch). Zudem experimentiert das Theater wieder viel, sprachlich und formal, indem z. B. der Entstehungsprozess der Texte im Vordergrund steht.
Thema sind des Öfteren gestörte Familien- bzw. Freundesbeziehungen (Lutz Hübner, Yasmina Reza) sowie gestörte bzw. sich verändernde Kommunikationsformen durch soziale Netze und Internet (Igor Bauersima *norway.today,* Yasmina Reza, Dea Loher) oder durch Verunsicherung gescheiterte Lebensentwürfe. Seit 2014 kommen zunehmend Dramen zur Aufführung, die politische Krisen, Krieg, Vertreibung, Flucht, Identitätsproblematik thematisieren und politisch motivierten und agierenden Schriftstellern und Dramaturgen sowie dem an aktuellen Zeitthemen interessierten Publikum ein Forum bieten. Diese Stücke sind oft dokumentarische Fiktionen und das kreative Material entstammt der aktuellen Wirklichkeit.

Umgang mit Texten

Lyrische Texte

Was ist Lyrik?

Lyrik zeichnet sich durch „verdichteten“ Sprachgebrauch aus. Die sinnliche Seite der Sprache steht häufig im Mittelpunkt. Das beinhaltet vor allem
- den Klang der Wörter,
- die Folge der Wörter in einem Sprechzusammenhang (Rhythmus),
- das Verhältnis von betonten und unbetonten Silben sowie
- die Optik der Wörter.

Bildlichkeit trägt in vielen lyrischen Texten zu einer Bedeutungsbildung bei, die Wahrnehmungen und Gefühle in besonders strenger Form, allerdings durchaus mehrdeutig, vorstellt. Individuelle, persönliche Sichtweisen auf Gegenstände überwiegen. Gedichte sind vielfach „Verdichtung“, zeichnen sich durch besondere Prägnanz aus. Ein Beispiel:

Liebes-Lied (1907)
Rainer Maria Rilke (1875–1926)

Wie soll ich meine Seele halten, daß
sie nicht an deine rührt? Wie soll ich sie
hinheben über dich zu andern Dingen?
Ach gerne möcht ich sie bei irgendwas
Verlorenem im Dunkel unterbringen
an einer fremden stillen Stelle, die
nicht weiterschwingt, wenn deine Tiefen schwingen.

Rainer Maria Rilke: Liebes-Lied. Aus: Ders.: Neue Gedichte. Hamburg: tredition GmbH 2012, S. 11

Das lyrische Ich stellt zu Beginn anaphorisch zwei Fragen, die sich aus der Beziehung zu einem anderen Menschen ergeben, der das lyrische Ich so stark an sich bindet, dass dieses offenbar keine unabhängige Existenz mehr führen kann. Die Interjektion „Ach“ (V. 4) verstärkt die vermeintliche Klage über den Verlust der Eigenständigkeit, die sich darin äußert, dass die Seele des lyrischen Ichs in Schwingung gerät, sobald die Seele des Du zu schwingen beginnt. Da die Überschrift das Gedicht als „Liebes-Lied“ ausweist, muss dieser Auftakt verwundern, da er das Empfinden der Liebe mit Verlusterfahrungen assoziiert.
Dies ist zunächst eine textimmanente Erschließung. Darüber hinaus können Fragen zum biografischen oder literaturhistorischen Kontext Aufschluss geben: Rilke ist ein Repräsentant des Symbolismus. Als solcher sucht er nach Wahrheiten und Empfindungen, die nicht auf der Oberfläche der Erscheinungen zu finden sind und daher auch im Gedicht sprachlich verrätselt zum Ausdruck kommen. Eine vorschnelle Interpretation der Gedichtaussage als Widerschein biografischer Brüche und schwieriger Situationen im Leben des Autors sollte indes vermieden werden (Sprecher im Gedicht, → S. 146 f.).

Ein kurzer Abriss zur Geschichte der Gattung

Lyrik gilt als diejenige poetische Gattung, die menschliche Stimmungen in stärkster Weise ausdrücken kann. Abgeleitet vom griechischen Wort *lyrikós* (zum Spiel der Lyra, der Leier gehörend) wird der Lied- und Vortragscharakter der antiken Herkunft betont. Seit dem 18. Jahrhundert wird die heute noch übliche Definition von Lyrik als eine der drei Hauptgattungen neben Epik (→ S. 152) und Dramatik (→ S. 158) gebraucht. Bei dem Formenreichtum, den die Lyrik seit der Antike entwickelte, sind als Grundkonstanten Rhythmus, Metrum, Vers, teilweise auch Reim und Strophe zu identifizieren.

Die germanische Stabreimkunst, deren Gesetze nicht überliefert sind, sondern erst im 19. Jahrhundert rekonstruiert wurden, ist heute allenfalls in Wendungen wie „Haus und Hof" nachzuweisen, prägte aber bis zum *Hildebrandslied* (althochdeutsch, 9. Jahrhundert) eine eigenständige lyrische Tradition im nordwestlichen Europa. Als besondere Blütezeit gilt das Hochmittelalter (11.–13. Jahrhundert). Der höfische *Minnesang* ist vor allem mit Walther von der Vogelweide (um 1170–ca. 1230) verbunden, aber auch bedeutende Versepen wie das *Nibelungenlied* kennzeichnen diese Epoche. Eine weitere im deutschsprachigen Raum entstandene Dichtkunst ist der zunftbürgerliche *Meistergesang* im 16. Jahrhundert, verbunden vor allem mit Hans Sachs (1494–1576).
Als eigentlicher Beginn einer besonders an italienischen Renaissancevorbildern geschulten und orientierten Dichtkunst in deutscher Sprache gilt das aus heutiger Sicht strenge Regeln der Form benennende *Buch von der deutschen Poeterey* (1624) von Martin Opitz (1597–1639). Die damit erstmals theoretisch fundierte Barocklyrik fand Ausprägungen im weltlichen und geistlichen Sonett, aber auch in Kirchenliedern oder Epigrammen sowie weiteren in dieser Epoche gepflegten lyrischen Formen.
Als ein Höhepunkt deutscher Literatur gilt (nicht nur in der Lyrik) das dichterische Schaffen von Johann Wolfgang Goethe (1749–1832), Friedrich Schiller (1759–1805) und Friedrich Hölderlin (1770–1843) sowie die Lyrik der Romantik, verbunden mit Novalis (1772–1801) oder Joseph von Eichendorff (1788–1857).
Mit Heinrich Heine (1797–1856) wird eine häufig ironisch gebrochene romantische Lyrik verbunden, aber auch politisch engagierte Dichtung des Vormärz.
Während die von Goethe und Schiller geprägte Lyrik des Sturm und Drang und der Klassik als Stimmungs-, Erlebnis- oder Ausdrucksdichtung charakterisiert und als – aus heutiger Sicht – traditionell bezeichnet wird, gilt die sogenannte Moderne als dem Leser gegenüber bewusst sperrig. Wenn Einfühlen, Nacherleben und Schönheit als nicht nur ästhetische Kategorie das Typische klassischer Lyrik umreißt, ist gerade im Verzicht auf Formbegrenzung bzw. im bloßen Spiel mit der Form die Moderne ausgewiesen, in Frankreich seit der Mitte des 19. Jahrhunderts, in Deutschland eher um 1900.
Die im Naturalismus, Expressionismus oder Dada entwickelten sprachlichen Entgrenzungen haben im 20. Jahrhundert keine ausschließlich daran anknüpfende „Dichterschule", sondern auch Gegenbewegungen und eine von manchen als epigonal (nachahmend) betrachtete Lyrik mit gestalterischen Bezügen auf die klassischen Vorbilder hervorgebracht. Eine Tendenz zur Verrätselung und zum Experiment ist allerdings seit dem Epochenumbruch um 1900 aus der deutschsprachigen Lyrik nicht mehr wegzudenken.

Möglichkeiten der Einordnung von Lyrik bieten – zunächst unabhängig von literaturhistorischen Kontexten – thematisch und motivisch begründete Zuordnungen:

Gedichte	Thema/Motiv
Alltagslyrik	Erfahrungssplitter und persönliche Impressionen aus dem Alltag sind kennzeichnend (z. B. in der Lyrik von Rolf Dieter Brinkmann).
Gedankenlyrik	Weltanschauliche und philosophische Fragen werden thematisiert (z. B. Johann Wolfgang Goethe *Grenzen der Menschheit*).
Großstadtlyrik	Thema ist das Erleben der Großstadt (vor allem im Expressionismus, z. B. Georg Heym *Der Gott der Stadt*).
Liebeslyrik	Wonnen und Schmerzen der Liebe gehören zu den ältesten Motiven in der Lyrik und werden häufig gefühlsbetont verarbeitet.
Naturlyrik	Naturbegegnung und Naturerleben – wie der Jahreszeitenwechsel – sind ein vorrangiges Thema (z. B. in der Romantik).
Politische Lyrik	Aussagen zu politischen Ereignissen sind als Appell/Kritik formuliert (z. B. im Vormärz: Heinrich Heine *Die schlesischen Weber*).

Hinweise zu Tendenzen der **Gegenwartslyrik** finden Sie auf Seite 140.

Formen der Lyrik

Gedichte können nach inhaltlichen, formalen und literaturhistorischen Gesichtspunkten klassifiziert werden, z. B.:

Formen der Lyrik	Merkmale
Ballade	in Versform erzählte Geschichte mit Dialogelementen; die Zuordnung zur Lyrik ist aber umstritten, da andere Kategorisierungen die epischen und dramatischen Aspekte der Ballade betonen
Elegie	formstrenges Klagelied in der Antike; Trauer, Schwermut und Sehnsucht sind zentral
Epigramm	Sinngedicht; kurz und pointiert formulierter, scharfsinniger Einfall, z. T. satirisch; im Unterschied zum *Aphorismus* in Reimform verfasst
Hymne/ Hymnus	ursprünglich ein Lob- und Preisgesang in der Kirchenliturgie, bei Goethe und Schiller freier gefasst
Lied	oft Volkslied, einfache Verse; Höhepunkte der Lieddichtung im Mittelalter (*Minnesang*) und in der Romantik um 1800
Ode	ursprünglich ein Chorgesang im antiken Drama; dann rhythmisch freier, mit feierlichem Inhalt
Sonett	14-zeilige Gedichtform seit der italienischen Renaissance (bes. beliebt im Barock); besteht meist aus zwei Quartetten und zwei Terzetten

Darüber hinaus gibt es noch weitere Formen bzw. Klassifizierungen, z. B.

- Anakreontik, eine Stilrichtung Mitte des 18. Jahrhunderts nach antikem Muster; heitere und graziöse Verse in Anlehnung an Anakreon (ca. 580–490 v. Chr.),
- experimentelle Gedichtformen, in denen die Sprache selbst zum Inhalt und Zweck des Gedichts wird, z. B. in der konkreten Poesie mit Vertretern wie Eugen Gomringer (* 1925) und Ernst Jandl (1925–2000) sowie
- Kleinformen wie Haiku, Elfchen und Limerick.

Das Sonett

Eine besonders typische Gedichtform des Barock (1600–1720), mitunter auch im Expressionismus, stellt das Sonett dar, das hier exemplarisch vorgestellt wird. Die 14 Zeilen werden zumeist in zwei *Quartette* (Strophe mit je vier Versen) und zwei *Terzette* (Strophe mit je drei Versen) gegliedert und realisieren sehr häufig ein typisches Reimschema – im Barock nach italienischem Vorbild (Francesco Petrarca 1304–1374) – mit doppeltem Blockreim der Quartette abba abba cdc cdc (dagegen bei Shakespeare: abab cdcd efef gg). Am französischen Vorbild orientierte sich die deutschsprachige Barockdichtung beim Versmaß durch den Gebrauch von Alexandrinern.
Der asymmetrische Aufbau des Sonetts erzeugt eine formale und inhaltliche Spannung. Themen können dadurch argumentativ entfaltet werden; der Sprecher im Gedicht kann sein Thema reflektieren.

Im Rahmen der Poetikvorgaben des Barock stellen die Quartette in *These* und *Antithese* Aussagen über einen bestimmten Kanon von Themen (z. B. Liebe, Tod/Vergänglichkeit, Vanitas) vor, die Terzette bündeln diese Aussagen und führen sie zu einer *Synthese*. Das Sonett ist auf das pointierte Ende hin angelegt, zeigt damit eine Finalstruktur.
Ein Beispiel:

Schlussgedicht der „Waldmonologe aus Kreuth“ (1908)
Paul Heyse (1830–1914)

Sieh das Sonett! Kannst du ein Gleichnis nicht
In seiner Strophen Viergestalt gewahren,
Das Bild von zwei verbundnen Menschenpaaren?
Voran die Eltern, Leute von Gewicht.

Was er mit seinem würd'gen Tone spricht
Bestätigt sie, bemüht, ihm zu willfahren.
So schwierig manchmal auch die Reime waren,
Sie hält sich stets an seiner Seite dicht.

Dann folgen flink den Alten auf dem Fuß
Von schlankem Wuchs leichtherzig die zwei Jungen,
die man für Liebesleutchen halten muss.

Er raunt ins Ohr ihr zarte Liebkosungen,
Und mit des letzten Reims behändem Schluss
Hat sein Terzinchen küssend er umschlungen.

Paul Heyse: Schlussgedicht der „Waldmonologe aus Kreuth". Aus: Ders.: Gesammelte Werke. Dritte Reihe. Bd. V. Stuttgart/Berlin: J. G. Cottasche Buchhandlung 1924, S. 282

Das Reimschema in Heyses Sonett weicht nur im zweiten Terzett vom Barockmuster ab. Anhand des Bildes von zwei Paaren zweier Generationen wird die Sonettform vorgestellt, nicht stärker vom Vorbild abweichend als schon im Barock möglich.
Nicht nur in klassisch gebauten Gedichten wie im barocken Sonett sind häufig *Gegensatzpaare* zu finden. Gegensätze, Widersprüche, widerstreitende Gefühle im Gedicht sind Möglichkeiten, um der Gedankenstruktur näher zu kommen. Auch *Steigerungen* oder *Wendungen* – etwa im abschließenden Vers oder Verspaar – bieten Hinweise.

Elemente lyrischer Texte

Motiv – Thema – Titel

Mit dem Ermitteln von Widersprüchen oder Wendungen sind erste Schritte einer Gedichtanalyse eingeleitet. Diese Analyse ähnelt gelegentlich einer Übersetzungsarbeit, denn die gedankliche Struktur erschließt sich meist nicht auf den ersten Blick. Mithilfe einiger Aspekte ist es möglich, sich dieser Struktur zu nähern:
Oft wird ein *zentrales Motiv* oder auch *Leitmotiv* im Gedicht verarbeitet, das Veränderungen erfährt oder zumindest Präzisierungen (z. B. unglückliche Liebe). Die Worte, die zu diesem Motiv in Beziehung stehen, zeigen die *Motiventwicklung* an. Damit eng zusammenhängend ist das *Thema* des Gedichts, auf das häufig auch der Titel hinweist. Dieser Titel bzw. diese Überschrift, wenn sie nicht dem Eingangsvers entspricht, hat eine Hinweisfunktion, die in der Analyse zu klären ist.

Das Gedicht als Kommunikationsangebot

Sprecher (im Gedicht)

Wie im Bereich der Epik kann der Autor nicht mit dem (ausdrücklich oder unmerklich) Sprechenden im Gedicht gleichgesetzt werden. Eine Nähe oder gar Übereinstimmung zwischen dem, der im Gedicht seine Stimme erhebt, und dem Verfasser des Gedichts ist im Einzelnen und stets anhand von Textbelegen nachzuweisen. Gelegentlich wird der Begriff *lyrisches Ich* als Synonym für jedes Sprechen im Gedicht benutzt. Als eine Art Oberbegriff für dieses Sprechen – unabhängig von seiner konkreten Ausprägung – setzt sich aber zunehmend der Terminus *Sprecher im Gedicht* oder nur *Sprecher* durch. Damit werden sowohl die identifizierbaren Sprechrollen (zumeist eine) als auch ein gestaltloses Sprechen (das Fehlen eines erkennbaren Sprechers) benannt.

Sprechweise

Der Sprecher im Gedicht kann in ganz unterschiedlicher Weise kommunizieren: Trotz der subjektiven Färbung und der häufig erkennbaren Selbstäußerung in vielen Gedichten ist auch ein *sachliches Sprechen* möglich. Rainer Maria Rilkes Gedicht *Liebes-Lied* kann als Ausdruck der Selbstverständigung, der Klärung eines ambivalenten Gefühls gedeutet werden. Eine ironische Aussage ist im Gedicht ebenfalls möglich; die Kurzform des Epigramms gilt als geradezu prädestiniert für Ironie. Ein Beispiel:

Der Deutsche Krieg (um 1628) *Friedrich von Logau (1604–1655)*

Was hat doch bracht das deutsche Kriegen?
Dass wir nun ruhn, weil wir ja liegen.

Friedrich von Logau: Der Deutsche Krieg. Aus: Heinz Ludwig Arnold (Hrsg.), Deutschland! Deutschland? Texte aus 500 Jahren von Martin Luther bis Günter Grass. Frankfurt a. M.: S. Fischer 2002, S. 73

Vers – Metrum – Reim

Vers und Zeilenumbruch

In Gedichten wird der *Zeilenumbruch*, die Anordnung der Zeilen auf einer Druckseite, in besonderer Weise genutzt. Er kann in drei Erscheinungsformen beschrieben werden:

Enjambement („Zeilensprung“)	Der Satz- und Sinnzusammenhang reicht über das Vers- oder Strophenende hinaus. Das Enjambement hebt vor allem Begriffe am Versende hervor.	Über allen Gipfeln / Ist Ruh [...] (J. W. Goethe, *Ein gleiches / Wandrers Nachtlied*)
Hakenstil	In dieser Folge von Enjambements erscheinen die Verse durch die übergreifenden Satzbögen wie verhakt.	Danke ich brauch keine neuen / Formen ich stehe auf / festen Versesfüßen und alten / Normen Reimen zu Hand [...] (Ulla Hahn, *Ars poetica*)
Zeilenstil	Satz- und Versende fallen zusammen.	Wer reitet so spät durch Nacht und Wind? / Es ist der Vater mit seinem Kind; / Er hat den Knaben wohl in dem Arm, / Er fasst ihn sicher, er hält ihn warm. [...] (J. W. Goethe, *Erlkönig*)

Metrum und Rhythmus

In lyrischen Texten werden durch die besondere Gestaltung der sprachlichen Lautungen Wirkungen und Bedeutungen erzeugt. So wechseln etwa in einem Gedicht von Friedrich Schiller betonte und unbetonte Silben ab: *Zum Kampf der Wagen und Gesänge, / … Zog Ibykus, der Götterfreund.* Diese Regelmäßigkeit (eines vierhebigen Jambus) verleiht dem Text eine bestimmte Lebendigkeit und Impulsivität. In den Zeichen eines anderen Gedichts (Joseph von Eichendorff) wechseln ebenfalls betonte und unbetonte Silben, doch in anderer Weise und mit anderer Wirkung: *Nacht ist wie ein stilles Meer, / Lust und Leid und Liebesklagen / Kommen so verworren her.* Diese (trochäischen) Betonungsverhältnisse verstärken das Getragene und Schwere der Worte und ihrer Bedeutungen.

Nicht immer jedoch ergänzen sich die Aussage der Worte und die Gestaltung der Betonungsverhältnisse. So stehen in den folgenden Versen von Heine die (jambischen) Betonungen in Spannung zu den Formulierungen: *Mein Herz, mein Herz ist traurig.* Diese Spannung trägt zur ironischen Brechung der Aussage des lyrischen Ichs bei.

Während die ganz regelmäßig wiederholenden Betonungsverhältnisse als Metrum oder Versmaß (z. T. auch als Takt) begriffen werden, so bezeichnet der Rhythmus eines Gedichts das Sprechen in dieser Gleichmäßigkeit, aber mit Rücksicht auf Betonungen nach dem Sinn der Worte und Sätze. In der zweiten Zeile des Heine-Gedichts „Mein Herz, mein Herz ist traurig“ heißt es: *Doch lustig leuchtet der Mai.* Geht man streng nach dem Metrum, so müsste *der* betont sein und *Mai* unbetont bleiben, doch im sinnbetonenden Lesen wird eher *Mai* betont und *der* nicht. Für die Beschreibung des sich wiederholenden Metrums ist es sinnvoll, das sinnbezogene Betonen zu meiden und sich ergebende Betonungen besonders hervorzuheben. Es ist oft hilfreich, sich der Betonungen eines Wortes beim Sprechen zu vergewissern.

Die wichtigsten Fachbegriffe zur Lyrik

Begriff	Erläuterung	Beispiel
Metrum	Versmaß mit Versfüßen als kleinsten Einheiten	betonte Silbe: x̂ unbetonte Silbe: x
Hebungen	betonte Silben im Vers: je nach Zahl der Hebungen im Vers kann etwa vom fünf- oder sechshebigen Jambus gesprochen werden	Vor grauen Jahren lebt' ein Mann in Osten ... (G. E. Lessing) x x̂ x x̂ x x̂ x x̂ x x̂ x (Blankvers: 5-hebig) Du siehst, wohin du siehst, nur Eitelkeit auf Erden (A. Gryphius) x x̂ x x̂ x x̂ x x̂ x x̂ x x̂ x (Alexandriner: 6-hebig)
Senkungen	unbetonte Silben im Vers	
Versfüße		
Jambus	zweisilbiger Versfuß: unbetont – betont	Der Mond ist aufgegangen x x̂ x x̂ x x̂ x
Trochäus	zweisilbiger Versfuß: betont – unbetont	Nacht ist wie ein stilles Meer x̂ x x̂ x x̂ x x̂
Daktylus	dreisilbiger Versfuß: betont – unbetont – unbetont	Leidenschaft führt mir die ... x̂ x x x̂ x x
Anapäst	dreisilbiger Versfuß: unbetont – unbetont – betont	Aus der Hand frisst der Herbst ... x x x̂ x x x̂
Versformen		
Hexameter	epischer Vers aus sechs Versfüßen (meist Daktylen) um eine Silbe gekürzter letzter Versfuß	Hûrtig mit Dônnergepôlter entrôllte der tûckische Mârmor (Homer)
Alexandriner	sechshebiger Vers mit 12 oder 13 Silben	→ Hebungen
Knittelvers	vierhebiger, unregelmäßiger Vers	Hâbe nun, âch! Phîlosophîe, Jûristerêi und Mêdizîn ... (J. W. Goethe)
Blankvers	fünfhebiger Jambus	→ Hebungen
Distichon	Kombination von zwei Versen: ein daktylischer Vers mit sechs bzw. fünf Versfüßen (Hexameter, Pentameter	Wanderer, kommst du nach Sparta, verkündige dorten, du habest / uns hier liegen gesehn, wie das Gesetz es befahl. (griech. Grabinschrift – Epitaph – übersetzt von F. Schiller)

Strophen	Abschnitte eines lyr. Textes, für die die gleichen Regeln gelten; Strophenformen unterscheiden sich durch regelmäßige Versmaße und Reimschemata	
einfache Liedstrophe	vierzeilige Strophe mit häufig regelmäßigem Wechsel betonter und unbetonter Silben und Endreim mindestens zweier Verse	Wie herrlich leuchtet Mir die Natur! Wie glänzt die Sonne! Wie lacht die Flur! (J. W. Goethe, *Mailied*)

Reim

Das klangliche Element des *Reims* prägt traditionell gebaute Gedichte. Mithilfe des Reims sind zahlreiche Möglichkeiten dichterischen Ausdrucks verbunden:

Begriff	**Erläuterung**	**Beispiel**
Reim	Gleichklang zweier oder mehrerer Lautgruppen	
Reimarten	– *Stabreim:* anlautende Konsonanten – *Endreim:* auslautende Vokale und Konsonanten – *Assonanz:* gleichlautende Vokale – *Binnenreim:* zwei oder mehr Wörter in einem Vers reimen sich	Man(n) merkt manches Strand – Sand Zug – Buch Oh Holpern und Stolpern
Reimschema/ Reimstellungen	Darstellung der verschiedenen Endreimformen durch Kleinbuchstaben	– *Paarreim:* aabbcc ... – *Kreuzreim:* abab ... – *umarmender Reim:* abba
Versende		
Kadenz	Form des Versendes: – *klingende oder weibliche Kadenz:* Abschluss mit betonter und unbetonter Silbe (x̂ x) – *stumpfe oder männliche Kadenz:* Abschluss mit einer betonten Silbe (x x̂)	Fest gemauert in der Erden x̂ x x̂ x x̂ x x̂ x Steht die Form, aus Lehm gebrannt. x̂ x x̂ x x̂ x x̂ (F. Schiller, *Das Lied von der Glocke*)

Wortwahl und Satzbau

Eine ungewöhnliche Satzstellung ist vielen Gedichten eigen, auch unvollständige Sätze oder gar Satzfetzen finden sich in moderner Lyrik häufiger. Damit kann z. B. ein pathetischer Ton verbunden sein; Ungewohntes und damit Ungewöhnliches wird erzeugt. Ein Beispiel:

Erinnerung an die Marie A. (1924)

Bertolt Brecht (1898–1956)

1
An jenem Tag im blauen Mond September
Still unter einem jungen Pflaumenbaum
Da hielt ich sie, die stille bleiche Liebe
In meinem Arm wie einen holden Traum.
[...]

Bertolt Brecht: Erinnerung an Marie A. Aus: W. Hecht u. a. (Hrsg.), Bertolt Brecht. Werke. Große kommentierte Berliner und Frankfurter Ausgabe. Bd. 11: Gedichte I. Frankfurt a. M.: Suhrkamp 1988, S. 92

Mit Ellipsen, Wiederholungen (Anapher, Parallelismus) von Wörtern oder Satzteilen erzeugen Gedichte ihre je eigene Stimmung. Diese Mittel sind auch in der Rhetorik gebräuchlich (→ Rhetorische Mittel, S. 27 ff.).

Sprachliche Bilder / Bildlichkeit

Sprachliche Bilder werden in allen mündlichen und schriftlichen Kommunikationssituationen gebraucht. Wenn ein Baby als *Sonnenschein* bezeichnet wird, ist das Alltagssprache. Das *sprachliche Bild* ist der Oberbegriff zu Metapher, Vergleich, Metonymie, Allegorie und Symbol. All diese Bilder sind auch außerhalb von Lyrik zu finden; viele werden oft unbewusst angewendet. Manche Bilder sind im Sprachgebrauch bereits so etabliert, dass sie gar nicht mehr als solche erkannt werden. (*Ich habe einen Berg von Aufgaben.*)

In der modernen Dichtung sind Verrätselungen in sprachlichen Bildern zu finden; man bezeichnet sie als *Chiffren*. Ursprünglich meint Chiffre ein Geheimzeichen, das nur durch Kenntnis eines „Schlüssels" entziffert, also: dechiffriert, werden kann. In der Lyrik geht es um Worte, die – abgelöst von ihrer ursprünglichen Bedeutung – ihren Sinn erst im vom Dichter geschaffenen Assoziationsraum gewinnen. In Paul Celans *Todesfuge* handelt es sich bei der Wendung von der „schwarzen Milch der Frühe" um eine solche Chiffre (die dort die Verkehrung des Glücks in Unglück meint). In der Lyrik des Expressionismus steht die Farbe „blau" für einen solchen neu geschaffenen Assoziationsraum.

Epische Texte

Was ist Epik?

Die Begriffe *Epik* und *episch* werden gebraucht für die Gattung der erzählenden Dichtung (lat. *prosa*) und gehen zurück auf das griechische Wort *epos* bzw. das Adjektiv *epikos*: das „Gesagte", das „Berichtete" oder die „Erzählung". Das griechische Epos, z. B. die *Odyssee* oder die *Ilias* von Homer, ist ein umfangreiches Erzählgedicht in Versform, das augenscheinlich für den öffentlichen Vortrag bestimmt war. Mit den Ritterepen des Mittelalters, z. B. dem *Nibelungenlied*, hält die Epik Einzug in die frühe deutsche Literaturgeschichte (→ S. 122 ff.).
Ein epischer Text erzählt eine Geschichte. Dem Erzähltext liegt ein Erzählgegenstand zugrunde, eine Fabel (Story, Plot). Die Fabel stellt die Summe der Handlungen eines Textes in ihrer logischen Verknüpfung dar. Damit ist die Fabel ein geordneter, gegliederter und in Zusammenhänge gebrachter Stoff. Sie braucht nicht vollständig oder linear erzählt zu sein: *Rückblenden* können Vergangenes, Ausgespartes ergänzen, *Vorgriffe* können auf Zukünftiges hinweisen, *Einschübe* können Gedanken und Gefühle verdeutlichen. Manches wird stillschweigend übergangen und konkretisiert sich erst in der Fantasie des Lesers (sogenannte *Leerstellen* des Textes), anderes bekommt durch die detaillierte Beschreibung besonderes Gewicht.
Das die Gattung bestimmende Element ist das Vorhandensein eines (*fiktiven*) *Erzählers* als Vermittler der Handlung (Achtung: Der Erzähler ist nicht der Autor!), der in unterschiedlicher Form im Text in Erscheinung tritt. Er kann selbst ein Teil des fiktiven epischen Figurenensembles sein oder auch als engagierter oder distanzierter Beobachter außerhalb der Handlung das Geschehen darbieten.
Im Verlauf der Gattungsgeschichte nimmt der Erzähler in einem epischen Text höchst unterschiedliche Rollen ein, gebunden an den jeweils historischen Kontext, dem ein Text entstammt. So weist der traditionelle *Entwicklungs- und Bildungsroman* des 18. und 19. Jahrhunderts vor allem das auktoriale Erzählverhalten auf, während bereits am Ende des 19. Jahrhunderts und vor allem im 20. Jahrhundert die personale bzw. neutrale Erzählhaltung überwiegt.
In der Literatur der 1970er-Jahre und speziell der *Gegenwartsliteratur* (→ S. 137 ff.) findet man vor allem die Erzählform des *Ich-Erzählers*, während die *Literatur der Postmoderne* (Achtziger- und frühe Neunzigerjahre des 20. Jahrhunderts) mit den Erzählhaltungen und Erzählformen der traditionellen Epik spielt und das auktoriale Erzählverhalten in ironischer Weise bricht.

Ein kurzer Abriss zur Geschichte der Gattung

Die ersten Romane unseres Kulturkreises entstammen der hellenistischen Zeit nach Alexander dem Großen. Der Roman zählte jedoch nicht zur Dichtung, sondern galt als „Unterhaltung". Die wenigen Romane, die erhalten blieben, wie z. B. der *Alexanderroman* und der *abenteuerliche Liebesroman*, dienten als Vorlage für die mittelalterlichen Versromane und den Roman im Barock (H. J. Ch. von Grimmelshausen *Simplicissimus*). Auch die deutsche Poetik nimmt den Roman erst seit dem 18. Jahrhundert ernst. Johann Wolfgang Goethe schuf mit seinem Briefroman *Die Leiden des jungen Werther* den ersten Weltbestseller; auch seine späteren Romane *Wilhelm Meisters Lehrjahre*, *Wilhelm Meisters Wanderjahre* (Entwicklungs- und Bildungsroman) und *Die Wahlverwandtschaften* sowie der psychologische Roman *Anton Reiser* von Karl Philipp Moritz gelten als Vorzeigemuster ihrer Gattung. Der beliebte Trivialroman des 18. Jahrhunderts nimmt sich Ritter-, Räuber- und Schauergeschichten zum Thema.

Die Epoche der *Romantik* ist reich an Romanen von Autoren wie Jean Paul, Novalis, Friedrich Schlegel und E. T. A. Hoffmann und bevorzugt den *Künstlerroman*. Seit 1830 entwickelt sich der *realistische Roman* (Karl Immermann, Otto Ludwig, Friedrich Spielhagen, Wilhelm Raabe, Gottfried Keller, Adalbert Stifter, Theodor Fontane), der sich auch an den großen europäischen Vorbildern (Gustave Flaubert, Leo Tolstoi) orientiert. Im *Naturalismus* des ausgehenden 19. Jahrhunderts dienen ebenfalls ausländische Autoren wie Émile Zola und Fjodor Dostojewski als Modell.

Die großen Werke des Epochenumbruchs zu Beginn des 20. Jahrhunderts sind gesellschaftliche Romane und werden u. a. von den Brüdern Thomas Mann (*Buddenbrooks*) und Heinrich Mann (*Professor Unrat, Der Untertan*) sowie von Hermann Hesse und Joseph Roth verfasst. Sie eröffnen neue Gestaltungsmöglichkeiten, die von Autoren wie Franz Werfel, aber auch expressionistischen Autoren wie Franz Kafka (*Der Prozess, Amerika*) und Alfred Döblin (*Berlin Alexanderplatz*) sowie von Robert Musil (*Der Mann ohne Eigenschaften*) weiterentwickelt werden und schließlich zu einer Formauflösung führen unter Verzicht auf einen stringenten, linearen Handlungsablauf durch Montage von Erlebnissen des Unbewussten (*erlebte Rede, innerer Monolog, Stream of Consciousness*).

Neue Anregungen nach 1945 erhält der deutsche Roman durch amerikanische Vorbilder (Ernest Hemingway, William Faulkner). Grundthema der Nachkriegsliteratur wird die Orientierung in einer veränderten Welt und die Aufarbeitung der Vergangenheit bei den Mitgliedern der *Gruppe 47*, Heinrich Böll (*Ansichten eines Clowns*), Günter Grass (*Die Blechtrommel*), Wolfgang Koeppen (*Tauben im Gras*), Alfred Andersch (*Kirschen der Freiheit*). Charakteristisch jedoch für die Zeit der späten 1950er- und frühen 1960er-Jahre ist der Moment des Aufbruchs, der sich gegen die Erstarrung der sogenannten „Wirtschaftswunder-Gesellschaft" richtet und neues politisch-gesellschaftliches Engagement zeigt und fordert (Uwe Johnson, Martin Walser, Max Frisch, Siegfried Lenz, Peter Handke).

Die *Gegenwartsliteratur* ist nicht mehr mit der Literatur nach 1945 (*Nachkriegsliteratur*) identisch, sondern grenzt sich formal und inhaltlich von dieser ab. Sie ist so heterogen, sowohl Brüche als auch Traditionen des Erzählens manifestierend, dass es unmöglich ist, all diese unterschiedlichen Tendenzen in einem Überblick zusammenfassend darzustellen. Als Stichworte seien u. a. genannt: *politisch engagierte Literatur, Arbeiterliteratur, Dokumentarliteratur, Subjektivismus und Rückzug in die Innerlichkeit, Frauenliteratur, experimenteller Roman, Intertextualität, Postmoderne, interkulturelle Literatur, Netzliteratur, Hybridtexte* usw. (→ *Gegenwartsliteratur*, S. 137 ff.)

Formen und Elemente epischer Texte

Zur Epik gehören unterschiedlich lange und strukturierte Textsorten wie
- der Roman als epische Großform: u.a. *Abenteuerroman, Bildungsroman, Entwicklungsroman, historischer Roman, psychologischer Roman, Zeitroman* sowie
- epische Kleinformen: u.a. *Anekdote, Erzählung, Fabel, Gleichnis, Parabel, Legende, Märchen, Novelle, Kurzgeschichte, Sage*.

Epische Kleinformen bieten dem Leser immer nur einen Ausschnitt aus der Welt, eine pointierte Begebenheit, während der Roman in epischer Breite Anspruch auf die Darstellung eines größeren äußeren oder innerseelischen Zeitraums beansprucht. Jedoch sind weder die oben erwähnten Romanformen und Textsorten noch die dem Text vorangestellten Bezeichnungen immer eindeutig, einheitlich und trennscharf.
Die folgende Tabelle stellt Grundbegriffe zur Beschreibung, Analyse und Interpretation epischer Texte dar.

Grundformen des Erzählens

Erzählsituation	
Erzählverhalten	– **auktorial**: Der Erzähler ist allwissend („olympisches Erzählen“), verfügt souverän über alle Momente des epischen Textes, kommentiert, reflektiert, bewertet, blickt zurück oder voraus; das Geschehen und dessen Deutung wird von ihm gelenkt; er führt den Leser durch den Text. – **personal**: aus Sicht einer Figur, von einem Standpunkt im Geschehen, daher eingeschränkte Sichtweise; subjektiv; Leser erhält unmittelbaren Einblick in subjektives Erleben. Um verschiedene Sichtweisen zu verdeutlichen, erfolgt die Darstellung mehrerer Figuren in direkter Figurenrede (Multi-/Polyperspektivität). – **neutral**: sachlich, unkommentiert, weder aus der Sicht einer Figur noch aus der eines auktorialen Erzählers; Erweckung des Anscheins von größter Objektivität
Erzählform	– **Er/Sie-Form**: Es wird von anderen erzählt. – **Ich-Form**: Ich-Erzähler: subjektiv, wirkt authentisch – *Erzählerbericht* als Grundform des auktorialen Erzählens; auch in der Ich-Form kann der Erzähler auktorial als sich erinnerndes, erzählendes Ich rückblickend erzählen. – *Erlebte Rede* und *innerer Monolog* sind Hauptformen des personalen Erzählens. – *Sachlicher, dokumentarischer Vergangenheitsbericht* oder *szenisches Erzählen* sind Hauptformen des neutralen Erzählers, z.B. Gesprächswiedergabe ohne Kommentare.

Erzählperspektive	– **Außensicht**: Aussehen, äußerliche Informationen über Figuren, Handlungen, Beobachtungen – **Innensicht**: Gefühle und Gedanken einer Figur
Erzählstandort	Position des Erzählers zum Erzählten: Nähe/Distanz in räumlicher oder auch zeitlicher Hinsicht
Erzählhaltung	Einstellung des Erzählers zum Erzählten: neutral, ironisch, kritisch, (ab)wertend, ambivalent, zustimmend, euphorisch ...
Figuren	
direkte Figurencharakterisierung	Charakterisierung einer Figur durch den Erzähler (Außensicht) oder von anderen Figuren (Innensicht), indem z. B. ihr Äußeres beschrieben, ihre Beziehungen zu anderen Personen dargestellt, ihr Handeln thematisiert wird
indirekte Figurencharakterisierung	Wenn sich die Figuren durch Inhalt und Form ihrer eigenen Äußerungen (z. B. Verhalten, wörtliche Rede, Gedanken) und ihr erzähltes Verhalten selbst charakterisieren.
Figurenkonzeption	– statische, sich nicht verändernde und – dynamische, sich verändernde Figuren – (Zeit-)Typus (mit wenigen verallgemeinerbaren Zügen) – Individuum (individuell ausgestaltete Persönlichkeit)
Figurenkonstellation	Zusammenwirken der Figuren und ihr Verhältnis zueinander; bestimmt meist den zentralen Konflikt des epischen Textes; Prägung durch – die Art der Beziehung der Figuren zueinander je nach: Geschlecht, Alter, Verwandtschaft, Bildung, beruflicher Stellung, Herkunft/Milieu, sozialem Status, Werthaltung, charakterlicher Einstellung und psychischem Verhalten (z. B. Interessen, Gefühle, Wünsche, Bedürfnisse) – die kompositorische Konstellation der Figuren: *Parallelfiguren* (Wiederholung bestimmter Figurengruppen, z. B. auf einer anderen sozialen Ebene), *Kontrastfiguren* (z. B. bei Entgegensetzung von Lebensentwürfen)
Redeformen	
Erzählerrede	abgegrenzt von direkter (Figuren-)Rede: Erzählerbericht, -kommentar, indirekte (Figuren-)Rede, Beschreibung
direkte Figurenrede	szenische Darstellung, Dialoge, in denen sich die Figuren unmittelbar mitteilen, in traditionellen Texten durch Anführungszeichen gekennzeichnet; gibt dem Text einen dramatischen Akzent, bezieht den Leser direkt in das Geschehen ein; der Erzähler tritt hinter die Figuren zurück
indirekte Figurenrede	oft im Konjunktiv durch den Erzähler wiedergegeben, erzeugt Distanz zum erzählten Geschehen

erlebte Rede	Wiedergabe der Gedanken einer Figur aus der Innensicht; in der Regel im Indikativ Präteritum der 3. Pers. Singular (zu sich selbst Distanz schaffend); Mischung von direkter und indirekter Rede; oft nicht direkt zu erkennen, wo die indirekte Rede aufhört und die erlebte Rede beginnt, da diese nicht ausdrücklich gekennzeichnet wird
innerer Monolog	unmittelbare Wiedergabe der Gedanken einer Figur in Form eines Selbstgesprächs; völliges Zurücktreten des Erzählers; in der Regel im Präsens und in der 1. Person Singular
Stream of Consciousness (Bewusstseinsstrom)	vielschichtig verflochtene, formlose Aneinanderreihung von Bewusstseinsinhalten (Gedanken, Ideen, Wahrnehmungen, Gefühle, Wünsche, Träume usw.) einer Figur; erzähltechnisch eine Erweiterung des inneren Monologs, da im SoC oft Satz- und Wortfetzen vorkommen und Grammatik- oder Syntaxregeln nicht eingehalten werden (müssen); dennoch sind z. B. leitmotivische Wiederholungen erkennbar
Zeitstrukturen	
Erzähltempus	Im traditionellen Roman ist das Erzähltempus das Präteritum, weil nur erzählt werden kann, was bereits geschehen ist. Das sogenannte „historische Präsens“, eingebettet in das Präteritum, kann an zentralen Stellen des Textes die Funktion des Präteritums übernehmen. Die Erzählung im Präsens besitzt größere Unmittelbarkeit. Das Präsens suggeriert dem Leser, die erzählte Geschichte sei noch nicht fertig, alles sei noch möglich. Es bewirkt aber auch einen Mangel an Illusion und Geschlossenheit.
historische Zeit	der historische Kontext, in den ein Text eingebettet ist, der die Handlungen der Figuren bestimmt und auf den der Text in vielfältiger Weise (Accessoires, Sprachduktus, Thematik, Topografie, Daten usw.) Bezug nimmt
Erzählzeit **erzählte Zeit**	zeitliche Dauer des Erzählvorgangs zeitliche Dauer des erzählten Geschehens Das Verhältnis beider Aspekte ist eine interessante Grundlage für die Analyse: – Sie können in etwa deckungsgleich sein (z. B. im Dialog zwischen dem Ich-Erzähler und Agnes in Peter Stamms *Agnes*: „Ich will nicht ewig leben. Im Gegenteil. Ich möchte keine Spuren hinterlassen.“ „Doch“, sagte Agnes. „Komm“, sagte ich, „gehen wir zurück ins Bett. Es ist noch zu früh.“) – Die erzählte Zeit kann vielfach gerafft werden: Ich rasierte mich, und Agnes ging nach unten in den Laden, um Toastbrot und Orangensaft zu kaufen. „Der Verkäufer hat mich angestarrt“, sagte sie, als sie zurückkam. (P. Stamm *Agnes*)

Erzählzeit erzählte Zeit	– Die erzählte Zeit kann gedehnt werden (häufig durch lange Betrachtungen des Erzählers oder der Figuren): Als wir näher traten, zerfiel das Bild vor unseren Augen in ein Meer von kleinen Punkten. Die Konturen verschwammen, die Flächen flossen ineinander. Die Farben auf dem Bild waren nicht gemischt, sondern zusammengesetzt wie auf einem Gobelin. (...) Jede Fläche enthielt alle Farben und wirkte erst aus der Distanz als Ganzes. (P. Stamm, „Agnes“). – Es können Sprünge (die Erzählung steht still, das Geschehen geht weiter) und Pausen (die Erzählung geht weiter, das Geschehen steht still) vorkommen. Gerade diese Möglichkeiten setzen sprachlich inhaltliche Schwerpunkte und sind wichtig für die Analyse. Experimentellere Umgangsformen mit der Zeit zielen z. T. auf eine Auflösung der chronologischen Struktur ab (z. B. Anwendung der Montagetechnik, um Simultaneität vorzuspiegeln).
Motive und Raum	
Motiv	Das Motiv ist die kleinste strukturbildende und bedeutungstragende Einheit im einem Werk bzw. Text. Eine spezielle Form ist das *Leitmotiv*, z. B. Farben, Stimmungen, Symbole, Personen, Sätze, Redewendungen usw. Es kann als sprachliches Bild eine ordnende oder verbindende Funktion haben oder durch seine häufige Wiederholung die Charakteristika einer Figur, eines Ortes, eines Konflikts betonen.
Raum/ Schauplatz	Der Raum spiegelt nicht immer eine reale Topografie wider. Selbst wenn das fiktive Geschehen an einem in der Realität auffindbaren und konkret benannten Ort spielt, dient dieser vor allem dazu, die Atmosphäre, das soziale Umfeld, das Lokalkolorit zu vermitteln, in denen die Figuren leben und handeln und das sie prägt. Der Text kann daher ein hohes Maß an Authentizität gewinnen sowie eine Wiedererkennungs- und Identifikationsmöglichkeit für den Leser schaffen (besonders im „historischen Roman“ bzw. „Zeitroman“). Die fiktive Topografie eines epischen Textes weist vielseitige gestalterische Funktionen auf, da sie immer in Bezug zum Handeln der Protagonisten entsteht und dieses z. B. beeinflussen, konterkarieren, motivieren kann. Im realistischen Zeit- und Gesellschaftsroman des 19. Jahrhunderts können topografische Besonderheiten leitmotivische Funktion innerhalb des Textes übernehmen. Die Raumgestaltung kann durchaus auch jeden realen Bezug verlieren und der Spiegelung und Vergegenständlichung innerer Zustände und Prozesse (innerseelische Topografie) dienen.

Dramatische Texte

Was ist ein Drama?

Der Begriff *Drama* (griech.: Handlung) bezeichnet als Oberbegriff jegliche Form von Theaterstücken. Je nach Aufbau und Ausgestaltung unterscheidet man verschiedene Formen:

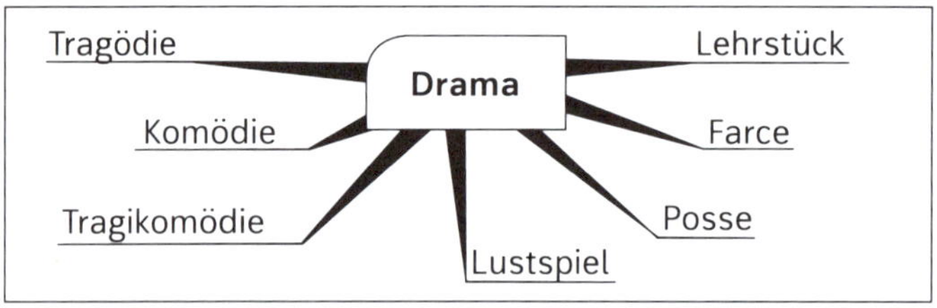

Im weiteren Sinn werden die Begriffe *Drama* und *Schauspiel* auch zur Bezeichnung von weniger streng aufgebauten Theaterstücken verwendet, die sich keiner der in der Abbildung genannten Unterkategorien zuordnen lassen. Vor dem Hintergrund historisch-gesellschaftlicher und technischer Entwicklungsprozesse haben sich von der Antike bis zur Gegenwart die Bühnentechnik sowie die formale und inhaltliche Gestaltung dramatischer Texte deutlich verändert.

Neben der *Lyrik* und der *Epik* ist die *Dramatik* die dritte große Gattung der Literatur. Bei dramatischen Texten unterscheidet man grundsätzlich zwischen dem *Haupt-* und dem *Nebentext*. Der Haupttext ist der auf der Bühne gesprochene Text, zum Nebentext gehören die nicht gesprochenen Textteile (Titel, Untertitel, Personenverzeichnis, Sprechernamen, Regieanweisungen usw.). Im Gegensatz zu den beiden anderen Gattungen ist für die Dramatik eine szenische Realisierung (Inszenierung durch einen Regisseur bzw. Dramaturgen) auf einer Bühne kennzeichnend. Eine Ausnahme stellen sogenannte *Lesedramen* dar, die meist so genannt wurden, weil zur Zeit ihrer Entstehung eine Aufführung aus unterschiedlichen Gründen (technischen, sozialen, politischen) nicht möglich war. Gegenüber den Gattungen Lyrik und Epik ist der als Rede oder Gegenrede die Handlung vorantreibende *Dialog* das wesentliche Merkmal der Dramatik (→ S. 167 f.). Eingeteilt in *Akte* (anfangs häufig 5 oder 3 Akte) und *Szenen* bzw. *Auftritte* (→ S. 163 f.) sind den Textpassagen Figuren zugeordnet, die als psychologische Charaktere, typisierte Ideenträger oder einfache *Typen* ausgestaltet sein können (→ S. 166 f.). Kernstück vieler Dramen ist in der Regel der *Konflikt*, der je nach Form des Dramas im Schluss des Dramas gelöst oder bei modernen Dramen mit offenem Schluss ungelöst bleibt.

Die Interpretation bzw. die Analyse dramatischer Texte stellt besondere Ansprüche an den Leser bzw. Zuschauer, da ihn in der Regel kein vermittelnder oder kommentierender Erzähler begleitet, sodass er selbst aus den Regieanweisungen bzw. dem Bühnenbild (→ S. 164 f.) und den Dialogen die Handlung erschließen muss. Während Aufmerksamkeit und Konzentration bei den *aristotelischen Dramen* vor allem durch die komplexen und anspruchsvollen Dialoge gefordert werden, geschieht dies in den *nichtaristotelischen Dramen* durch die meist episoden- und sprunghafte Gestaltung des Handlungsgangs.

Die Entwicklung der Spielstätten

Die Anlage und die räumliche Beschaffenheit der Spielstätten sowie die technischen Möglichkeiten wirkten sich nachhaltig auf die Gestaltung der Dramen aus. Die Amphitheater sind frühe Zeugnisse der hoch entwickelten Theaterkultur der Antike. Bekannte und noch heute gut erhaltene Beispiele sind z. B. das Dionysos-Theater auf der Athener Akropolis sowie zahlreiche griechische Theateranlagen im Mittelmeerraum (z. B. Ephesos in der Türkei und Orange in Südfrankreich). Diese Spielstätten waren architektonisch sehr weit entwickelt. So konnten die Zuschauer (ausschließlich Männer) von jedem der 17.000 Plätze im Dionysos-Theater aus jedes gesprochene Wort verstehen. Hinter der halbkreisförmig angelegten Bühne (Proskenion) befand sich die sog. Skene (Bühnengebäude), hier traten die Spieler auf und ab. Da ein Ortswechsel nicht vorgesehen war (→ Lehre von den „drei Einheiten", S. 160), war auch kein Bühnenumbau notwendig. Auch den Chor haben die griechischen Autoren (Sophokles, Euripides, Aristophanes) erfunden. Seine Aufgabe bestand daran, das dargestellte Geschehen zu kommentieren/ reflektieren oder zu erklären.

In der griechischen Antike dienten die Theateraufführungen vorwiegend der Stabilisierung der politischen Verhältnisse. Dies geschah sowohl durch die Inhalte als auch die Form der jährlich stattfindenden Theaterfeste. Die Zuschauer verließen „gereinigt" die Vorführung. Themen und Texte der griechischen Autoren sowie die Machart der Dramen dienen noch heute anderen Autoren als Vor- oder Leitbild für die eigene Auseinandersetzung (Beispiele: Antigone, Iphigenie).

Im Gegensatz zu dieser hohen Kultur des Dramas fanden im Mittelalter die Schauspiele im Allgemeinen auf öffentlichen Plätzen statt, wobei die Dekorationselemente schlicht und mobil sein mussten. Das änderte sich erst mit Beginn der Neuzeit, da die Spielstätten zunehmend in geschlossene Säle verlegt wurden. In Anlehnung an das antike römische Theater bestanden die Bühnen aus einem Bühnenhaus im Hintergrund und einer freien Vorderbühne. Diese konnte allerdings durch Vorhänge verschlossen werden. Die Konstruktion der Drehbühne erweiterte diese neuen Möglichkeiten noch einmal erheblich, da mehrere Bühnenbilder gleichzeitig vorbereitet sein konnten und Ortswechsel schnell und mehrfach wiederholt durch die Drehung der Bühne zu realisieren waren. Diese Entwicklung kennzeichnet vor dem Hintergrund gesellschaftlicher Veränderungen den Übergang vom aristotelischen zum nichtaristotelischen Drama (→ S. 160 ff.).

Im Vergleich zu den antiken Theaterbühnen verfügen unsere heutigen modernen Bühnen über eine sehr komplexe Bühnentechnik. Dazu gehören z. B. der Einsatz filmischer Mittel und die Einbindung von Videoinstallationen sowie die digitale Steuerung der Licht- und Toneffekte. Moderne Theaterstücke können daher völlig anders konzipiert werden bzw. auch bewusst auf die Ausschöpfung dieser Möglichkeiten verzichten.

Parallel zu den großen Bühnen gibt es in vielen Städten kleinere Studiobühnen, auf denen auf begrenztem Raum und mit schlichten technischen Mitteln experimentelle Inszenierungen dargeboten werden. Die Reduktion des technischen Aufwands und die unmittelbare Nähe zum Publikum werden dabei nicht als Manko, sondern als Herausforderung betrachtet. Dies gilt in gewisser Weise auch für die freien Theater.

Formen des Dramas

Das aristotelische Drama (geschlossene Form)

Aristotelische Dramen bzw. Dramen der geschlossenen Form orientieren sich stark an der Dramaturgie des antiken Theaters und speziell an der Poetik des griechischen Philosophen Aristoteles (384 – 322 v. Chr.), dem diese Form des Dramas auch ihren Namen verdankt. Die Art der Dramen – in erster Linie der Tragödie – wurde bis ins 19. Jahrhundert ganz wesentlich durch Beobachtungen und Aussagen des Aristoteles geprägt, die dieser in seiner Schrift *Poetik* festgehalten hatte. Seine Ausführungen zum antiken griechischen Drama besaßen vor allem in der Zeit des französischen Klassizismus und im Verlauf der Weimarer Klassik dogmatischen Charakter. Zu den Aussagen des Aristoteles, die die Konzeption der Dramen dieser, aber auch noch späterer Zeiten bestimmten, gehören vor allem

- die Lehre von den „drei Einheiten",
- der Aufbau des (antiken) griechischen Dramas,
- die Ständeklausel und
- die Lehre von der Katharsis.

Die Lehre von den „drei Einheiten"

Mit Bezug auf die Gegebenheiten des griechischen Amphitheaters setzte Aristoteles fest, dass eine Aufführung nur bei Tageslicht – also höchstens in der Zeit von Sonnenaufgang bis Sonnenuntergang – stattfindet und wegen der besonderen Beschaffenheit der damaligen Bühnen nur an einem Ort spielt. Daraus folgte, dass nur einsträngige Handlungen ohne Nebenhandlungen dargeboten wurden. Aus diesen auf die spezifische Bühnensituation zugeschnittenen Aussagen entwickelte sich viel später als Forderung für die Gestaltung von Dramen und speziell Tragödien die sogenannten „drei Einheiten":

- Einheit der Zeit
- Einheit des Ortes
- Einheit der Handlung

Der Aufbau des griechischen Dramas

Die von Aristoteles beschriebenen griechischen Dramen waren in der Regel aus drei oder fünf Akten aufgebaut, wobei die einzelnen Akte jeweils eine spezifische Funktion besaßen. In seiner Schrift *Die Technik des Dramas* (1863) hat Gustav Freytag entsprechende Aussagen des Aristoteles systematisiert.

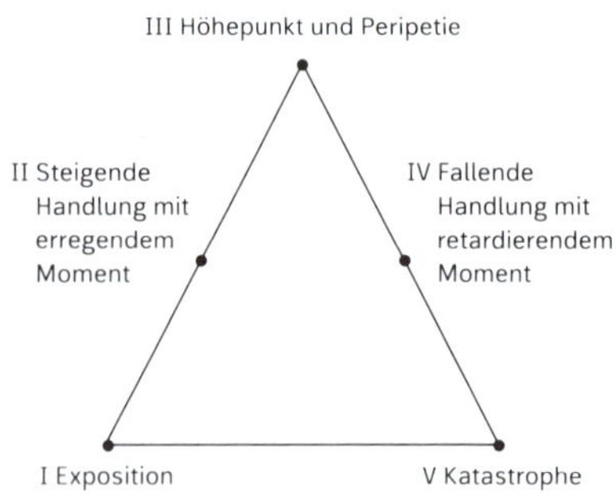

Akt I	**Exposition**	Einführung in Ort, Zeit, Hauptfiguren und die zentralen Motive
Akt II	**Steigende Handlung**	Die Handlung spitzt sich zu durch Interessenskonflikte, Intrigen usw.
Akt III	**Höhepunkt/ Peripetie**	Die Zuspitzung der Handlung bzw. des Konfliktes erreicht ihren Höhepunkt, sodass es zu einem Wendepunkt (Peripetie) kommt, der zum Erfolg oder Scheitern der Hauptfigur führt.
Akt IV	**Fallende Handlung**	Auf dem Weg zum Untergang bzw. zur Rettung kommt es zu Verzögerungen (retardierenden Momenten), die der Steigerung der Spannung auf den Ausgang dienen.
Akt V	**Katastrophe**	Häufig verbunden mit dem Tod der Hauptfigur kommt es in der Tragödie zum Untergang, der aber in der Regel einen moralischen und ideellen Sieg darstellt. In der Komödie folgt demgegenüber nach der fallenden Handlung die Rettung bzw. die Lösung des Konflikts.

Der Aufbau vor allem der älteren Dramen entspricht häufig diesem Aufbauschema. Bei Dreiaktern entfallen die Akte II und IV.

Die Ständeklausel

Für die Figuren galt bis zur Entwicklung des bürgerlichen Trauerspiels vor allem durch Gotthold Ephraim Lessing (1729–1781) die Ständeklausel. Sie meint, dass in der Tragödie nur Personen hohen oder gehobenen Standes auftreten durften, da nach Aristoteles der Gegenstand der Tragödie die Nachahmung einer abgeschlossenen Handlung von einer bestimmten *Fallhöhe* (bedeutendes Schicksal) darstellen muss. Das Personal der Tragödie bestand daher vor allem aus Göttern, Königen und adligen Personen. Für die Komödie, deren Bedeutung wesentlich niedriger eingestuft wurde, galt diese Ständeklausel nicht.

Die Lehre von der Katharsis

Die Gesamtkonzeption der Dramen sollte gemäß der aristotelischen Katharsis-Lehre dazu beitragen, beim Zuschauer *Mitleid* und *Furcht* zu erregen, wovon man sich eine *reinigende Wirkung* durch die Identifikation mit den Dramenfiguren versprach.

Das nichtaristotelische Drama (offene Form)

Mit dem Begriff *nichtaristotelisches Theater* werden im Allgemeinen alle dramatischen Stücke bezeichnet, die den aristotelischen Regeln nicht bzw. nur sehr bedingt entsprechen. Die Dichter des Sturm und Drang z. B. haben sich ganz bewusst über das feste und statische Regelwerk der Dramen der geschlossenen Form hinweggesetzt, indem sie die Einheit des Ortes und der Handlung durch die Verwendung von *Fetzenszenen* aufgaben und Prosa statt Versdichtung nutzten. Sie lehnten die dem strengen Formalismus frönenden französischen Dramen inhaltlich und formal ab und nahmen sich die offene Form der Dramen von William Shakespeare zum Vorbild.

Entsprechende Umbrüche hat es im Verlauf der Entwicklung des Dramas immer gegeben, auch z. B. während der Epoche der Klassik. Ebenfalls sind die Dramen Christian Dietrich Grabbes (1801 – 1836) und Georg Büchners (1813 – 1837) aus der Epoche des Jungen Deutschlands zu den nichtaristotelischen Stücken zu zählen. Aber erst im 20. Jahrhundert erreichte das nichtaristotelische Drama mit dem epischen Theater Bertolt Brechts und dem absurden Theater einen eigenen und durchaus maßgeblichen Stellenwert.

Das bürgerliche Drama

Das bürgerliche Drama ist vor allem ein bürgerliches Trauerspiel. Die zentralen Figuren sind Bürger, es geht um bürgerliche Probleme, die in der Form eines Trauerspiels (also tragisch) dargestellt werden. Damit verabschiedet sich diese Form von der sogenannten Ständeklausel, die die Tragödie für den Adel vorbehalten hatte. Für die Bürger blieb nur die Komödie, in der sie mit ihren Schwierigkeiten und Unzulänglichkeiten verlacht wurden. Das aufstrebende Bürgertum im 18. Jahrhundert gab sich mit dieser Rolle nicht länger zufrieden. Als Reaktion darauf entstand das bürgerliche Trauerspiel.
Es dient zunächst der Darstellung von Willkürakten des Adels, z. B. in „Emilia Galotti" (1772) von G. E. Lessing oder in „Kabale und Liebe" (1783) von F. Schiller. Im Verlauf der Handlung kommt es zu Konflikten zwischen den Figuren, die auf ihre unterschiedlichen Ziele, Gefühle und Moralvorstellungen zurückzuführen sind.
Von besonderer Bedeutung ist ab hier die Figur des Intriganten, der den meist Adligen hilft, ihre Interessen durchzusetzen. Typisch für diese Rolle ist Marinelli aus Lessings „Emilia Galotti", der dem Prinzen hilft, Emilia in seine Gewalt zu bekommen. Zum Ende distanziert sich der Prinz jedoch von seinem Helfer und bezeichnet ihn als Teufel, dessen Blut es nicht wert ist, sich mit dem Blut seines Opfers zu vermischen.

Das epische Theater

Bertolt Brecht (1898 – 1956) wendet sich mit seiner Dramaturgie des epischen Theaters besonders gegen die klassischen drei Einheiten des Ortes, der Zeit und der Handlung, gegen die Einfühlung des Zuschauers und die Katharsis. Stattdessen will er durch seine Art von Theater erreichen, dass der Zuschauer eine Distanz aufbaut und zur kritischen Reflexion angeregt wird. Um zu verhindern, dass der Zuschauer sich in das gespielte Stück hineinversetzt, sich mit den Figuren identifiziert, mit ihnen mitempfindet und mit ihnen leidet, verwendet das epische Theater verschiedene *Verfremdungseffekte*. Dazu gehören die Einbindung von Liedern und Songs in das Geschehen auf der Bühne (Montagetechnik), die Verwendung von Bildern, Texten und Spruchbändern auf und vor der Bühne, die teilweise direkte Ansprache der Zuschauer durch die Schauspieler sowie das Improvisieren. So entsteht beim Zuschauer keine Illusion, es wird ihm nicht die Identifikation mit den Figuren erlaubt. Dem Zuschauer soll jederzeit bewusst sein, dass er nur ein Theaterstück sieht. Diesen Zweck soll auch die Kargheit der Bühnenausstattung unterstützen.

Hinweise zu Tendenzen der **Gegenwartsdramatik** finden Sie auf Seite 141.

Elemente dramatischer Texte

Handlung

Im Gegensatz zur Epik entfalten Dramen die Handlung in der Regel weniger aus aktionsstarken Begebenheiten, sondern häufiger aus inneren Konflikten der Figuren.
Die Entwicklung des Dramas und die gravierenden Veränderungen in der Bühnentechnik (→ S. 158f.) wirken sich deutlich auf den Aufbau und die Gestaltung der Handlung aus. Die Handlung in den meisten aristotelischen Dramen (geschlossene Form) verläuft linear und besteht nur aus einem Handlungsstrang (Ausschnitt des Ganzen). Bei den nichtaristotelischen Dramen (offene Form) entwickelt sich die Handlung in der Regel nichtlinear und besteht aus mehreren Handlungssträngen bzw. Einzelsegmenten (Ganzes in Ausschnitten).
Je nach Zuordnung des Dramas (Entstehungszeit) ergeben sich für die Analyse einer ausgewählten Szene also unterschiedliche Beobachtungsschwerpunkte:

Lineare Handlung – Ein Ausschnitt des Ganzen

- Aristotelische Dramen, bei denen es sich meistens um 3-Akter oder 5-Akter handelt, entsprechen im Allgemeinen einem *festen Aufbauplan*. In der Regel gibt es von daher nur einen Handlungsstrang und Nebenhandlungen sind eher die Ausnahme. Die einzelnen Szenen sind fester Bestandteil der Funktion, die der jeweilige Akt im Aufbauplan des Dramas einnimmt. Die einzelne Szene ist daher der *steigenden* oder *fallenden* Handlung zuzuordnen.
- Der (tragische) *Konflikt*, der in einem Streit der Meinungen und Wertvorstellungen, in der Widersprüchlichkeit der Charaktere oder in dem Gegeneinander der Handlungsziele begründet sein kann, stellt das Kernstück der dramatischen Handlung dar.
- Die *Exposition* ist in den aristotelischen Dramen ein zentrales Strukturelement, deren Aufgabe es ist, den Zuschauer auf die bevorstehende Bühnenhandlung vorzubereiten. Die Exposition kann gleichermaßen vergangenheits-, gegenwarts- und zukunftsbezogen sein, indem sie den Zuschauer/Leser über die Vorgeschichte der Handlung unterrichtet, ihn mit Ort, Zeit und Personen des Stücks vertraut macht und bereits mögliche Konflikte andeutet.
- Die Übergänge von der einen zur anderen Szene werden durch die Beibehaltung des Schauplatzes, durch den Verbleib einer Figur auf der Bühne oder andere Mittel miteinander eng verklammert.
- Neben- bzw. Parallelhandlungen werden meist nur durch die Technik der *Teichoskopie* (Mauerschau) oder des *Botenberichts* eingebunden. Das heißt, dass eine erhöht stehende Figur unmittelbar von einem Ereignis berichtet, das gerade für die anderen unsichtbar (quasi hinter einer Mauer) stattfindet bzw. dass jemand eine Botschaft überbringt, in der über eine andere Handlung berichtet wird.
- Der *Schluss* bringt die Lösung des Konflikts, die je nach Form des Dramas häufig mit dem persönlichen Untergang (z. B. Tod oder endgültiger Ausschluss aus der Gesellschaft) des Protagonisten verbunden ist (Tragödie) bzw. zu einem unverhofft glücklichen Ende geführt wird (Komödie).

Nichtlineare Handlung – Das Ganze in Ausschnitten

- Die nichtaristotelischen Dramen bzw. die Dramen der offenen Form lassen sich keinem festen Aufbauplan zuordnen, zumal sie aus einer sehr unterschiedlichen Anzahl von Akten und Szenen bestehen können. Die Handlung verläuft meist nicht linear, sondern sprunghaft, indem einzelne Episoden aus einem oder auch mehreren Handlungssträngen herausgegriffen werden.
- Eine Exposition wie in den aristotelischen Dramen ist meist nicht vorhanden, sondern das Geschehen entfaltet sich häufig im Sinne eines *analytischen Dramas*. Das heißt, die für den *Konflikt* entscheidenden Ereignisse werden nicht erst durch den Gang der Handlung vermittelt, sondern stellen von Anfang an die Handlungsvoraussetzung dar und werden im Verlauf des Dramas nach und nach aufgedeckt.
- *Neben-* bzw. *Parallelhandlungen* sind möglich, da die zeitliche Ausdehnung der Handlung deutlich länger als im aristotelischen Drama sein kann (keine Bindung an die Einheit der Handlung) und häufig *Zeitsprünge* und *Ortswechsel* beim Übergang von der einen zur anderen Szene vorliegen. Die Technik der Teichoskopie bzw. des Botenberichts spielt daher kaum noch eine Rolle. Die Gleichzeitigkeit von Handlungen wird im Nacheinander der Szenenabfolge dargestellt.
- Im Gegensatz zum aristotelischen Drama bleibt der *Schluss* häufig offen und die Lösung des Problems wird an die Zuschauer/Leser delegiert.
- Die Handlung entfaltet sich in ihrer Gesamtheit nicht aus einer klar strukturierten Abfolge von einzelnen Szenen und Akten, sondern aus teilweise eher isolierten *Einzelszenen*, die sehr kurz und unvermittelt sein können (*Fetzenszenen*), um schlaglichtartig Aspekte der Handlung zu thematisieren.

Erschließungsfragen für die Analyse

- Ist die Szene Teil einer linearen bzw. nichtlinearen Handlung? Gehört sie zur Haupt-, Neben- oder Parallelhandlung?
- Wie beeinflusst die Szene den weiteren Handlungsverlauf? Welche Funktion und Bedeutung hat die Szene für die Entwicklung der Handlung? (Diese Fragen lassen sich nur bei Kenntnis des gesamten Dramas beantworten.)
- Wie ist die zu interpretierende Szene mit der vorausgehenden und nachfolgenden Szene verbunden? Gibt es Zeitsprünge oder Ortswechsel im Übergang von der vorausgehenden bzw. zur nachfolgenden Szene?
- Wo liegt und worin besteht der tragische Konflikt?
- Gibt es einen Intriganten? Wie und für wen agiert er und mit welcher Folge (für wen) tut er das?

Raum- und Zeitgestaltung

Die Gestaltung des Raumes und der Zeit sind an der Entfaltung der Handlung beteiligt, da es schon einen erheblichen Unterschied bedeutet, ob das gesamte Drama nur an einem oder an mehreren Schauplätzen spielt bzw. ob es nur den begrenzten Zeitraum eines Tages oder eine Zeitspanne von mehreren Wochen, Monaten oder auch Jahren umfasst. Für die Analyse einer Szene ist es also wichtig, die Raum- und Zeitgestaltung im Kontext des gesamten Stückes zu beachten.

Raumgestaltung

- Die Angaben zum Raum (synonym verwendet werden *Schauplatz* und *Handlungsort*) sind in den aristotelischen Dramen meist wenig konkret, da stärker als in den nichtaristotelischen Dramen die Handlung durch die Dialoge und nicht durch einen aktionsstarken Raum vorangetrieben wird. Der zeitliche Hintergrund, in den die Handlung einzuordnen ist, bestimmt dabei die Vorstellung des Raumes.
- Die häufigen und meist schnell aufeinanderfolgenden Ortswechsel in nichtaristotelischen Dramen bedingen, dass dort oft genauere Angaben zum Raum gegeben werden, denn der Zuschauer/Leser muss die Möglichkeit haben, die Ortswechsel gedanklich nachzuvollziehen. Hinzu kommt, dass der Raum sich wesentlich deutlicher auf das Agieren der Figuren auswirkt.
- Zu Requisiten und Kostümen werden in dramatischen Texten nur selten direkte Aussagen getroffen. Die konkrete Ausgestaltung ist Bestandteil der jeweiligen Inszenierung, die sich in der Regel aber an dem zeitlichen Hintergrund orientiert.
- Je nach dramaturgischem Konzept ergibt sich aus dem Zusammenspiel von Bühnenraum, Requisiten und Kostümen eine sehr geschlossene und realitätsnahe Ausgestaltung der Bühne oder es wird durch Reduktion bzw. Verfremdung des Bühnenbilds bewusst gemacht, dass es sich bei der Darstellung um eine Inszenierung handelt. Vor allem das epische Theater und zeitgenössische Theaterstücke bevorzugen die zweite Variante.

Zeitgestaltung

- Je nach Grundkonzeption und zentraler Thematik eines Dramas wird die Zeit, in der die Handlung spielt, mehr oder weniger stark präzisiert. Dramen, in denen eher grundlegende menschliche Konflikte oder Ideen und Werte im Mittelpunkt stehen, sind zeitlich nicht konkret gebunden. Dramen, die historische Ereignisse bzw. gesellschaftliche Probleme aufgreifen, müssen den zeitgeschichtlichen Hintergrund durch die Dialoge bzw. die Gestaltung der Bühne verdeutlichen. Besonders im epischen Theater werden die aktuellen zeitlichen Bezüge durch die Präsentation von Prospekten (Plakate, Zeitungsartikel, Spruchbänder usw.) im unmittelbaren Umfeld der Bühne hergestellt.
- Die zeitliche Struktur eines Dramas wird geprägt durch das Verhältnis zwischen *Spielzeit* sowie *gespielter Zeit*. In Analogie zur *Erzählzeit* und *erzählten Zeit* (→ S. 156 f.) in der Epik bezeichnet die *Spielzeit* den Zeitraum, den eine Aufführung umfasst, während *gespielte Zeit* den Zeitraum angibt, den die Handlung umfasst. In aristotelischen Dramen ist dies unter Berücksichtigung der Einheit der Zeit in der Regel ein Tag, in nichtaristotelischen Dramen können dies Tage, Wochen oder Jahre sein. Aus dem im gesamten Drama vorliegenden Verhältnis zwischen Spielzeit und gespielter Zeit ergibt sich eine eher *zeitraffende* (Spielzeit ist kleiner als gespielte Zeit) oder *zeitdehnende* (Spielzeit größer als gespielte Zeit) Handlung. Eine Besonderheit dramatischer Texte besteht darin, dass die einzelne Szene immer *zeitdeckend* ist, da im Dialog der Figuren Spielzeit und gespielte Zeit übereinstimmen. Bei der Analyse einer dramatischen Szene ist deshalb zu berücksichtigen, wie die Szene sich in das zeitliche Kontinuum des gesamten Stücks einbettet.

- Besonders in den nichtaristotelischen Stücken mit einer längeren gespielten Zeit und folglich häufigeren Zeitsprüngen wird die zeitliche Zuordnung einer Szene durch Formulierungen, die Verknüpfungen herstellen oder Anspielungen auf vorausgehendes oder nachfolgendes Geschehen enthalten, kenntlich gemacht. Der Hinweis z. B. auf eine Aktivität, die eine Figur in Zukunft ausführen will (z. B. „um das zu klären, muss ich XY aufsuchen"), verklammert zeitlich die Szene mit einer anderen, in der dieser Plan konkretisiert wird.

Erschließungsfragen für die Analyse

- Gibt es direkte Hinweise zum Handlungsort und zur Raumgestaltung im Text? Wie kann/muss man sich den Raum vorstellen, in dem die Figuren agieren?
- Sind Anfang bzw. Ende der Szene durch einen Ortswechsel gekennzeichnet?
- Werden Bezüge dieser Szene zu anderen über den Schauplatz hergestellt?
- Gibt es wichtige Requisiten, die den Schauplatz näher bestimmen?
- Wie ist die Szene in die zeitliche Struktur des gesamten Dramas eingebettet?
- Liegen beim Übergang von der vorausgehenden Szene zur nachfolgenden Szene Zeitsprünge vor? Wie werden diese Zeitsprünge deutlich gemacht? Gibt es in den Formulierungen der Figuren zeitliche Verklammerungen?

Figuren und Figurenkonstellationen

Die Figuren im Drama können grundsätzlich als *Charaktere* bzw. *Typen* bezeichnet werden. Von einem Charakter spricht man, wenn die Figur im Drama differenzierter dargestellt wird, sodass man verschiedene Eigenschaften und Verhaltensweisen kennenlernt. Von einem Typ oder Typus spricht man dagegen, wenn eine Figur mehr oder weniger nur auf einen Aspekt (z. B. Geiz, Gewalttätigkeit usw.) reduziert wird.

- Die Namen bzw. die Bezeichnung der Figuren können bereits deutliches Indiz für die Figurenzeichnung sein, wenn z. B. sprechende Namen (Oberlin, Schufterle, Grimm, Gottlieb Biedermann usw.) verwendet werden oder den Figuren nur Funktionsbezeichnungen (Doktor, 1. Handwerksbursche usw.) zugewiesen werden. Der Anordnung der Figuren im Personenverzeichnis, eventuell ihren Namen und den vielleicht beigefügten Angaben zu ihrem Status lassen sich unter Umständen bereits Informationen darüber entnehmen, welche Rolle die Figuren im Stück spielen bzw. in welcher Beziehung sie zueinander stehen.
- Als *Protagonisten* bezeichnet man Figuren des Dramas, die die Handlung tragen. In der griechischen Tragödie waren das zunächst nur der Spieler und ein Gegenspieler (Protagonist und Antagonist), später kamen weitere Figuren hinzu (Haupt- und Nebenfiguren). Die Hauptfiguren werden häufig auch mit den Begriffen *Held* oder *Anti-Held* bezeichnet, je nachdem, ob sie selbstbewusst, eigenverantwortlich und aktiv am Verlauf des eigenen Schicksals beteiligt (Held) oder eher passiv und leidend fremden Mächten und Kräften ausgesetzt sind (Anti-Held). Erst mit Aufhebung der Ständeklausel in den nichtaristotelischen Dramen werden auch Anti-Helden zu den Hauptfiguren der Dramen.
- Da in dramatischen Texten kein Erzähler die direkte Charakterisierung (→ S. 155) der Figuren übernehmen kann, charakterisieren sich die Figuren durch ihr Verhalten und

vor allem durch das gesprochene Wort selbst bzw. werden indirekt durch die Aussagen anderer charakterisiert. Speziell im zweiten Fall ist dabei zu berücksichtigen, dass diese Art der Charakterisierung nicht objektiv ist, da sie aus der Perspektive einer anderen Figur vorgenommen wird.

- Die Figuren in einem Drama werden erst wirklich lebendig und dadurch charakterisiert, dass sie in der Interaktion mit anderen Figuren gezeigt werden. Jede Figur ist eingebunden in eine *Figurenkonstellation*, die z. B. bestimmt wird durch den Grad der Zuneigung, Abneigung oder Feindschaft zu einer anderen. Um Charaktereigenschaften zu verdeutlichen, werden einzelnen wichtigen Figuren *Gegenspieler* oder *Kontrastfiguren* gegenübergestellt.
- Gestalt, Mimik, Gestik, Körperhaltung und -bewegung sowie die Kleidung charakterisieren eine Figur. Allerdings finden sich dazu in den Dramentexten nur wenig konkrete Hinweise (Regieanweisungen), sodass der Leser entsprechende Vorstellungen aus der Handlung und vor allem aus dem gesprochenen Wort selbst entwickeln muss. Dem Zuschauer einer Aufführung wird diesbezüglich bereits eine Interpretation angeboten. Bei der Analyse einer Dramenszene muss also deutlich werden, ob es sich bei Aussagen zum äußeren Erscheinungsbild um eine eigene Interpretation oder um konkrete Vorgaben handelt, die durch Textbelege nachgewiesen werden können.

Sprache und Dialogführung

- Der Dialog ist das zentrale Merkmal dramatischer Texte, denn das Drama lebt vom gesprochenen Wort. Die Analyse einer Dramenszene muss deshalb im besonderen Maße auf die inhaltliche Aussage und die formale Gestaltung der Dialoge (Ausdrucksweise, Wortwahl, Satzbau usw.) eingehen.
- Das Prinzip der Ständeklausel prägt im aristotelischen Drama auch die Sprache, sodass der Sprachstil der Figuren getragen bzw. gehoben ist und bis hin zum *Pathos* reichen kann. Die Sprache der Figuren ist kunstvoll gestaltet, reich an Bildlichkeiten und anderen rhetorischen Mitteln (→ S. 27 ff.). Der Text ist häufig in Blankversen (→ S. 149) geschrieben. Vorherrschend ist ein hypotaktischer Sprachstil.
- In nichtaristotelischen Dramen werden Stilebenen und die Ausdruckshaltung gemischt und es findet eher eine Orientierung an der Alltagssprache statt (verschiedene Soziolekte, Jargon, spontane Äußerungen, „Aneinandervorbeireden"). Anders als beim geschlossenen Drama, wo das Bewusstsein die Sprache dominiert, dominiert hier die Sprache über das Bewusstsein. Ausrufe, elliptische und *parataktische Satzkonstruktionen* sind Ausdruck einer lebendigen, spontanen und emotionalen Sprache, die die Figuren deutlich charakterisiert.
- Die gründliche Analyse der Dialoge muss kommunikative Strukturen mitberücksichtigen, da der Dialog immer eine Form der Interaktion ist. Das bedeutet, dass nicht nur inhaltlich geklärt wird, *was* genau gesagt wird, sondern auch *wie* diese Inhalte kommuniziert werden. Dazu gehört, dass man Aussagen zum Sprachstil, d. h. zur Wortwahl, zum Satzbau und zu den verwendeten rhetorischen Figuren trifft. Qualitativ wirksam werden entsprechende Aussagen aber erst, wenn sie nicht nur beschrieben, sondern in der Deutung funktionalisiert werden.

- Sprechtempo, Tonfall und Lautstärke werden in dramatischen Texten nur selten durch Regieanweisungen präzisiert und müssen daher aus dem dargestellten Geschehen erschlossen werden, sollten aber im direkten Zusammenhang mit der sprachlichen und kommunikationstheoretischen Analyse berücksichtigt werden.
- Um den Zuschauer an Gedanken einer Figur teilnehmen zu lassen, finden *Monologe* bzw. die Technik des *Beiseitesprechens* Anwendung. Beide Formen sind, wenn auch etwas realitätsfern, typische dramaturgische Elemente, da es eher ungewöhnlich ist, dass eine Person längere Zeit laut für sich selbst spricht (Monolog) bzw. dass eine Person quasi hinter vorgehaltener Hand ihre Gedanken laut preisgibt (Beiseitesprechen), während andere anwesend sind. Das Beiseitesprechen wird in der Regel durch die Regieanweisung „beiseite“ deutlich angegeben.
- In den Dramen der offenen Form, speziell im epischen Theater (→ S. 162), wird der Zuschauer direkt angesprochen, indem z. B. eine Figur die Rolle quasi verlässt und sich unmittelbar an das Publikum wendet. Im *Monodrama*, einem monologischen Einpersonenstück, werden diese Techniken prägendes Gestaltungsmittel, da es Dialoge im eigentlichen Sinne hier nicht mehr gibt.

Erschließungsfragen für die Analyse

- Handelt es sich bei den agierenden Figuren eher um Charaktere oder Typen? Kann eine der Figuren als Protagonist der Handlung bzw. als Held oder Anti-Held bezeichnet werden? Machen die Figuren eine Entwicklung durch?
- Wie ist die einzelne Figur in die Figurenkonstellation des gesamten Stücks bzw. in die Szene eingebunden? Gibt es direkte Gegenspieler oder Kontrastfiguren?
- Wer übernimmt die Rolle des Intriganten? Worin besteht die Intrige und mit welcher Folge für Handlung, Konflikt und andere Figuren wird sie ausgearbeitet?
- Wie und wodurch charakterisieren sich die Figuren selbst bzw. werden sie von anderen charakterisiert?
- Welchen Anteil hat die Sprache an der Charakterisierung der Figuren?
- Auf welchem Sprachniveau entwickelt sich das Gespräch? Handelt es sich um eine gebundene oder eher freie und emotionale Sprache?
- Welche Wirkung wird durch den Satzbau und die Wortwahl erreicht?
- Welche rhetorischen Figuren werden verwendet und welche Funktion haben sie?
- Wie müssten Sprechtempo, Tonfall und Lautstärke in einzelnen Passagen der Dialoge gestaltet sein?
- Welche kommunikativen Strukturen werden in den Dialogen deutlich? Wie groß sind die Redeanteile der Figuren? Welche Figur ergreift die Initiative im Gespräch und welche Figur beendet es?
- Gibt es Tendenzen zur Monologisierung der Dialoge?

Literarische Texte in Prüfungsaufgaben

Lyrische, epische und dramatische Texte in Prüfungsaufgaben

Es gibt vier Aufgabenformate, die sich mit literarischen Texten (entweder als Erörterung oder als Interpretation) befassen:

Aufgabenformat I (Erörterung literarischer Texte)
- Erörterung eines literarischen Textes (I A)
- Erörterung zweier literarischer Texte – „Werke im Kontext" (I B)

Aufgabenformat II (Interpretation literarischer Texte)
- Interpretation eines Kurzprosatextes (II A)
- Interpretation eines Gedichts *oder* vergleichende Interpretation zweier Gedichte (II B)

Die Aufgabenvarianten A und B werden jeweils alternativ gestellt, d. h., jeder Satz Prüfungsaufgaben enthält in Aufgabe I und II *entweder* Variante A *oder* B.

Folgende Pflichtlektüren gehören zu den Schwerpunktthemen, die für das Abitur 2021 und 2022 relevant sind:

– Johann Wolfgang Goethe	Faust. Der Tragödie erster Teil
– E. T. A. Hoffmann	Der goldne Topf
– Hermann Hesse	Der Steppenwolf
– Hans-Ulrich Treichel	Der Verlorene

Die Interpretation eines Gedichts oder zweier Gedichte stützt sich auf das Schwerpunktthema „Reisen – deutschsprachige Lyrik vom Sturm und Drang bis zur Gegenwart".

Den Aufgabenformate I und II liegen die Pflichtlektüren und das Leitthema Lyrik wie folgt zugrunde:

Aufgabenformat I, Variante A:
Johann Wolfgang Goethe: Faust. Der Tragödie erster Teil
oder Hans-Ulrich Treichel: Der Verlorene

Aufgabenformat I, Variante B:
E. T. A. Hoffmann: Der goldne Topf *und* Hermann Hesse: Der Steppenwolf

Aufgabenformat II, Variante B: Leitthema Lyrik

Kompetenzen

Der Prüfling muss bei der Bearbeitung zeigen, dass er
- das Wesentliche eines anspruchsvollen Textes mit eigenen Worten sachgerecht wiedergeben kann,
- eine funktionale, auf Inhalt und Wirkung bezogene Analyse und Deutung von Texten durchführen und deren Darstellungsmittel einbeziehen kann,

- sich erörternd mit einem Text auseinandersetzen und zu einem begründeten Urteil kommen kann,
- literaturtheoretisches Basiswissen und poetologisches Vokabular anwenden kann,
- Elemente und Strukturen als Möglichkeiten der Handlungsführung erarbeiten sowie Raum-Zeit-Verhältnisse analysieren kann,
- die Mehrdeutigkeit von literarischen Texten erkennen kann,
- Motive und Absichten, Haltungen und Verhaltensweisen, Entwicklungen und Diktion von Figuren erschließen kann,
- unterschiedliche Redeformen (Dialog, Monolog, Chorlied, lyrischer Sprecher usw.) unter Berücksichtigung kommunikativer und sprachlicher Aspekte untersuchen kann,
- textexterne und intertextuelle Bezüge erkennen kann,
- Techniken des Zitierens und referierenden Sprechens anwenden kann,
- die geschichtliche Bedingtheit eines Werkes und des eigenen Verstehens und Urteilens erkennen kann sowie
- verschiedene Typen des Dramas, des epischen Textes und des Gedichts bestimmen und unterscheiden kann.

Prüfungsaufgabe: Erörterung eines literarischen Textes (Aufgabenformat I A)

Bei diesem Aufgabenformat wird ein längerer Außentext zu einer der Ganzschriften (Johann Wolfgang Goethe „Faust. Der Tragödie erster Teil“ *oder* Hans-Ulrich Treichel „Der Verlorene“) vorgelegt. Die Arbeitsauftrag lautet beispielsweise wie folgt:

Aufgabenstellung

1. Arbeiten Sie die wesentlichen Aussagen des Textes heraus.
2. Setzen Sie sich mit der Position des Autors auseinander.
   oder konkret:
2. Erörtern Sie, inwiefern Scham eine Rolle in der Erzählung von Hans-Ulrich Treichel spielt.

Beachten Sie, dass der Schwerpunkt der Gewichtung auf Teilaufgabe 2 liegt.

Nach einer kurzen Einführung in das entsprechende Werk ist es sinnvoll, zunächst etwaige in der Aufgabenstellung vorkommende wichtige Begriffe zu definieren (z. B. Scham). Die erste Teilaufgabe verlangt eine Auseinandersetzung mit den im Außentext enthaltenen Behauptungen und Begründungen sowie dem Gang der Argumentation.
Die zweite Teilaufgabe besteht in einer literarischen Erörterung, bei der eine eigene kritische sowie differenzierte Argumentationsstrategie entfaltet wird. Dabei sind Bezüge zum Außentext und seinen Kernaussagen durch Textbelege aus dem Primärtext kenntlich zu machen (Zustimmung, Ablehnung, Relativierungen). Unter Berücksichtigung unterschiedlicher Perspektiven wird das Für und Wider diskutiert und schlussfolgernd abgewogen. Am Ende wird ein begründetes Urteil gefällt.
Weitere Argumente für den eigenen Standpunkt können sich auf folgende Aspekte beziehen: Zeitbezüge, soziokulturelle Bezüge, intertextuelle Ansatzpunkte, biografische

Aspekte (allerdings mit Vorsicht). Dabei sollten die eigenen Argumente gegliedert und gewichtet werden, sodass sich insgesamt eine Kohärenz (ein roter Faden) ergibt.

Aufbau des Aufsatzes

- Einleitung mit thematischem Einstieg (Leseanreize schaffen und die zentralen Basisinformationen zum Außentext sowie zur gewählten Pflichtlektüre liefern)
- die zentrale Thematik des Außentextes in eigenen Worten erläutern
- den Argumentationsgang des Autors des Außentextes in seinem Begründungszusammenhang knapp in eigenen Worten darstellen (Achtung: Die Wiedergabe fremder Meinung muss sprachlich kenntlich gemacht werden.)
- Überleitung zwischen Teilaufgabe 1 und 2 (zusammenhängender Aufsatz!)
- Klärung der Aufgabenstellung der zweiten Teilaufgabe (z. B. hierfür notwendige Fachbegriffe erklären bzw. definieren)
- kritische und differenzierte Auseinandersetzung mit den Kernaussagen des Außentextes, die ggf. auch problematisiert werden müssen; dabei müssen die eigenen Thesen mit exemplarischen Textbelegen begründet und in der Formulierung auf eine stringente, plausible sowie sachlich richtige Argumentation geachtet werden
- Formulierung eines Fazits, das den eigenen Standpunkt noch einmal auf den Punkt bringt und sich aus der vorangegangenen Argumentation herleitet (eventuell kann auf den gewählten thematischen Einstieg zurückgegriffen werden)

Checkliste

1) Abgleich des Aufsatzes mit dem eigenen Schreibplan:
- Sind alle Ideen und Ansätze berücksichtigt worden?
- Sind die Kernaussagen als Äußerung fremder Meinung sprachlich kenntlich gemacht worden?
- Wurde korrekt zitiert bzw. paraphrasiert?
- Sind die Textstellen treffend gewählt?
- Erscheint die eigene Argumentation nachvollziehbar in ihren Formulierungen?
- Ist ein roter Faden erkennbar?

2) Korrekturlesen mit dem Fokus auf sprachliche Korrektheit sowie Stil

Beispielaufgabe in *Finale:* → S. 53 ff.

Prüfungsaufgabe: Erörterung zweier literarischer Texte („Werke im Kontext“) (Aufgabenformat I B)

Bei diesem Aufgabenformat sind zwei Ganzschriften (E. T. A. Hoffmann „Der goldne Topf“ *und* Hermann Hesse „Der Steppenwolf“) miteinander zu vergleichen.
Der Arbeitsauftrag bezieht sich auf einen vorgelegten Außentext, der in die literarische Erörterung zu den beiden Werken einbezogen werden muss. Dabei handelt es sich um einen kurzen Text, welcher mit dem zentralen Aspekt bzw. einem Leitaspekt der Aufgabenstellung in Verbindung gebracht wird. Außentexte können u. a. (literarische) Zitate, kurze Auszüge aus längeren (Sach-)Texten, Aphorismen u. Ä. sein.

Der Aufsatz verlangt einen stringenten Aufbau mit klarer Strukturierung nach sinnvollen Aspekten sowie eine inhaltliche Vertiefung mit Textbezügen für den unmittelbaren, auch sprachlich verdeutlichten Vergleich der Werke. Dabei kann werkorientiert oder aspektorientiert vorgegangen werden.

Bei der Aufgabenstellung gibt es zwei mögliche Varianten

„Die Frau ist für die Männer eine Beschränkung ihres Lebens." *Menander*

Variante 1: **Die eingliedrige Aufgabenstellung**
Erörtern *Sie in einer vergleichenden Betrachtung, inwieweit Menanders Verständnis von Beziehung auf Harry Haller in „Der Steppenwolf" sowie Anselmus in „Der goldne Topf" zutrifft.*

Hier **bildet** der Außentext die Vergleichsaufgabe mit durchgehendem Bezugspunkt. Er enthält bereits den zentralen Vergleichsaspekt und steht somit **im Mittelpunkt des Werkvergleichs**. Deshalb muss der Werkvergleich vom Außentext aus geplant werden.

oder

Variante 2: **Die zweigliedrige Aufgabenstellung**
Untersuchen *Sie in einer vergleichenden Betrachtung die Beziehung zwischen Hermine und Harry Haller sowie Veronika und Anselmus und überprüfen Sie dabei, ob Menanders These für beide Paare Gültigkeit besitzt.*

Bei Variante 2 **ergänzt** der Außentext die Vergleichsaufgabe und wird aufgrund seines im Verhältnis zum Vergleich begrenzten Fokus **nur an geeigneten Stellen herangezogen**.

Es gilt also zunächst zu prüfen, ob der Außentext **im Zentrum** steht oder lediglich **für den Vergleich herangezogen** wird.

Schritte zur Erarbeitung der Vergleichsaufgabe

a) Erfassen der Aufgabenstellung und Klärung des Außentextes:
   - Welche Funktion hat der Außentext?
   - Ist er nur Teil der Aufgabenstellung oder gibt er die Vergleichsaspekte bereits vor?

b) Erschließung des Außentextes:
   - Erklärung der zentralen Begriffe, Erläuterung der Gesamtaussage
   - Was ist die Aussage des Außentextes?
   - Was sind zentrale Begriffe? Wie hängen sie zusammen? Was bedeuten sie hier?
   - Wie ist der gedanklich-strukturelle Zusammenhang zwischen dem zentralen Aspekt der Fragestellung und der Aussage des Außentextes?

c) Planung der Vergleichsaufgabe in Anpassung an die Aufgabenstellung:
   - Wie muss ich bei dieser Aufgabenstellung planerisch vorgehen?
   - Wie muss ich den Außentext einbeziehen?

d) Erarbeitung von Vergleichsaspekten bezogen auf die vorgegebenen Werke/Figuren:
- genaue Planung des Vergleichsteils, also aspekt- oder werkorientiert
- Zuordnung der Aspekte des Außentextes an inhaltlich sinnvoller Stelle (Variante 2)
- Sammeln möglicher Argumente und passender Textstellen sowie Textbelege
- Gemeinsamkeiten und Unterschiede aspektbezogen gewichten und eine eigene Argumentationsstruktur festlegen

Aufbau des Aufsatzes
- Einleitung mit thematischem Einstieg (Leseanreize schaffen und die zentralen Basisinformationen zum Außentext sowie zur gewählten Pflichtlektüre liefern)
- die zentrale Thematik des Außentextes in eigenen Worten erklären sowie das eigene Verständnis bestimmter Begriffe bzw. Sachverhalte erläutern
- beide Lektüren mit Nennung von Autor, Titel, Erscheinungsjahr so knapp wie möglich, aber so lang wie nötig vorstellen; dabei müssen relevante Inhalte für den Vergleichsaspekt sowie für den Bezug zum Außentext hier schon Erwähnung finden
- aspektorientierte oder werkorientierte Vorgehensweise im Vergleich
- Bezüge zum Außentext immer wieder an geeigneten Stellen herstellen (zweigliedrige Aufgabenstellung) bzw. den Außentext als roter Faden die Textstruktur führen lassen (eingliedrige Aufgabenstellung)
- wesentliche Gemeinsamkeiten und Unterschiede beider Pflichtlektüren abstrahierend herausarbeiten und sprachlich kenntlich machen, dass hier ein Vergleich stattfindet
- die Ergebnisse in der eigenen Darstellung gewichten, wobei der innere Zusammenhang der Teilaspekte des Vergleichs im Blick behalten werden muss
- auf stringente, plausible sowie sachlich richtige Argumente (auch in der Formulierung) achten
- korrektes Paraphrasieren bzw. Zitieren von Textbelegen der eigenen Argumentation
- Formulierung eines Fazits, das sich aus der vorangegangenen Argumentation herleitet (eventuell Rückgriff auf den gewählten thematischen Einstieg)

Checkliste
- Ich habe die Aufgabe genau gelesen und verstanden.
- Die Aufgabenstellung gibt mir Hinweise zur Vorgehensweise und zum Aufbau des Aufsatzes.
- Ich kann die Aspekte des Vergleichs erschließen.
- Ich verstehe die Kernaussage des Außentextes und habe die zentralen Begriffe geklärt.
- Ich bringe den Außentext mit dem Vergleichsthema in Verbindung und habe geklärt, welche Rolle der Außentext für den Vergleich spielt.
- Ich habe erkannt, welche Rolle die einzelnen Aspekte in beiden Werken spielen.
- Ich habe Gemeinsamkeiten und Unterschiede herausgearbeitet, diese benannt, geordnet und ein Gesamtergebnis formuliert.
- Ich kann die Ergebnisse der vergleichenden Betrachtung in Beziehung zum Außentext setzen.

- Zentrale Aussagen habe ich mit Zitaten und Textverweisen belegt. Dabei habe ich korrekt paraphrasiert bzw. zitiert (→ *Mit Zitaten und Textbelegen arbeiten,* S. 31 f.).
- Der Aufbau des Vergleichs (aspekt- oder werkorientiert) wurde in meinem Aufsatz von mir durchdacht, d. h., Teilergebnisse werden nicht nur blockweise aufgelistet.
- Ich gehe an geeigneten Stellen auf den Außentext ein und achte darauf, dass ich je nach Aufgabenstellung vergleiche, erörtere und meinen Standpunkt mit Argumenten aus den Werken stütze.
- Ich habe passende Überleitungen gefunden. Ein roter Faden ist erkennbar.
- Meine eigene Argumentation ist in ihren Formulierungen nachvollziehbar.
- Mein Schlussteil rundet den Aufsatz resümierend ab.
- Ich habe meinen Aufsatz Korrektur gelesen, auf (sprachliche und inhaltliche) Unstimmigkeiten, Rechtschreibung und Stil überprüft und wo nötig überarbeitet.

Beispielaufgabe in *Finale:* → S. 60 ff.

Prüfungsaufgabe: Interpretation eines Kurzprosatextes (Aufgabenformat II A)

Bei diesem Aufgabenformat kommt es zunächst auf das Verstehen des Textes an, der erschlossen und interpretiert werden soll. Interpretation meint hier Analyse und Deutung des gegebenen Textes.

Der Aufbau der Interpretation sollte folgenden Grundsätzen folgen:

1. Einleitung:
   Hier nennen Sie Autor, Titel, Textart, Erscheinungsjahr und stellen eine erste Deutungshypothese auf.
2. Hauptteil:
   Nach einer kurzen Textbeschreibung/Inhaltsangabe (Ort, Zeit und handelnde Personen) gehen Sie direkt zur Textdeutung über.
   Mögliche Deutungsaspekte sind die Erzählperspektive (Wer erzählt? Aus wessen Sicht wird das Geschehen dargestellt?) und die Beschreibung des dargestellten Verhaltens verbunden mit einer Deutung hinsichtlich seiner Ursachen, der Motive und Einstellungen der Figuren sowie der Charaktereigenschaften.
   Tipp: Bleiben Sie auch hier nicht zu lange auf der Handlungsebene, sondern geben Sie direkt wieder, was Sie daraus ableiten.
   Bezogen auf die sprachliche Gestaltung des Textes sind die Analyse typischer Formulierungen, des Wortfelds sowie des Stils von Bedeutung.
3. Schluss:
   Anschließend geben Sie unter Rückbezug auf Ihre erste Deutungshypothese Ihr Deutungsfazit. Sie beurteilen das Verhalten der dargestellten Personen und/oder die Qualität der Kurzgeschichte.

Beispiel- und Originalaufgaben in *Finale:* → S. 68 ff., S. 99 ff., S. 106 ff.

Prüfungsaufgabe: Interpretation eines Gedichts *oder* vergleichende Interpretation zweier Gedichte (Aufgabenformat II B)

Dieses Aufgabenformat erfordert eine detaillierte Analyse inhaltlicher und sprachlich-formaler Aspekte der vorgelegten Gedichte sowie deren Vergleich. Dabei kann auf zweierlei Weise vorgegangen werden:

- Auf die Analyse des ersten Gedichts folgt die Analyse des zweiten. Anschließend werden beide Gedichte aspektbezogen verglichen.
- Die Deutung des zweiten Gedichts beinhaltet den Vergleich mit dem ersten Gedicht. Das heißt, es werden beim zweiten Gedicht vor allem diejenigen Aspekte hervorgehoben, die sich für einen Vergleich mit dem ersten Gedicht eignen.

Beispielaufgabe in *Finale:* → S. 74 ff.

TIPP

- Die Zeitform, in der sie Ihre Interpretation verfassen, ist das Präsens.
- Alle Aussagen müssen begründet und anhand von Textstellen belegt werden.
- Zitieren Sie nicht zu viel, sondern geben Sie wichtige Handlungsaspekte in eigenen Worten wieder.
- Schreiben Sie sachlich. Ironie und Umgangssprache sind fehl am Platz.
- Verwenden Sie Fachausdrücke!
- Nicht vergessen: Sprache, Aufbau, Inhalt gehören zusammen und erfordern gegenseitigen Bezug. Es ist nicht ausreichend, einzelne Metaphern zu benennen, wenn Sie nicht angeben können, wozu diese dienen oder was diese deutlich machen können. Das gilt für jedes Stilmittel und für jede Art der Interpretation.

Analyse und Interpretation literarischer Texte

Aufbau einer Analyse: Kurzübersicht

Ihre Vorüberlegungen bzw. Vorarbeiten (→ S. 15) münden in eine schriftliche Ausarbeitung. Dabei kommt es vor allen Dingen darauf an, die folgenden Aspekte, die im Schema übersichtshalber „künstlich“ getrennt aufgeführt sind, in der schriftlichen Ausarbeitung zusammenzuführen, also nicht hintereinander „abzuhaken“.

<table>
<tr><th colspan="4">Einleitung</th></tr>
<tr><td colspan="4">– äußere Textmerkmale: Autor, Titel, Entstehungszeit, -ort
– wenn möglich und gefragt: erste Epochenzuordnung (die im Schlussteil begründet werden muss)
– Thema des Textes bzw. Textauszugs
– Kontextualisierung: inhaltlich und funktional
– Wiedergabe des erzählten/dargestellten/erlebten Geschehens
– gegliederte Inhaltsangabe
– erste Deutungshypothese/Arbeitshypothese</td></tr>
<tr><th colspan="4">Hauptteil</th></tr>
<tr><th></th><th>Epik</th><th>Lyrik</th><th>Drama</th></tr>
<tr><th>Inhalt</th><td>– Eigenschaften der Figuren, Figurenkonstellation
– Handlungsverlauf, Konfliktpotenzial
– (Leit-)Motive
– Gestaltung von Zeit und Raum
– Intertextualität</td><td>– Kommunikationsangebot (Wer spricht?)
– Stimmung
– Leitmotiv und dessen Entwicklung
– Intertextualität</td><td>– Eigenschaften der Figuren, Figurenkonstellation
– Handlungsverlauf, Konfliktpotenzial
– (Leit-)Motive
– Gestaltung von Zeit und Raum
– Intertextualität</td></tr>
<tr><th>Form</th><td>– Erzählform (Ich-/Er-/Sie-Erzähler)
– Erzählverhalten (auktorial, personal, neutral)
– Wechsel von Erzählerbericht und Figurenrede usw.</td><td>– Vers
– Metrum
– Strophe
– Reim
– Rhythmus
– Gedichtform</td><td>– Regieanweisungen
– Inszenierung
– Szenenaufbau
– Haupt- und Nebentext
– Spannungsbogen</td></tr>
<tr><th>Sprache</th><td>– Wortwahl
– Satzbau
– Bildlichkeit
– rhetorische Mittel</td><td>– Wortwahl
– Satzbau
– Bildlichkeit
– rhetorische Mittel</td><td>– Figurenrede
– Sprechakte
– Dialoganalyse
– Wortwahl, Satzbau
– rhetorische Mittel</td></tr>
</table>

Schluss
Reflexion und Beurteilung: – kurze Ergebniszusammenfassung, Überprüfen der Arbeitshypothese – begründete literaturhistorische Einordnung des Textes bzw. Textauszugs – ggf. Vergleich mit anderen Texten desselben Autors oder mit demselben Motiv bzw. Thema, evtl. Gegenwartsbezug herstellen – eigener Zugang, subjektive Rezeption

Bei **epischen Texten** untersucht man
- die Erzählsituation (u. a. Erzählverhalten, Erzählform, Erzählperspektive),
- die Figuren (u. a. Figurenkonzeption und -konstellationen),
- die Redeformen (z. B. Wechsel von Erzählerbericht und Figurenrede),
- die Zeitstrukturen (z. B. Unterschiede im Erzähltempus, Rückblenden, Vorausdeutungen),
- die Motive (Stimmungen, Symbole, Farben usw.),
- die (besondere) Schauplatzgestaltung und
- sprachliche Besonderheiten.

Bei der Analyse **lyrischer Texte** helfen folgende Leitfragen:
- Welches Gesamtbild, welche Stimmung wird erzeugt?
- Wie kommt diese Stimmung zustande?
- Welches Leitmotiv trägt sie?
- Welche Entwicklungen kennzeichnen das Gedicht bzw. einzelne Verse/Strophen?
- Wer spricht? (lyrisches Ich, gestaltloses Sprechen)
- Welches Bild entwirft das lyrische Ich von sich selbst, vom lyrischen Du?
- Welche Sprechweise (Appell, Anklage, Selbstgespräch, Beobachtung usw.) liegt vor?
- Was kann aus den formalen Beobachtungen zu Vers, Metrum, Reim, Rhythmus usw. geschlossen werden?

Bei längeren Gedichten sollten die Strophen in ihrer gedanklichen Abfolge vorgestellt werden. Bei der Detailanalyse muss immer die Funktion der jeweiligen lyrischen Gestaltungsmittel aufgezeigt werden, z. B. welche Stimmung damit transportiert wird. Es reicht nicht, diese Mittel nur zu benennen; das gilt auch für die sprachliche Gestaltung:

- Welche (klangvollen, fremden, ungewöhnlichen …) Wörter werden eingesetzt?
- Was leistet der Satzbau (bzw. die Wortstellung) zum Verständnis?
- Welche Bilder und Stilfiguren werden verwendet? Wie sind sie zu deuten?

Bei der Analyse von **dramatischen Texten** sollten Sie folgende Aspekte berücksichtigen:
- Handlung, Raum- und Zeitgestaltung sowie Figuren und Sprache; dazu sollten Sie die Erschließungsfragen beachten, die im jeweiligen Teilkapitel zusammengestellt sind (→ S. 164–168).
- Regieanweisungen; sie können konkrete Angaben zum Handlungsort, zu den Requisiten bzw. zum Verhalten und Sprachduktus der Figuren enthalten.

- Aufbau der Szene und innerer Spannungsbogen (z. B. Veränderungen im Verhalten oder in der Dialogstruktur, Auf- und Abtritte von Figuren)
- Dialoge der Figuren (sprachliche Gestaltung und kommunikative Funktion)
- Form des Dramas (geschlossene vs. offene Form)

Dramatische Texte sollten als Spielvorlage aufgefasst werden: Kleine Skizzen zum möglichen Bühnenbild bzw. zu Standort und Bewegungen der Figuren auf der Bühne fördern das Verständnis, wenn sie in den Text der Analyse eingebunden werden. Sofern in der Analyse auf eine bekannte Inszenierung des Stücks Bezug genommen wird, muss darauf hingewiesen werden, um welche es sich handelt (möglichst angeben: *Regisseur*, *Jahr*, *Theater, Spielort*). Bei Aussagen zum Bühnenbild, zu den Requisiten und zum Aussehen der Figuren handelt es sich allerdings meist um eigene Vorstellungen, die sich beim Lesen des Dramas einstellen. Entsprechende Äußerungen sollten deshalb als solche gekennzeichnet werden, indem Formulierungen wie *wahrscheinlich*, *meiner Ansicht nach* oder *vieles deutet darauf hin* Verwendung finden.

Schluss

Im Schluss geht es nicht um eine bloße Meinungsäußerung (nach dem Motto: „Wie hat mir das Gedicht gefallen?"), sondern
- um eine kurze Zusammenfassung der Ergebnisse, die die Auseinandersetzung mit der eigenen Arbeitshypothese einschließt (Bestätigen, Relativieren, Akzentuieren, Verwerfen der Arbeitshypothese),
- gegebenenfalls um Vergleichsaspekte, die über den Text hinausgehen: andere Werke des Autors, Texte aus der gleichen Epoche oder zum gleichen Themenzusammenhang, bei dramatischen Texten auch unterschiedliche Inszenierungen,
- gegebenenfalls um den eigenen Zugang, die (subjektive) Rezeption als Wertung, wobei die (eigenen) Kriterien offenzulegen sind und eine mögliche Bedeutung des Textes für die (eigene) Gegenwart formuliert werden kann,
- um die begründete Einordnung in die historisch-literarische Epoche mit sozial- und geistesgeschichtlichen Hintergründen, evtl. zusätzlich unter Einbeziehung der Biografie des Autors und/oder der Rezeptionsgeschichte des Textes oder des Gesamtwerks,
- um die Aktualität und den Bezug des Dargestellten zur Gegenwart sowie
- um das Fazit des Vergleichs.

TIPP zur literaturhistorischen Einordnung

Die Einordnung in die historisch-literarische Epoche mit sozial- und geistesgeschichtlichen Hintergründen, eventuell unter Einbeziehung der Biografie des Autors, sollte Bezüge zum analysierten Text herstellen. Bloß Wissen zu einer literarischen Epoche „abzuspulen", ist unzureichend. Die Rezeptionsgeschichte des Textes oder des Autors mit seinem Gesamtwerk hat hier ebenfalls ihren Ort und muss einen Bezug zu den Ergebnissen der Detailanalyse aufweisen.

Der Kommentar

Der Kommentar ist geprägt durch eine inhaltlich und sprachlich anspruchsvolle Gestaltung. Er verbindet die angebotenen Materialien zu einer sprachlich ausgefeilten, gegebenenfalls flott und unterhaltsam lesbaren Argumentation und kann als Sachtext auch Elemente des Essays enthalten. Eine souveräne Auseinandersetzung mit Thema und Materialien wird erwartet, eine unkritische Übernahme von Darstellungen der abgedruckten Primärtexte erfüllt die Anforderungen ebenso wenig wie eine paraphrasierende Ausarbeitung. Damit legt der Kommentar im Aufgabenformat III A einen deutlich anderen Schwerpunkt als die analysierende oder erörternde Variante im Aufgabenformat III B. Der Kommentar verlangt eine espritreiche, pointierte Darstellung bei angemessener stilistischer Gestaltung unter klarem Adressatenbezug.

Bezüge zu Textvorlagen werden dem Stil eines Kommentars entsprechend ohne Zeilenangabe nur unter Nennung des Autors und ggf. des Titels angeführt (→ *Mit Zitaten und Textbelegen arbeiten,* S. 31 f.). Persönliche Wertungen, spezifische Schwerpunktsetzungen und über die Textvorlage hinausführende eigene Überlegungen prägen die inhaltliche Gestaltung des Kommentars. Besonders textsortengerecht ist dieser dann gestaltet, wenn er die Thematik in größere Zusammenhänge, z. B. aktuelle (populär)wissenschaftliche Auseinandersetzungen, einordnet.
Die Argumentation sollte knapp und treffend vorgenommen werden, weitschweifige Ausführungen passen nicht zu einem Kommentar. Das kann so weit gehen, dass einzelne Argumente eher summarisch aufgeführt als ausführlich entfaltet werden. Die Kernüberlegungen müssen dennoch differenziert dargestellt werden, Gegenargumente können aufgegriffen und zugleich entkräftet werden. Lebendigkeit in der Darstellung kann auch durch die Einfügung erzählerischer Passagen erreicht werden.
Für den Kommentar lässt sich keine Standardgliederung angeben, da die pointierten persönlichen Argumentationen dazu viel zu vielfältig verlaufen. Nichtsdestotrotz muss sich dem Leser eine Gliederung folgerichtig und stichhaltig erschließen.
Der meinungsbildende Charakter eines Kommentars spiegelt sich auch in der sprachlichen Gestaltung wider. Der Stil sollte angereichert durch rhetorische Mittel, Adressatenbezug und pointierte Verve die Überzeugungskraft der eigenen Position mit Argumenten unterstreichen. Normalerweise wird trotz des persönlichen Charakters nicht in der 1. Person verfasst, durchgängige Ironie ist ebenso unüblich, wenn auch ironische Elemente in einen ansonsten sachlich-nüchternen Stil eingebaut werden können. Eine gewisse Polemik ist Ihnen erlaubt, allerdings sollte diese schwierige sprachliche Figur nur sparsam bzw. wohldosiert eingesetzt werden. Durch einen gezielten Einsatz verschiedener Sprachrepertoires kann sich der Prüfling als überzeugender Kommentator erweisen.

Hinweise zur Bewertung

Ein Kommentar, der mit der Note „gut" bewertet wird, lässt eine differenzierte Analyse von Gedankengang und Argumentation der Materialbasis erkennen. Er erkennt auffällige stilistische Gestaltungsmittel und deren Wirkung. Der Prüfling zeigt eine klare persönliche Position, die sich akzentuiert mit der Position der Verfasser der Materialien auseinandersetzt. Er verwendet zielgerichtet unter Beachtung der Textsorte Kommentar und des Adressatenbezugs sprachliche Gestaltungsmittel und verleiht seinem Kommentar damit sprachlich-stilistischen Esprit. Der Text ist klar, eigenständig gegliedert sowie terminologisch präzise und sprachlich korrekt verfasst.

Beispielaufgabe in *Finale:* → S. 81 ff.

Merkmale des Kommentars	Umsetzung
meinungsbildender, argumentativer Sachtext	Rhetorische Mittel, schwungvoller Stil und Adressatenbezug stärken neben Argumenten die Überzeugungskraft der Kommentatorposition.
unterhaltsam	lebendige Darstellung (kann als Sachtext essayistische oder erzählerische Elemente enthalten), persönlicher Charakter, literarischer Anstrich
über das Material hinausweisend	persönliche Wertungen, eigene Akzente, Schwerpunkte und Überlegungen, Einordnung des Themas in übergreifende Zusammenhänge
hohes Sprachniveau	unterhaltsam-pointierte Argumentation: elegant, knapp und treffend formulieren; Kerngedanken differenziert, aber nicht weitschweifig ausführen; terminologisch präzise, sprachlich korrekt
inhaltlich anspruchsvoll	eigenständige und kritisch-reflektierte Auseinandersetzung mit Thema und Materialien (keine paraphrasierende Darstellung)
eigenständige Gliederung	Durch die persönliche Argumentationslinie ist die Gliederung bei jedem Kommentar anders, aber im Aufbau logisch nachvollziehbar, damit die Leser folgen können.
thematisch meist fachbezogen, aber auch gesellschaftlich-kulturell	Themenbereiche umfassen u. a. Literatursprache, Medien und Lesen, aber auch Wertvorstellungen, grundlegende gesellschaftliche Probleme, kulturelle Fragestellungen

Der Kommentar in Prüfungsaufgaben

Alle wichtigen Hinweise und Tipps zum Aufgabenformat III A „Materialgestütztes Verfassen eines argumentierenden Textes (Kommentar)“ in der Abiturprüfung finden Sie auf den Seiten 185 und 186.

Sachtexte

Was ist ein Sachtext?

Unter Sachtexten versteht man in der Regel alle nichtfiktionalen Texte. Das heißt, Sachtexte beziehen sich direkt auf Sachverhalte aus der Wirklichkeit. So ist für den *Reisebericht* der Bezugspunkt das Land, das er beschreibt, für die *Gebrauchsanweisung* der Gegenstand, den sie erklärt, für die Analyse eines *fiktionalen Textes* der Text, den sie untersucht. Damit haben Sachtexte in praktischen Handlungskontexten einen Gebrauchswert.
Sachtexte umfassen ein breites *Textsortenspektrum*. Dabei kann es sich um geschriebene oder gesprochene Sachtexte handeln (z. B. Nachrichten, Wissenschafts- oder Kultursendungen). Darüber hinaus unterscheidet man zwischen *kontinuierlichen* Sachtexten (Fließtexten) und *diskontinuierlichen* Sachtexten (Diagramme, Schaubilder, Tabellen usw.).
Hilfreich ist es, bei der Klassifizierung von der (vermuteten) Intention des jeweiligen Verfassers und der damit verbundenen Funktion des jeweiligen Sachtextes auszugehen.

Welche Funktionen können Sachtexte wahrnehmen?

informieren darstellen instruieren	argumentieren erörtern	appellieren	regulieren
Typische Textsorten – Nachricht – Textanalyse – wissenschaftliche Untersuchung (z. B. literatur- oder sprachtheoretischer Text) – Gebrauchsanweisung – …	**Typische Textsorten** – Kommentar – Leserbrief – Rezension – Kritik – …	**Typische Textsorten** – Werbung – Flugblatt – Wahlrede – …	**Typische Textsorten** – Gesetzestext – …

Hinweis

Die meisten Textsorten umfassen sowohl informierende, argumentierende als auch appellierende Elemente. Bei jeder Textsorte steht jedoch eine Funktion im Vordergrund. Wer einen Leserbrief schreibt, will vor allem seine Haltung zu einem Sachverhalt darlegen und nicht in erster Linie sachlich informieren. Dennoch enthält ein Leserbrief selbstverständlich informierende und evtl. auch appellierende Elemente.

Sachtexte – Ein Überblick über wichtige Textsorten

Folgende Textsorten werden im Unterricht der Sekundarstufe II häufig behandelt. Dabei hängt die Wahl der Textsorte maßgeblich von der Intention des Verfassers ab.

Abhandlung (in wissenschaftlicher und populärwissenschaftlicher Form): insbesondere literaturwissenschaftliche oder literaturhistorische Texte, sprachwissenschaftliche oder sprachhistorische Texte, Darstellung von Modellen (z. B. Kommunikationsmodelle)

Essay: geistreiche, anspruchsvolle und persönlich gefärbte Abhandlung zu einem allgemein gesellschaftlichen Thema oder zu einem literarischen Text

Glosse: satirisch witzige, manchmal auch bissige Auseinandersetzung mit einem aktuellen gesellschaftspolitischen oder kulturellen Thema; die Grenze zwischen Glosse und Kommentar ist fließend

Kolumne: regelmäßig – zumeist unter einer festgelegten Überschrift – erscheinender, kommentierender Kurzartikel, der zu einem aktuellen Problem Stellung nimmt

Kommentar: subjektive, oft analysierende Stellungnahme zu einem politisch-gesellschaftlichen oder kulturellen Thema; Kommentare sollen zur Meinungsbildung anregen

Leserbrief: subjektive persönliche Stellungnahme von Lesern zu ausgewählten Artikeln und Kommentaren einer Zeitung

Rede: insbesondere politische Reden mit allgemein gesellschaftlichen bzw. kulturellen Themen

Rezension und Kritik: kritische subjektive Auseinandersetzung mit einer zumeist aktuellen kulturellen Leistung, z. B. Buchbesprechung, Theater- oder Filmkritik; die Sprache der Kritik richtet sich nach dem Adressatenkreis, die Rezension eines Popkonzertes hat einen anderen Stil als eine Theaterkritik

Texte der neuen Medien: insbesondere Auszüge aus Blogs, Chats, Foren oder sozialen Netzwerken, in denen mehrere Personen über ein Thema diskutieren; diese Texte besitzen zumeist interaktiven Charakter

Elemente von Sachtexten

Die Textstruktur von Sachtexten ist durch immer wiederkehrende Bauelemente gekennzeichnet.

- Bei *informierenden Sachtexten* werden, ausgehend von einem Aufhänger, der die Aufmerksamkeit der Leser binden soll, die verschiedenen Teilbereiche eines Themas nacheinander entfaltet. Die Teilbereiche werden häufig mit Zwischenüberschriften gekennzeichnet.
- Bei *argumentierenden Sachtexten* stellt der Verfasser seine Position zu einem bestimmten Thema mittels Thesen, Argumenten und Beispielen dar. Dabei bezieht er mögliche Gegenpositionen und damit verbundene Argumente in seine Überlegungen ein.

Die Übergänge zwischen informierenden und argumentierenden Sachtexten sind fließend. Die Fachbegriffe werden auch bei der Sachtextanalyse zur Kennzeichnung der einzelnen Bauelemente eines Sachtextes unter Angabe ihrer Funktion verwendet.

Informierende Sachtexte	**Bauelemente von Sachtexten**	**Argumentierende Sachtexte**
Information über das Thema des Textes	**Titel**	Information über das Thema des Textes
mögliche Eingrenzung des Themas auf einen Aspekt, z. B. eine spezielle Forschungsfrage	**Untertitel**	Verdeutlichung der Position, die der Autor gegenüber dem Thema einnimmt
Aspekt, der die Aufmerksamkeit der Leser binden soll, z. B. ein Zitat	**Aufhänger**	Aspekt, der die Aufmerksamkeit der Leser binden soll, z. B. ein Zitat
	Aufbau	
Abfolge des Gedankenganges, Aufeinanderfolge einzelner Aspekte (roter Faden)	**Makrostruktur**	Formulierung der These und evtl. der Antithese, Darstellung von Argumenten und Gegenargumenten nach ihrer jeweiligen Gewichtung und ihren thematischen Zusammenhängen
Detailinformationen der einzelnen Sinnabschnitte bezogen auf das Thema	**Mikrostruktur**	Detailinformationen zu einzelnen Argumenten, Veranschaulichung durch Beispiele
Bündelung der Ergebnisse	**Zusammenfassung**	Bekräftigung der These mit Hinweis auf die gewichtigsten Argumente
Ableitung von Folgen aus den Arbeitsergebnissen	**evtl. Schlussfolgerung**	Ableitung von Folgen aus den Arbeitsergebnissen

Die sprachliche Gestaltung von Sachtexten

Die Aussageabsicht, der Adressatenkreis und damit verbunden die Wahl der Textsorte (→ S. 182) bestimmen die sprachlich-formale Gestaltung eines Sachtextes. Der Leitartikel einer Tages- oder Wochenzeitung, der wesentlich zur öffentlichen Meinungsbildung beitragen soll, verlangt eine andere sprachliche Gestaltung als ein populärwissenschaftlicher Artikel, der über die neueren Entwicklungen auf einem bestimmten wissenschaftlichen Gebiet informieren soll; ein literaturwissenschaftlicher Interpretationsansatz folgt anderen sprachlichen Gestaltungsnormen als eine Rezension.
Der gezielte Einsatz ausgewählter sprachlich-formaler Gestaltungsmittel verstärkt die jeweilige Aussageabsicht. Deshalb müssen die sprachlich-formalen Gestaltungsmittel immer mit Blick auf ihre Funktion beschrieben werden.

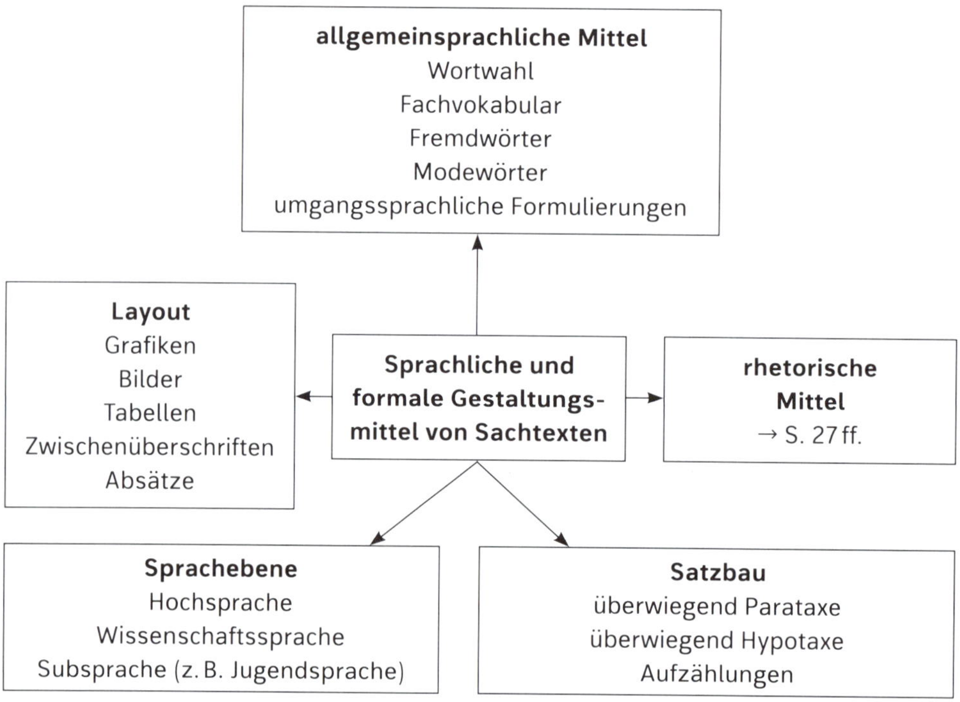

Sachtexte in Prüfungsaufgaben

In den Prüfungsaufgaben für das Abitur im Fach Deutsch finden Sie Sachtexte, die eine informierende, argumentative oder appellative Funktion als Schwerpunkt haben.
- Bei hauptsächlich *informierenden Sachtexten* handelt es sich in der Regel um wissenschaftliche oder auch populärwissenschaftliche Darstellungen.
- *Argumentative Sachtexte* sind häufig Kommentare, Essays oder Glossen.
- *Appellative Texte* sind vorwiegend (Auszüge aus) Reden.

Die Themenbereiche sind bevorzugt fachbezogen wie Literatursprache, Medien und Lesen; es kommen aber auch Texte zum Einsatz, die Wertvorstellungen, gesellschaftliche Probleme oder kulturelle Fragestellungen thematisieren. Inhaltliches Vorwissen zu einem bestimmten Themenbereich erleichtert zwar die Auseinandersetzung mit dazugehörigen Sachtexten außerordentlich, durch die Vielfalt der möglichen Themen ist es aber nicht möglich, sich auf diesen Aufgabentyp gezielt inhaltlich vorzubereiten. Die notwendigen Techniken des Analysierens und Erörterns lassen sich jedoch erfolgreich einüben.

Die schriftliche Abiturprüfung enthält eine der folgenden Aufgabenarten:
- III A: Materialgestütztes Verfassen eines argumentierenden Textes (Kommentar)
- III B: Analyse und Erörterung eines pragmatischen Textes (Schwerpunkt Analyse *oder* Schwerpunkt Erörterung)

Prüfungsaufgabe: Materialgestütztes Verfassen eines argumentierenden Textes (Kommentar; Aufgabenformat III A)

Im Unterschied zum textbezogenen Schreiben (→ III B, S. 186 f.) erfordert dieser Aufgabentyp den reflexiven Umgang mit mehreren Bezugstexten zur Verwirklichung eigener Schreibziele. Die zu verfassende Textsorte ist ein (journalistischer) Kommentar.

Typische Aufgabenstellung (Beispielaufgabe in *Finale:* → S. 81 ff.)

Thema: Verliert das Lesen im Zeitalter digitaler Medien an Bedeutung?

Aufgabenstellung:

Immer wieder ist vom „Ende der Schriftkultur" die Rede (vgl. M2, Z. 21).
Deshalb plant Ihre regionale Tageszeitung eine Wochenendbeilage zur Frage: „Verliert das Lesen im Zeitalter digitaler Medien an Bedeutung?" Darin sollen auch Beiträge junger Leser veröffentlicht werden.

Verfassen Sie einen Kommentar, in dem Sie sich zu dieser Frage positionieren. Nutzen Sie dazu die folgenden Materialien und beziehen Sie eigene Erfahrungen und eigenes Wissen ein! Wählen Sie eine geeignete Überschrift.

Ihr Kommentar soll etwa 800 Wörter umfassen.

Merkmale und Anforderungen der Textsorte
Eine ausführliche Beschreibung von Merkmalen und Anforderungen des Kommentars finden Sie auf den Seiten 179 und 180.

Vorgehen beim Verfassen eines Kommentars

1. Klären der Aufgabenstellung
   - Aufgabenstellung genau lesen
   - Anforderungen an den eigenen Text bewusst machen

2. Auswerten der Materialien
   - Texte sorgfältig lesen
   - Hauptaussagen markieren, dabei zwischen Fakten und Meinungen unterscheiden
   - Argumente/Fakten sortieren
   - evtl. Randbemerkungen zu spontanen Widersprüchen bzw. weiterführenden eigenen Gedankengängen machen

3. Eigene Position klären
   - eigene Meinung zum Thema bewusst machen
   - Vorerfahrungen und/oder relevantes Vorwissen aktivieren
   - eigene, im Material nicht genannte Argumente notieren

4. Schreibplan entwickeln und umsetzen
   - interessanten Einstieg entwerfen (Beispiel, provokante These, Zitat o. Ä.)
   - roten (inhaltlich logischen) Faden für den Hauptteil entwickeln
   - möglicher Schluss: Fazit mit Appell, Zukunftsausblick, Formulierung offener Fragen
   - angemessene stilistische Gestaltung im Auge behalten
   - Achtung: Bezüge zu Materialien und Textvorlagen nur unter Nennung des Autors und ggf. des Titels anführen, aber ohne Zeilenangabe (→ *Mit Zitaten und Textbelegen arbeiten,* S. 31 f.)

5. Überarbeitung des Kommentars
   - sprachliche und sachliche Richtigkeit, gedanklich logische Struktur (roter Faden)

Prüfungsaufgabe: Analyse und Erörterung eines pragmatischen Textes (Schwerpunkt Analyse *oder* Schwerpunkt Erörterung; Aufgabenformat III B)

Die Aufgabe besteht aus zwei Teilaufgaben. In Teilaufgabe 1 wird ein informierender, argumentierender oder appellierender Sachtext im Hinblick auf seine zentralen Aussagen und je nach Aufgabenstellung auch auf seine Argumentationsstruktur und seine Machart (sprachliche und stilistische Gestaltung) analysiert.
In dem weiterführenden Schreibauftrag der Teilaufgabe 2 erfolgt eine Stellungnahme zu der Position des Autors.

- Liegt der Schwerpunkt der Aufgabenstellung auf der Analyse, besteht die Hauptaufgabe darin, das Zusammenwirken von Form und Inhalt des Textes herauszuarbeiten und darzustellen. Im zweiten Aufgabenteil ist dann eine begründete Stellungnahme zu der Position des Autors bzw. zu einer zentralen These des Textes gefordert.

- Liegt der Schwerpunkt der Aufgabenstellung auf der Erörterung, entfällt die sprachliche Untersuchung. Im Mittelpunkt steht dann nicht die Textanalyse, sondern die Auseinandersetzung mit dem dargestellten Sachverhalt und dem Argumentationsgang in einem zusammenhängenden argumentativen Text.

Typische Aufgabenstellung mit analytischem Schwerpunkt
- Arbeiten Sie die Kernaussagen des Textes heraus und analysieren Sie seine sprachliche Gestaltung.
- Nehmen Sie zu der Position der Autorin kritisch Stellung.

(Beispiel- und Originalaufgaben in *Finale:* → S. 91 ff., S. 113 ff.)

Typische Aufgabenstellung mit erörterndem Schwerpunkt
- Arbeiten Sie die Kernaussagen des Textes heraus.
- Erörtern Sie, von den Ausführungen des Autors ausgehend, Möglichkeiten und Grenzen von Selbstverwirklichung in der heutigen Zeit.

Zu Teilaufgabe 1

Unabhängig vom Schwerpunkt der Aufgabenstellung verlangt der erste Aufgabenteil eine sprachlich eigenständige, sich auf das Wesentliche konzentrierende Textwiedergabe, bei der auch der Argumentationsgang herausgearbeitet wird.
Bei einem Schwerpunkt auf dem analytischen Teil ist darüber hinaus gefordert, durch die Untersuchung von Struktur, Argumentation und sprachlichen Besonderheiten die Wirkart zu erklären, also einen Zusammenhang zwischen Inhalt und Form aufzuzeigen, um daraus schließlich die Wirkung bzw. die Wirkabsicht beschreiben zu können.

Es ist sehr hilfreich, die Ergebnisse der den Leseprozess begleitenden Textanalyse in Form eines Rasters festzuhalten.

Zeilenzähler	Makrostruktur: Gliederung des Textes in Sinnabschnitte und Angabe ihrer Funktion	Mikrostruktur: Detailaussagen der Sinnabschnitte und ihre Funktion	Sprachliche Gestaltung und ihre jeweilige Funktion
Welche Zeilen umfasst ein Abschnitt?	In welche Sinnabschnitte ist der Text unterteilt? Welche Funktion haben die Sinnabschnitte? (Aufhänger, These, Argumente, Beispiele)	Welche detaillierten inhaltlichen Aussagen enthalten die einzelnen Sinnabschnitte?	Mit welchen formalen und sprachlichen Mitteln wird der Argumentationsgang unterstützt?
	Welche Wirkung soll damit beim Adressaten erzeugt werden?		

Zu Teilaufgabe 2

In der zweiten Teilaufgabe sollen Sie ausgehend von der zuvor von Ihnen analysierten Textvorlage die dort thematisierte Problemstellung argumentativ erörtern. Dabei ist es das Ziel, zu einer begründeten Stellungnahme zu den Äußerungen des Autors bzw. zu einer Beurteilung seiner Position zu gelangen. Die Aufgaben lauten dementsprechend: *Nehmen Sie Stellung zu ..., Erörtern Sie ..., Beurteilen Sie ..., Setzen Sie sich kritisch mit der Position des Autors auseinander* usw. Intensität und Umfang dieser Auseinandersetzung ergeben sich aus dem Schwerpunkt der konkreten Aufgabenstellung.

Folgende Fragen sollten zu Beginn geklärt werden:
- Zu welchen Aspekten soll/will ich Stellung nehmen?
- Fordert die Aufgabenstellung eine dialektische oder eine lineare Erörterung?
- Über welches Vorwissen zu diesem Thema verfüge ich?
- Welche eigene Position vertrete ich in diesem Zusammenhang?
- Gibt die Aufgabenstellung eine erkenntnisleitende Fragestellung vor oder muss ich diese noch formulieren?
- An welchen Stellen ist eine Problematisierung des Textes möglich?

Eine Analyse und Erörterung eines nichtfiktionalen Textes verfassen

Aufbau

Ihre Vorüberlegungen bzw. Vorarbeiten (→ S. 15) münden in eine schriftliche Ausarbeitung, die folgende Teile umfassen sollte:

Einleitung	– motivierender Einstieg – äußere Textmerkmale: Autor, Titel, Textsorte, Entstehungszeit, -ort – Thema des Textes
Hauptteil	Inhaltliche Aspekte – sprachlich eigenständige Wiedergabe des Textinhalts (Herausarbeitung der zentralen Thesen) Formale Aspekte Erarbeitung des Textaufbaus: – Funktion von Titel und ggf. Untertitel – Abfolge des Gedankengangs – Verknüpfung einzelner Gedanken – Argumentationsgang (These/Antithese, Argumente, Beispiele) – Schlüsselbegriffe Sprachliche Aspekte – Sprachebene, Sprachstil – Wortwahl, Satzbau – rhetorische Mittel

Schluss	Reflexion und Beurteilung: – Zusammenfassung – Beurteilung der Aussageabsicht und Wirkung

Einleitung

In der Einleitung erfolgt mit der Benennung der äußeren Textmerkmale und des Themas eine erste Einordnung des Textes:
- Was weiß ich bereits über den Autor und seine Position zu dem Thema?
- Welche Rückschlüsse kann ich aus der Textsorte ziehen?

Hauptteil

Im Hauptteil gilt es, die zentralen inhaltlichen, formalen und sprachlichen Aspekte zu klären.

Teilaufgabe 1
- Zusammenfassung der Kernaussagen; dabei je nach Aufgabenstellung Verdeutlichung der Argumentationsstruktur (Argumentationsarten bestimmen, Begründungen, Beispiele benennen und eventuell die manipulativen Mittel beschreiben) und der sprachlichen Gestaltung (→ S. 184).

Teilaufgabe 2
- Überleitung: Formulierung des Sachverhalts oder der Position, zu dem bzw. zu der Stellung genommen werden soll
- begründete Stellungnahme durch die Unterstützung oder Widerlegung/Infragestellung ausgewählter Argumente des Autors sowie die Ergänzung eigener Argumente

Inhaltliche Aspekte

Mit der Formulierung des Themas wird die Grundidee des Textes erfasst. Alle weiteren inhaltlichen Aussagen müssen sich auf das Thema beziehen lassen.
- Welche Hinweise zum Thema lassen sich beim ersten Lesen aus Titel, Untertitel, erstem und letztem Abschnitt sowie – falls vorhanden – den Zwischenüberschriften entnehmen?
- Welche zentralen Aussagen zum Thema enthalten die einzelnen Sinnabschnitte?
- Wie kann ich die Sinnabschnitte mit jeweils einem Satz zusammenfassen?
- Welche Schlüsselbegriffe (Wortfeld eines Begriffs, mögliche Gegenbegriffe) durchziehen den Text?
- Welche Rückschlüsse kann ich daraus ziehen?

Formale Aspekte

Der Textaufbau gibt Aufschluss über die Gedankenführung des Textes.
- Welche zentrale These wird aufgestellt?
- Welche Argumente stützen die These?
- Welche Beispiele werden zur Veranschaulichung herangezogen?
- Welche Gegenpositionen werden berücksichtigt?
- Wie lauten die Schlussfolgerungen?

Sprachliche Aspekte

Die Machart des Textes zeigt, auf welche Weise ein Autor seine Ziele verfolgt. Wichtige Erschließungsfragen können z. B. sein:

- Argumentiert der Autor sachlich (z. B. sachliche Formulierung der eigenen Position sowie Berücksichtigung von Gegenpositionen)?
- Greift der Autor andere Positionen an (z. B. durch Herabsetzung anderer Positionen, Übertreibungen, Untertreibungen usw.)?
- Welche rhetorischen Mittel setzt der Autor zur Unterstützung seiner Aussageabsicht ein?

Entsprechende Textsignale werden im Text markiert.

Schluss

In diesem Teil werden die Ergebnisse zusammengefasst und beurteilt.
Folgende Fragen können dabei hilfreich sein:

- Wird der Sachtext dem Wirklichkeitsausschnitt, auf den er sich bezieht, gerecht?
- Wie ist die Wirkung des Textes zu beurteilen?
- Sind der Inhalt, die Textsorte und die sprachlich-formale Gestaltung adressatenorientiert ausgewählt und entsprechend verfasst?
- Fazit (Gesamtbeurteilung)
- Ausblick in Form von Appell, Formulierung offener Fragen, Lösungsvorschlag usw.

Tipps

Teilaufgabe 1

- Bei der Zusammenfassung der Kernaussagen ist durchgängig deutlich zu machen, dass nicht die eigene Meinung, sondern die des Autors wiedergegeben wird. Das sollte möglichst abwechslungsreich geschehen, etwa durch Verben wie *behaupten, kritisieren, glauben*. Ferner sollten Formulierungen wie *nach Ansicht des Autors* sowie der Konjunktiv der indirekten Rede genutzt werden.
- Es sollten nur wenige direkte Zitate aus dem Text verwendet werden, nur falls die konkrete Formulierung wichtig ist. Alle Zitate sind mit Zeilenangaben zu belegen. Auch paraphrasierte Aussagen müssen mit „vgl." und Zeilenangabe belegt werden.
- Es darf keine reine Paraphrase verfasst werden. Durch Zusammenfassung und das Aufzeigen von Zusammenhängen und Gedankengängen ist die eigene gedankliche Arbeit sichtbar zu machen.

Teilaufgabe 2

- Es muss eine deutliche Trennung von Gedanken aus dem Text und eigenen Positionen erkennbar sein.
- Bauen Sie Ihre Argumente durch Begründungen, Belege, Beispiele überzeugend aus.
- Es ist auf eine nachvollziehbare, logische Gedankenführung (Stringenz) und sprachliche Verknüpfungen (Kohärenz) zu achten.

Beispiel- und Originalaufgaben in *Finale:* → S. 91 ff., S. 113 ff.

Stichwortverzeichnis